KB233313

생명윤리의 신학적 기초

생명윤리의 신학적 기초

2012년 8월 30일 초판 1쇄 발행
2014년 2월 28일 초판 2쇄 발행

지은이 | 문시영
펴낸이 | 이찬규
펴낸곳 | 북코리아
등록번호 | 제03-01240호
주소 | 462-807 경기도 성남시 중원구 사기막골로
　　　45번길 14 A동 1007호
전화 | 02) 704-7840
팩스 | 02) 704-7848
이메일 | sunhaksa@korea.com
홈페이지 | www.북코리아.kr
ISBN | 978-89-6324-226-2 (93230)

값 13,000원

* 본서의 무단복제를 금하며, 잘못된 책은 구입처에서 바꾸어 드립니다.
* 이 도서의 국립중앙도서관 출판시도서목록(CIP)은 e-CIP홈페이지(http://www.nl.go.kr/ecip)와
　국가자료공동목록시스템(http://www.nl.go.kr/kolisnet)에서 이용하실 수 있습니다.
　(CIP제어번호: CIP2012004064)

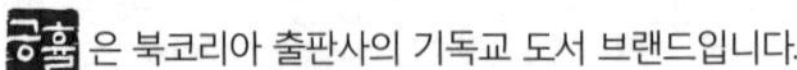 은 북코리아 출판사의 기독교 도서 브랜드입니다.

생명윤리의 신학적 기초

문시영 지음

변명 아닌 변증

'변증'辨證이라는 말은 기독교 고유의 용어일 듯싶다. 국어사전에서도 속 시원하게 풀어내지 못하는 이 단어는 우리들 신앙의 진리가 왜곡되거나 오해되지 않기 위한 노력이라는 점에서, 궁색하거나 구차한 변명辨明과는 분명 다르다. 소명疏明 혹은 해명解明과 유사한 측면이 있기는 하지만, 신앙적 진리에 대한 확신을 바탕으로 삼고 있다는 점에서 차별성이 있다고 하겠다.

크게 두각을 보인 것은 아니지만, 주께서 기회를 주시는 대로 생명존엄을 위한 여러 일들을 성실하게 감당하고자 애써왔다. 국가생명윤리위원회 산하의 생명윤리 · 안전정책 전문위원(보건복지부 소속), 단국대학교 병원 의료윤리위원, 기독교생명윤리협회 이사 등 생명윤리와 관련된 작은 소임들을 감당하면서 황우석교수가 출연한 CBS의 토론 및 기독교적 관점을 다룬 CTS의 토론을 비롯한 몇몇 방송에 패널로 출연했던 경험들을 통해 '변증'의 필요성을 절감할 수 있었다.

"기독교는 반대와 금지를 일삼는 딴지꾼인가요?", "무조건 반대만 하지 말고 생명윤리의 발전에 기여해야 하는 것 아닙니까?" 대개의 토론과 회의에서 기독교의 이름으로 패널이 되는 경우, 이런 반응들에 직면하기 십상이다. 아무리 진솔하고 소상하게 설명하고 싶어도, 들어

주지 않으려 하는 것은 물론이고 충분한 소통이 이루어지지 못하거나, 기독교를 무시하지는 못하면서도 내심 불만스러운 반응을 보이는 경우들이 적지 않았다.

'변증'이라는 단어를 굳이 사용하는 이유가 여기 있다. '기독교=반대, 금지?' 이러한 도식적인 선입견과 편견들 앞에서, 기독교의 생명윤리가 '하나님의 생명주권에 입각하여 생명을 존엄하게 하려는 것'이라는 사실과 진실을 어떻게든 알리고 싶은 마음이 작용한 셈이다. 여기에 모은 글들 모두가 이러한 심정에서 집필된 것들이라는 점, 기억해주시면 좋겠다.

사실, 생명윤리가 관여해야 할 이슈들은 앞으로 점점 더 많아지고 다양해질 것이다. 일일이 각각의 문제들에 대응하는 노력도 필요하지만, 이들 이슈들에 대한 바른 인식과 변증을 위해 필요한 것은 개별 주제들의 설명법보다 이론적 기초와 틀을 제대로 구비하는 것이 아닐까 싶다. '생명윤리의 신학적 기초'라는 제목을 붙인 이유를 설명하고 있는 셈이다. 무조건 반대하는 집단이라는 인식을 넘어서기 위해서는 문제에 대한 바른 인식과 설명 및 변증의 노력이 필요하기 때문이다.

이러한 취지에서, 그동안 여러 학술지에 게재했던 논문들을 모아 단행본으로 출판하고자 마음먹고 정리작업에 착수한 순간, 각각의 논문들을 한 권의 책으로 모으는 과정이 결코 간단하지 않다는 점을 절감했다. 큰 틀에서는 통하겠지만, 구체적으로는 단행본을 목적으로 집필된 글들이 아니기 때문이다. 다만, 최선을 다해 글을 수정하고 보완하고자 노력하기는 했다. 단행본을 위한 최소한의 형식을 갖추어 제목을 수정하고 내용을 보완했다. 이 책에 수록한 생명윤리 관련 논문들은 다음과 같다.

- 「본질의 변증이 필요한 기독교 생명윤리」, 『대학과 선교』 제12집(한국대학선교학회, 2007). → 1장, 본질의 변증이 필요한 기독교 생명윤리
- 「테크놀로지 시대의 책임윤리」, 한국기독교윤리학회 편, 『기독교윤리학개론』(대한기독교서회, 2005). → 2장, 변증의 기초(1): 생명공학시대의 책임윤리
- 「테크놀로지 시대의 생명존엄을 위한 사회윤리 구상」, 『기독교사회윤리』 제4집(한국기독교사회윤리학회, 2002). → 3장, 변증의 기초(2): 생명공학시대의 사회윤리
- 「생명윤리적 관심을 통해 본 기독교 인성교육의 과제」, 『대학과 복음』 제6집(대학복음화학회, 2002). → 4장, 생명윤리의 신학적 개념과 윤리적 맥락
- 「생명윤리에 있어서 Personhood의 개념」, 『한국개혁신학』 제2집(한국개혁신학회, 1997). → 5장, 'Personhood', 누구의 기준인가?
- 「생명복제를 통해 본 생명윤리의 과제」, 『한국개혁신학』 제7집(한국개혁신학회, 2000). → 6장, 'Cloning', 어떤 관점에서 볼 것인가?
- 「기독교사회윤리학적 관점에서 본 임신중절의 문제」, 『기독교사회윤리』 제2집(한국기독교사회윤리학회, 1999, 성산생명윤리연구소 공동학술대회에서 발표). → 7장, 'Abortion', 왜 다시 문제 삼아야 하는가?
- 「뇌사자 장기기증의 윤리적 조건과 문화적 과제」, 『기독교사회윤리』 제13집(한국기독교사회윤리학회, 2007, 대한예수교장로회 총회 국내선교부, 생명나눔정책위원회에서 발표). → 8장, 'Organ Donation', 왜 쉽지 않은가?
- 「존엄적 안락사 논쟁의 사회윤리학적 성찰」, 『기독교사회윤리』 제11집(한국기독교사회윤리학회, 2006). → 9장, 'Euthanasia', 존엄사인가? 치료 중단인가?
- 「전문가 윤리강령과 자율규제의 문제」, 『가정의학회지』 제23-11호 별책(대한가정의학회, 2003, 대한가정의학회 학술대회에서 발표). → 10장, 'Medical Responsibility', 그들만의 몫인가?
- 「집단행동의 사회윤리적 과제」, 『한국기독교신학논총』 제20집(한국기독교학회, 2001, 성산생명윤리연구소, 의사파업에 대한 성찰 세미나에서 발표). → 11장, 'Medical Crisis', 의료파업은 정당한가?

- 「생명윤리의 사회적 담론화와 교회의 책임」, 호남신학대학교 해석학연구소 편, 『기독교 신앙과 생명공학』(한들, 2006). → **12장, 변증을 넘어서: 생명윤리와 교회**
- 「생명존엄의 교회윤리를 향하여」, 새세대 교회윤리연구소 편, 『존엄사, 교회에 생명의 길을 묻다』(북코리아, 2009). → **13장, 교회의 관점에서 다시 읽어야 할 생명윤리**
- 「생명윤리교육의 방향설정을 위한 하나의 자성적 제안」, 『생명윤리』 제10권 2호(한국생명윤리학회, 2009). → **14장, 교회와 생명윤리: 공동체적 돌봄을 향하여**

그 외에 생명윤리에 관한 논문과 저널기고문들이 있기는 하지만, 생명윤리의 신학적 기초를 위한 논의와 변증에 여기에 수록된 논문들이 작은 보탬이 될 듯싶다. 이 책이 나오기까지 무리한 일정 재촉에 최선을 다해 협력해주신 북코리아 출판사 이찬규 사장께 깊이 감사드리며, 이 책을 통해 기독교 생명윤리의 본질에 대한 변증이 가능해질 수 있기를 기대하는 마음 간절하다.

2012년 여름

I

bioethics

본질의 변증이 필요한
기독교 생명윤리

기독교는 생명공학의 발전을 저해하는 반대집단인가? 기독교의 생명윤리만이 절대적인가? 수정란으로부터 생명이라 말하는 기독교의 관점은 시대착오적이지 않은가? 배아복제를 반대하는 기독교 자체는 과연 우리 사회에서 올바른 길을 가고 있는가? (한마디로, "너나 잘하세요" 용법의 질문인 셈이다.) 생명윤리가 사회적 이슈가 될 때 기독교의 반응을 표현하자마자 단골처럼 등장하는 이러한 질문들은 윤리적이거나 학구적인 것이라기보다 종교적 이의제기라는 생각이 든다. 그것은 윤리적 찬반논변을 넘어 기독교를 겨냥한 또 하나의 도전일 수 있다. 어느 정도는 기독교에 대한 반감을 담아내는 것이기 쉽다. 게다가 우리 사회가 기독교를 어떻게 바라보고 있는지를 가늠하게 하는 통로일 수 있다.

하나님의 생명주권에 관하여, 그리고 생명존엄의 가치에 대하여 말할 때, 그 메시지들이 과학기술시대에 걸맞지 않다거나 시대착오적인 이야기로 들리고 있지는 않을까? 테크놀로지와 포스트모던으로 특징지어지는 현대사회에 적응하지 못한 기독교의 자기변명이나 독선으로 비춰지는 것은 아닐까? 이 점에서, 우리는 교부들의 변증辨證의 노력을 되새겨 본다. 기독교 생명윤리가 지니는 생명사랑의 참뜻을 올바로 해명하는 윤리적 변증을 통해 기독교에 대한 올바른 이해를 이끌 수 있으리라 기대하기 때문이다. [1]

몇 가지 변증

생명존엄을 말하고 생명윤리를 세워가는 일은 지극히 정당하다. 그럼에도 불구하고 안티 기독교 분위기가 팽배한 현대사회에서 생명존엄에 관한 기독교의 주장들은 인터넷 상의 수많은 안티와 '악플'을 동반한다. 우리 사회에서 기독교 자체에 미운털이 박혀 있는 것은 아닌지 되돌아보게 할 정도이다. 기독교의 자기반성을 촉구하는 애정보다는 일방적 매도가 더 많은 것이 더 큰 문제이다. 특히 수정되는 순간부터 인간생명체이므로 배아복제가 허용되어서는 안 된다는 입장을 비롯하여 존엄적 안락사, 의사조력자살, 그리고 성전환 및 동성애를 인정할 수 없다고 말하는 기독교의 주장들에는 으레 안티가 동반된다. 심지어 기독교인마저 기독교의 주장에 부끄러움을 표현하는 경우도 있다. [2] 그렇다고 하나님의 생명주권과 인간생명의 존엄에 대한 주장을 멈출 수는 없다. 변증이 필요할 따름이다.

기독교 생명윤리의 변증에는 성서를 근본으로 하여 다양한 이론들이 제안될 수 있을 것이다. 그중에서도 현대사회의 특징인 테크놀로지와 책임의 윤리를 근간으로 삼는 것이 바람직하리라 본다. 배아복제를 비롯한 현대의 생명의료윤리 문제들이 테크놀로지와 연관된 것이기 때문이다. 그리고 기독교 생명윤리는 일종의 책임적 관점에서 조명될 필요가 있기 때문이다. 우리는 특히 기독교 생명윤리가 테크놀로지 시대에 뒤떨어진 것도 아니며 반대를 위한 반대도 아니라는 점을 변증할 필요가 있다. 기독교는 생명사랑, 생명존중, 나아가 생명외경에 이르는 책임적 생명문화를 지향하고 있기 때문이다.

▬▬ 종교갈등 아닌 생명사랑이다

기술시대의 책임윤리를 기초로 변증할 첫 번째는 '반대'가 기독교 생명윤리의 본질이 아니라는 것이다. 공교롭게도 테크놀로지 발전에 따른 새로운 의료 문제들에 대해 기독교의 입장은 대부분 반대를 말하고 있다. 배아복제에 대한 반대, 존엄적 안락사에 대한 반대, 동성애에 대한 반대 등 표면적으로 기독교 생명윤리는 '반대' 문화를 채택한 것처럼 보이기 쉽다. 사실 이 부분이 문제가 되는 대목이다.

염려스러운 것은 반복되는 반대의견이 기독교에 대한 왜곡된 이미지를 낳을 수 있다는 점이다. 대부분의 경우, 대중들은 반대의 이유와 본질에 대한 검토를 생략하기 쉽다. 단지 어느 단체가 반대한다는 것 정도를 기억할 따름이다. 여기에 우리의 고민과 억울함이 있다. 예를 들어, 배아복제에 대한 반대는 본질상 인간생명체에 대한 실험을 반대하는 것이지 난치병 치료 그 자체를 거부하지 않는다.

그럼에도 불구하고 기독교의 배아복제 반대의견은 일반대중에게 왜곡되어 전달된 듯싶다. 심한 경우에는, 일종의 종교갈등으로 비춰지기 쉬운 주장도 있었다. 가령, 황우석 사태 당시 지지자들의 주장들 중에는 기독교가 배아복제 반대에 앞장서는 것을 못마땅해 하면서, 기독교의 생명윤리만 중요하고 다른 종교의 생명윤리는 안 된다는 이유가 있는가를 강하게 항변하는 대목도 있다.[3] 어찌 보면, 당혹스럽다고 해야 할 정도이다.

이러한 반응들에 직면하는 기독교 생명윤리에 억울한 측면이 많다. 난치병 치료를 원천적으로 반대하는 것이 아님에도 불구하고 국가주의적 사회 분위기가 기독교 생명윤리를 궁지에 몰아넣는 형국이 되어버렸다. 게다가 시민사회에서, 기독교의 책임 있는 자기주장이 시대착오적이고 고리타분한 집단의 목소리로 치부되기도 했다. 게다가 종교갈등이라는 것 자체를 전혀 의도하지 않은 것임에도 불구하고 일부의 오해가 표출되었다는 점은 매우 당혹스러운 부분임에 틀림없다.

문제는 기독교의 생명존엄에 관한 주장들이 와전되었다는 데 있다. 난치병 치료의 염원은 모두의 소망이며 기독교 역시 예외가 아니다. 오히려 기독교는 질병의 극복과 치유를 위한 다양하고도 분명한 관심들을 표현한다. 특별히 예수 그리스도의 치유사역은 육신의 질병뿐 아니라 구원을 위한 영적 관심까지 망라한다는 점에서 우리는 난치병 치료에 매우 적극적인 관점을 지니고 있다. 기독교가 배아복제를 반대한 것은 난치병 치료의 방법에 대한 문제제기일 뿐이다. 성체줄기세포 연구가 상당부분 진척되어 있다는 점, 배아의 파괴라는 윤리적 문제로 인해 배아복제를 통한 줄기세포 연구를 반대하고 성체줄기세포 연구를 권장하는 것이지 난치병 치료를 반대하는 것은 분명 아니다.

더구나 기독교 생명윤리가 배아복제를 반대하는 근거가 수태되는 순간부터 생명이라는 이유 하나뿐이라는 오해는 반드시 바로잡아야 한다. 황우석 사태 당시, 안타깝게도 기독교는 배아복제 반대를 통해 난치병 치료 자체를 반대하거나 한국 사회의 국가주의적 열광을 거부하는 집단으로 매도되어 버렸다. 심지어 '배아도 생명이라면 차라리 정자와 난자까지 생명체라고 하지 그러냐?'는 비아냥거림도 있었다.

그러나 우리가 분명히 기억해야 할 것은 배아복제 반대에는 여러 이유들이 있다는 점이다. 배아를 생명으로 보는 것은 기독교의 독특한 생명관이요, 생명사랑의 표현이다. 그것은 성체줄기세포 연구의 가능성, 난자 채취과정의 윤리 문제 등 배아복제 반대의 여러 이유들 중 하나인 동시에 매우 중요한 이유이라는 점을 잊어서는 안 된다. 한마디로, 배아복제 반대는 난치병 치료나 국가경쟁력이라는 또 다른 목적을 위해 생명에 대한 사랑이 포기되어서는 안 된다는 뜻을 표명한 것이다.

돌이켜 보면, 대중적으로 기독교가 배아복제에 '반대'라는 소리만 부각되고 그 이유들이 올바로 전달되지 못한 것이 큰 아쉬움이다. 대중이라는 이름으로 자행된 생략과 왜곡이 빚어낸 안타까움이었다. 이제부터라도 기독교 생명윤리의 본질을 바르게 변증해야 한다. 기독교는 윤리적 이슈를 통해 종교갈등을 기획하지 않았으며 난치병 치료 자체를 반대하지 않는다는 점을 분명하게 말해야 한다.

배아복제뿐 아니라 현대사회의 여러 이슈들 역시 마찬가지이다. 가령, 성전환이나 동성애의 문제도 기독교의 관점들이 종합적으로 전달될 수 있기를 바란다. 이러한 이슈들에 대해 원칙상 기독교는 분명한 반대의견을 가지고 있으며, 성전환 자체를 굳이 미화시킬 필요까지는 없다는 것이 기독교 생명윤리의 관점이다. 동시에 그들에 관한 목회적 돌봄이라는 관심까지 포기한 것은 아니라는 점을 놓쳐서는 안 된다.

　　한 가지 더 생각할 것은, 한국 교회의 자기 성찰이다. 한국 사회에서 기독교가 생명윤리를 포함하여 사회 문제에 대해 영향력 있는 메시지를 주기에는 일면 부끄러운 부분이 있다는 점 또한 지적하지 않을 수 없다.[4] 기독교가 선한 영향력을 발휘할 수 있을 때, 기독교 생명윤리 역시 오해와 왜곡을 넘어 생명사랑의 본질을 전달할 수 있을 것이다. 말하자면, 교회를 교회되게 하고 기독교 신앙을 가진 것이 기쁨이 되게 할 만한 신앙공동체의 자기 갱신과 윤리적 성숙이 필요하다.[5] 이를 통해 기독교 생명윤리의 본질이 바르게 전달되고 구현될 수 있을 것으로 기대한다.

▬▬ 윤리논쟁 아닌 생명존중이다

　　기독교 생명윤리에 대한 또 다른 오해는 그것이 전문가들의 전유물이거나 찬반토론에 집착하는 논쟁적 성격을 지니고 있다는 생각이다. 게다가 신학자들 사이에서도 의견의 일치가 쉽지 않다는 점에서 어려움이 더해간다. 사실, 생명윤리의 문제들은 윤리학자들뿐 아니라 여러 신학 분야의 다양한 관심들이 모아지는 저수지와 같아서 찬성론과 반대론이 있기 마련이다. 그러나 이러한 논의 자체가 기독교 생명윤리는 논쟁을 위한 논쟁이라는 오해를 낳을 수 있다는 점은 반성할 대목이다.

　　물론, 속단해서는 안 되는 대목이 있기는 하지만, 아쉬움이 더 크다. 기독교 생명윤리는 통일된 목소리보다는 신학적 정체성에 따라 다양한 모습으로 표현되곤 한다. 어떻게 보면, 배아복제 반대로부터 동성애 문제에 이르기까지 윤리적 이슈들에 대한 의견과 해석들이 통일된 것으로 나오기를 기대하는 것 자체가 무의미한 것일지 모른다. 교도권을 중심으로 하는 가톨릭의 경우와는 사뭇 다르게 기독교는 신학적 다양성을 특징으로 삼고 있기 때문이다. 자연과학과 신학의 관계에 대해, 그리고 의료와 신학의 관계에 대해 생각하는 이론적 모델 자체가 다를 수 있다. 서로 다른 해석은 다양한 입장들로 나타날 수 있고, 이런 부분들이 기독교 생명윤리를 논쟁적인 것으로 비치게 할 가능성이 높다.

우리가 주목할 것은 기독교 생명윤리가 본질상 신학적 · 윤리적 논쟁을 위한 토론거리가 아니라는 점이다. 배아복제나 존엄적 안락사 문제 등을 다루는 것은 기독교가 의료 분야에 관한 이론적 논쟁 자체를 즐겨 해서가 아니다. 생명에 대한 위협과 하나님의 생명주권에 대한 도전이 있는 곳이면 무엇이든 문제의식을 가진다고 보는 것이 좋겠다. 사실, 배아복제가 한국적 상황에서 대중적 이슈가 되는 과정에서 기독교가 대표적인 반대집단으로 등장하게 된 것은 기독교가 자처한 것이 아니다. 따지고 보면, 논쟁을 중계하여 관심을 불러일으키려는 대중매체와 정책 당국의 간섭 등이 그 이유가 아닐까 싶다. 특히 인터넷 포털 사이트가 유도하고 누리꾼들이 참여한 '찬성 Vs. 반대'의 구도에서 기독교가 미운털 박힌 반대론의 대표주자로 지목된 셈이다.

현대적 의미의 생명의료윤리는 기독교 윤리학자들을 통해 본격적인 이슈가 되었다고 해도 지나치지 않다. 이른바 생명윤리의 재론bioethics revival에 기독교 윤리학자들이 대거 포함되었다.[6] 그러나 논쟁을 위한 논쟁은 아니었다. 의료 문제를 미주알고주알 논쟁할 생각보다는 당시의 핫이슈에 대한 기독교적 응답을 다루기 위한 것일 가능성이 높다. 또는 기독교윤리학 그 자체의 발전을 위한 탐색과정이었다. 플레처J. Fletcher의 상황윤리Situation Ethics가 등장한 과정이 그렇고 상황윤리 논쟁을 통해 나타난 레만P. Lehmann의 코이노니아 윤리, 리처드 니버H. R. Niebuhr의 책임윤리 등이 발전되는 과정에 의료 문제는 마치 설교의 예화처럼 등장한 셈이다. 기독교 생명윤리의 본질이 논쟁을 위한 논쟁은 아니라는 뜻이다.

이것은 1960년대 중반까지만 해도 신학 또는 종교적 색채가 짙은 의료전통이 유일한 자원이었으나 이후 새로운 변화가 생겼다는 점에서도 확인할 수 있다. 다원화 사회가 되면서 변화가 불가피했다. 여기에는 신학자들의 관심이 생명윤리에서 도시빈민 또는 인종 문제, 세계평화 등에 기울어졌던 것도 요인 중에 하나라고 할 수 있다.[7] 그 결과 현대의 생명의료윤리bio-medical ethics는 생명윤리의 세속화를 그 특징으로 한다.[8] 여기에서 세속화라 함은 성과 속의 구분이라는 맥락보다 탈종교화라는 의미가 강하다.

이처럼 신학이 떠난 자리를 철학자들과 법률가들이 주도하게 되었고 그것이 오늘날 생명윤리의 일반적 지형도를 보여준다. 따지고 보면, 현대사회에서 기독교 생명윤리의 입장에서는 의료윤리 분야에서 목소리를 내지 못하는 형국일 수 있다. 오늘날의 기독교 생명윤리는 철학자들과 법률가들의 문제제기 등에 힘입은 것일 수 있다. 1960년대 이후 기독교 윤리학자들이 지속적으로 이 분야를 천착했다면 더욱 다양하고 분명한 목소리를 대변할 근거들을 충분히 마련했을 수 있다는 아쉬움이 남을 정도이다. 요컨대, 기독교 생명윤리가 이론적 논쟁을 위해 고안된 것이 아니라는 점은 분명하다.

현대사회의 기독교 생명윤리에는 도덕철학자들이 응용윤리applied ethics에 대해 관심을 기울인 것이 자극이었다. 그리고 요나스를 비롯한 책임윤리 이론가들의 테크놀로지 시대에 관한 성찰이 호응을 얻은 것도 큰 영향을 주었다. 인권과 세계평화에 관심을 기울였던 기독교윤리학에 이제는 기술의 발전과 이에 따른 인간의 존엄과 생명의 가치에 대한 관심이 커진 것이다. 1960년대 생명윤리 분야를 주도했다가 다른 주제들로 관심을 돌렸던 기독교윤리가 이제는 철학자들과 법률가들이 지어놓은 집을 구경하면서 생명윤리의 기독교적 버전을 찾는 과정에 들어선 셈이다.

다른 측면에서 보자면, 인터넷을 달군 배아복제 반대론에는 복음적 신앙고백을 가진 신앙인들이 중심에 있다는 것이 중요하다. 기독교적 생명존엄의 가치를 확신하는 기독의사들과 자연과학자들, 그리고 기독교 윤리학자들이 공동의 전선을 형성하는 형태이다. 이에 대한 한국 교회 전체의 통일된 목소리도 나타나지 않았고, 일부에서는 다른 의견들을 제시하기도 했다는 점이 아직도 아쉬운 대목이다. 어쨌든, 한국에서의 기독교 생명윤리는 일종의 생명운동을 위한 시민운동의 형식으로 나타나고 있다. 그 본질은 이론적인 윤리논쟁보다 하나님의 생명주권을 존중하고 생명존엄의 가치를 지키려는 데 있다. 생명존중을 위한 모색이 그 핵심이다.

이들에게 필요한 것은 기독교 생명윤리가 논쟁을 위한 논쟁이라는 왜곡된 이미지를 벗겨줄 공동의 관심이요, 생명존엄을 위한 한국 교회 전체의 협력이다. 비록 '한목소리 내기'가 내키지 않는다면, 신학적 입장과 다르다는 이유로 몰아세우는 일은 삼가야 하리라 본다. 그리고 기독교의 생명존엄에 관한 변증적 관심을 키워야 할 듯싶다. 가령, 기독교 생명윤리를 다루는 기독교 교과목을 비롯하여 채플의 설교가 자연과학적 개념들을 소개하고 학습하는 통로가 아니라, 과학기술의 시대를 살아가는 신앙공동체의 생명존엄 의지를 강조하는 장場으로 자리매김해야 할 것이다.

▬ 건강관심을 넘어 영적관심이다

기독교 생명윤리에 대한 또 하나의 오해는 육체적 건강에 국한시키는 것이다. 사실 이 부분에서는 신앙인도 예외는 아닐 듯싶다. 배아복제나 존엄적 안락사 등의 주제들은 분명 육체적 질병과 건강에 관한 이야기이다. 그러나 기독교 생명윤리가 생명사랑과 생명존엄을 말하는 데에는 또 하나의 지평이 있음을 기억해야 한다. 건강과 생명의 문제를 영적 관심사와 연계시킨다는 점이다. 특히 인간의 생명을 하나님과의 관계에서 조명한다. 인간의 생명을 실험의 대상으로 삼거나 죽을 권리를 따라 선택할 수 있는 대상으로 보지 않는다. 인간은 하나님 앞에 있는coram deo 존재이다. 말하자면, 생사여탈의 권리는 인간의 것이 아니라 하나님의 생명주권에 속한다는 고백이 기독교 생명윤리의 근거인 셈이다.

우리는 여기에서 기독교 생명윤리가 지향하는 가치를 엿볼 수 있다. 생명에 대한 관심은 육체적 생명과 육체적 건강에 국한된 것이 아니다. 아울러 우리가 참고해야 할 또 하나의 관점은 신학의 역할이다. 생명윤리에 있어서 신학의 역할은 여러 관점에서 말할 수 있겠으나, 대략 두 가지로 요약할 수 있다. 첫째, 신앙공동체에 어떤 삶을 살아야 하는지를 분명하게 보여주어야 한다. 관련된 도덕적 개념들을 보다 분명하게 설명하고 도덕적 결단에 필요한 신학적 자원들을 제공할 수 있어야 한다. 둘째, 생명윤리와 관련된 정책에 적극적인 참여를 유도할 수 있어야 한다.[9] 가령, 배아복제 반대와 더불어 배아의 보호를 위한 입법

청원을 비롯하여 존엄적 안락사의 대안으로 꼽을 수 있는 호스피스 봉사의 재정지원의 제도화를 위한 정책제안 등 기독교적 가치를 구현하기 위한 참여에 적극적일 필요가 있다.

이러한 맥락에서, 우리가 확인할 수 있는 것은 기독교 생명윤리가 통전적 의미에서 생명의 가치를 중심에 둔다는 점이다. 건강의 개념과 생명의 개념을 이해함에 있어서 영적 지평에 관심을 둔다. 생명윤리 시대를 위한 영성에 관심을 가져야 한다는 것이다. 우리는 생명윤리적 관심을 통하여 생명존엄의 가치를 확인하며, 생명의 주관자이신 하나님을 발견하고, 영생과 구원을 향한 관심을 심화시켜야 한다. 생명윤리적 관심은 궁극적으로 생명의 주권자이신 하나님을 보게 하는 것이며, 육체적 생명의 문제에 대한 통찰에서 시작하여 영적 생명의 문제에 대한 관심으로 연결되어야 한다. 나아가 영혼의 소중함과 구원에 대한 관심으로 이어질 필요가 있다.[10]

변증을 넘어서

어느 시대나 기독교에 대한 안티는 있었던 듯싶다. 우리 시대 역시 마찬가지이다. 우리가 확신하는 것처럼, 기독교는 생명공학의 발전을 저해하는 반대집단도 아니고 이로 인한 종교갈등을 원하지 않음에도 불구하고 기독교 생명윤리에는 오해들이 따라붙는다. 변증적 관점에서 볼 때, 기독교 생명윤리는 본질적으로 하나님의 생명주권을 존중하고 생명사랑과 생명존중의 실천을 목표로 삼는다. 문제는 안티적 사회 분위기에 편승한 오해와 왜곡이 기독교 생명윤리라는 특정 영역을 넘어 기독교 그 자체에 대한 반감으로 변질되고 있다는 점이다.

이 글에서 살펴본 것처럼, 기독교 생명윤리의 본질에 대한 변증을 통해 기독교 그 자체를 변증하는 효과가 나타나기를 기대해 본다. 나아가 변증의 실천 역시 놓치지 말아야 할 것이다. 대학선교의 현장에 기독교에 대한 안티와 부대낌은 지속적인 극복의 과제이다. 기독교 생명윤리에 대한 이미지 역시 항상 긍정적인 것만은 아닌 듯싶다. 그렇다고 해서 생명과학의 시대를 사는 현대인에게 기독교적 생명가치관을 언급하지 않는다는 것은 일종의 직무유기일 수 있다. 우리가 다루지 않으면 그들이 질문하는 경우도 있지 않겠는가? 기독교를 생명사랑, 생명존중의 종교로 이해시키는 노력이 가속화되기를 기대한다.

1) 굳이 변증이라는 개념을 말한 것은 기독교 생명윤리가 뒤집어쓴 오해 즉 반대와 거부가 본질이
아니라 생명사랑, 생명존중에 참 뜻이 있음을 해명함으로써 기독교를 바르게 전할 기회를 찾자
는 의도이다.

2) 예를 들어, 대법원의 성전환자 호적정정허가 판결과 관련하여 필자 등 몇 명의 전문가 의견으로
구성된 기획기사(『국민일보』 2006년 6월 24일자)에 붙은 댓글 중에는 자신을 기독교인이라고
소개한 어떤 사람이 '나도 기독교인이지만 기독교가 반대만 일삼는 것이 부끄럽다'는 내용을 담
은 것도 있었다. 아마도 교회가 사회적 약자들을 품지 못한다는 취지인 듯싶지만 필자가 보기에,
'글의 전체 흐름을 제대로 읽고 교회가 교리적으로 취하는 입장과 목회적 차원에서 가질 수 있는
태도 등을 종합적으로 이해했다면 그런 댓글을 쓰지는 않았을 텐데…' 하는 안타까움이 들었다.
이와 함께 신앙인들에게 복음과 윤리에 대한 확신과 변증적 태도가 아쉽다는 생각도 들었다.

3) 이 부분은 http://www.peoplevoice.co.kr/news/articleView.html?idxno=1531의 글을
참고하였음.

4) 문시영, 「비둘기같이 순결한 윤리, 뱀같이 지혜로운 전략」, 기윤실 부설 기독교윤리연구소 세미
나 발표자료(2005. 6. 9)를 참조할 것.

5) 문시영, 「교회의 재발견: 부흥운동을 넘어 대안적 윤리공동체로」, NICE: 새세대교회윤리연구
소 2006 추계발표회(2006. 10) 발표문을 참고할 것. 이 글은 『기독교사회윤리』 제12집(한국
기독교사회윤리학회, 2006. 12)에 게재되었음.

6) Smith, D., "Religion and the roots of the bioethics revival" in Verhey A. ed., *Religion
and medical ethics* (W. B. Eerdmans Pub. 1996), p.9.

7) *Ibid.*, pp. 368-369.

8) Callahan. D., "Religion and the secularization of bioethics" in Boulton W., Kennedy
T., & Verhey A. ed., *From Christ to the world* (W. B. Eerdmans Pub. 1994), p. 367.

9) Cahill. L., "Can theology have a role in public bioethical discourse?" in Boulton W.,
Kennedy T., & Verhey A. ed., *From Christ to the world* (W. B. Eerdmans Pub.
1994), p. 377.

10) 문시영, 「생명윤리적 관심을 통해 본 인성교육의 과제」, 『대학과 복음』 제6집(대학복음화학회,
2002. 10), 65-86면.

2

변증의 기초(1):
생명공학시대의 책임윤리

　　너무도 짧은 시간 안에 이미 낡아버린 이슈들이 있다. 복제양 돌리의 탄생과 죽음, 휴먼 게놈 프로젝트^{Human Genom Project}의 완성, 판코니 빈혈의 치료를 위한 맞춤아기의 탄생, 유전자 형질변경 동식물의 탄생 등 새로운 윤리적 결단을 요청하는 문제들이 우리에게 다가오고 있다. 라엘리언의 개체 복제아기의 탄생 보도 해프닝에 이르기까지 생명공학의 발전을 둘러싼 이야기들은 이미 새로운 화두가 아니다.

　　테크놀로지의 발전은 어디까지 이어질 것이며, 그것은 인류에게 복이 될 것인가 혹은 재앙으로 돌아올 것인가? 우리 시대를 테크놀로지의 시대라 부르는 것이 낯설지 않을 정도로 만연된 새로운 문제들과 관련하여 우리는 지금 새로운 윤리적 성찰의 요구에 직면하고 있다. 테크놀로지의 시대를 살아가는 기독교 신앙인을 위한 윤리적 기준은 무엇이며 기독교는 어떤 대안과 비전을 제시할 수 있는가?

몇 가지 질문

▬ 생명공학, 우리 시대의 원죄인가?

뇌사brain death와 장기이식organ transplant, 그리고 안락사euthanasia와 의사조력자살physician assisted suicide 등 의료기술의 발전에 수반되는 새로운 논제들은 우리에게 윤리적 도전이 아닐 수 없다. 테크놀로지의 발전이 의료 영역에 적용되면 새로운 문제가 발생할 수 있구나 하는 정도의 염려를 넘어서, 인간은 어느새 생명을 제어하는 단계까지도 지나쳐서 조작manipulation의 위험성을 노출시키고 있다. 생명창조와 생사여탈生死與奪의 권리를 수임 받은 것처럼 행세하는 '하나님 노릇하기'를 향하고 있는 셈이다.

또한 테크놀로지가 동식물 분야에 적용되는 수많은 경우들은 우리가 익히 접한 소식들 중 하나에 불과할 정도이다. 유전자 조작을 통한 기능성 식품의 생산, 개화시기 조절유전자를 이용한 화훼재배를 비롯하여, 유전자 변형을 통해 개발된 유전자 재조합 식품GMO: Genetically Modified Organism 및 유전자 변형 생물LMO: Living Modified Organism, 그리고 방사선 조사照射 식품에 대한 논란도 끊임없이 일고 있다. 급기야 유전자 조작의 시도는 이제 인간을 향하고 있다. 휴먼 게놈 프로젝트는 대표적인 거대과학의 결과물이다. 여기에는 장기이식의 수요·공급 문제나 유전적 질병의 극복을 비롯한 다양한 의료적 기대들이 반영되어 있다. 문제는 인간을 대상으로 하는 유전공학적 실험과 도전이 과연 정당화될 수 있는가 하는 점이다. 과연 인간존엄이란 무엇이며 유전공학을 위시한 과학기술은 어떻게 사용되어야만 하는 것인가? 인간은 과연 유전자의 조합체에 불과한 존재인가?

이것만 문제인 것은 아니다. 생명공학 이외에 또 다른 문제들이 각별한 관심을 요청하고 있다. 무엇보다도 환경의 신음소리는 우리를 안타깝게 한다. 무분별한 개발은 환경파괴의 주요한 원인이며 인구의 팽창 역시 빼놓을 수 없는 요인임에 틀림없다. 이러한 때에 착취와 지배, 그리고 소유의 관점을 바로잡는 생태학적 각성이 절실히 요청된다. 여기에 덧붙여, 생태계 문제 역시 테크놀로지와 밀접히 연관되어 있음을 인식할 필요가 있다. 테크놀로지는 인간의 힘을 근본적으로 확장하여 생태계에 대한 치명적 위협의 요소로 등장하고 있기 때문이다. 우리의 다음 세대를 고려하는 생태학적 각성과 함께 테크놀로지의 시대를 위한 미래적 책임의 윤리가 요청되는 것도 바로 이러한 맥락에서이다.

나아가 테크놀로지의 발전을 둘러싼 신조어들은 생명과학기술 BT: Bio Technology에 한정되지 않는다. 테크놀로지는 정보통신기술IT: Information Technology, 나노기술Nano Technology, 그리고 그 다음은 무엇이 될지 예측할 수 없는 발전의 궤도에 들어서 있다. 이러한 맥락에서 새로운 분야로 관심의 대상이 되고 있는 정보화 윤리 또는 사이버 윤리 역시 테크놀로지의 발전과 궤를 같이 한다. 음란과 자살을 부추기는 사이트들의 난립, 그것을 수익 모델로 삼으려는 상업주의적 경향, 전자상거래상의 사기, 악의적인 유언비어의 유포를 통한 프라이버시의 침해 등 인터넷이 뒤집어쓰고 있는 오명들은 사회병리적 현상으로 설명될 문제인 동시에 윤리적 성찰의 주제임에 틀림없다.

우리의 관심은 테크놀로지가 우리 시대 모든 윤리적 문제에 있어서 원죄 격에 해당한다는 것을 입증하려는 것이 아니다. 테크놀로지의 영향력이 정치, 경제, 사회 행위와 제도 안에, 그리고 문화적인 태도와 가치관 속에까지 깊숙이 미치고 있으며, 기술은 마침내 문화적 태도와 가치관을 바꾸어 놓았다는 점은 부정할 수 없다.[1] 테크놀로지의 시대를 사는 우리가 직면한 윤리적 담론이 쉬운 것은 아니라는 점을 말하고 싶은 것이다. 테크놀로지가 우리의 존재양식으로 자리 잡았다는 점은 누구도 부정하기 어렵다. 또한 생명의료윤리, 생태윤리, 사이버 윤리와 같은 우리 시대의 윤리적 성찰의 주제들을 테크놀로지와 떼어놓고 설명하기란 거의 불가능하다. 따라서 테크놀로지에 대한 윤리적 성찰은 이제까지의 윤리적 긴장감으로 담아내기 어려울지 모른다. 우리에게 필요한 것은 테크놀로지라는 큰 틀에서 생명, 환경, 그리고 사이버 윤리를 통전적으로 바라볼 수 있는 새로운 책임의 윤리이다.

▬▬ 생명공학, 가치중립적인가?

테크놀로지에 대한 평가는 다양하다. 기술능력의 극대화가 사회의 합리화를 촉진할 것이라고 말하는 낙관론자들은 진보의 이데올로기를 추종하는 경향이 있다. 미래학자 토플러A. Toffler가 말하는 프랙토피아practopia의 개념 혹은 메가트렌드mega-trends를 예견한 나이스비트J. Naisbitt 등 미래학자들의 주장과 학설들이 여기에 속한다.

중립론자들은 기술이 인간의 목적과 목표에 완벽하게 토대를 두고 있는 중립적인 힘이라고 주장한다. 기술은 단지 도구일 뿐이며, 그 사용자의 문제가 더 중요하다는 입장이다. 조금 다른 관점이라 할 수 있는 기술현실주의에서는 테크놀로지를 사회적 역학관계에서 이해하려 한다. 기술체계가 그 자체의 능력을 가지고 있기는 하지만, 정치적 및 사회적으로 독립되어 있는 것은 아니며, 인간은 그 방향을 수정하거나 필요시는 그 작용을 억제할 수도 있다는 입장이다.

테크놀로지가 중립적이지 않다고 주장하는 사람들은 기술과 기술 도구, 기술제품은 중립적이고 다만 그것들이 사용될 때 가치평가 행위가 수반된다는 주장에 반대하면서, 기술 자체에 이미 가치가 실려 있다고 말한다. 기술은 인간의 총체적인 경험에서 비롯된 것이며, 신념과 종교적 소신들에 의해 영향을 받는다는 것이다.[2] 특히 비관적 입장에 속하는 사람들은 기술의 발전이 오히려 인간을 억압하거나 비극적인 미래를 야기할지도 모른다고 하는 반성적 관점을 제안한다. 이를테면 테크놀로지 시대의 인간을 철제 새장iron cage에 갇힌 존재로 설명하는 방식도 여기에 속한다.

기독교적 평가에서 참고할 만한 것으로는 테크놀로지의 유사종교적 기능에 대한 예언자적 비판이다. 예를 들어, 엘륄Jacques Ellul은 테크놀로지가 기독교적 인간관, 사회관과 충돌한다고 보았다.[3] 그의 저술들은 일종의 기술시대를 향한 예언자적 관점이라 할 만큼 예리한 비판을 담고 있으며, 현대사회가 기술생산성에 의해 기만을 당하고 있다는 주장도 눈에 뜨인다. 심지어 기술을 숭배하는 정신 상태는 기술이 마치 유사종교적 기능을 수행하는 것처럼 느껴질 정도라고 하며, 테크놀로지에 내재된 비인간화의 강력한 힘을 비판하면서, 그것들은 사랑과 정의의 성서적 정신에 반대되는 것이라고 주장한다.

이러한 주장들을 종합하여 볼 때, 기독교는 낙관이나 비관 또는 중립의 입장을 넘어 비판적 혹은 책임적 관점을 견지하는 것이 바람직하리라 여겨진다. 테크놀로지에 대한 윤리적 견제와 비판을 통하여 그것이 책임적인 것이 될 수 있도록 하자는 것이다. 테크놀로지를 정죄하거나 거부하는 것으로는 현대문명사회를 바르게 파악하기 어려우며,

기독교가 관심을 가져야 할 예언자적 기능에 충실하지 못하게 되는 결과를 낳을 수 있기 때문이다.

기독교는 '딴지꾼'인가?

테크놀로지 발전에는 양면성이 나타난다. 긍정적 기능과 부정적 기능 또는 밝은 면과 어두운 면이 공존한다. 테크놀로지에 관한 논의에 항상 따라다니는 질문은 그것이 인류에게 복이 될 것인가 혹은 재앙이 될 것인가 하는 점이다. 요컨대, 테크놀로지에는 기대와 염려, 희망과 검증의 필요성이 공존한다. 누군가 재치 있게 말한 것처럼, 테크놀로지는 결함 있는 행운defective luck일 수 있기 때문이다.

상식적인 기대처럼, 테크놀로지의 발전은 삶의 여건을 개선하고 생명연장과 질병극복의 기회를 줄 수 있다. 삶의 편의성을 높이고 상상으로만 내다보았던 미래를 오늘의 삶에서 구현할 수 있다는 기대에 부풀게 한다. 반면에, 삶의 내용과 생명존엄이 위협받는 위기를 초래할 수 있다. 헉슬리A. Huxley가 예견했던 『멋진 신세계』Brave New World의 실험장이 될 수 있다. 바로 여기에 윤리적 통찰의 필요성이 자리한다.

흥미롭게도, 테크놀로지의 본질에 관한 윤리적 통찰에는 일종의 통과의례가 있는 듯싶다. 우리의 본질적 질문에 비해 곁가지 문제일 수 있는 또 하나의 질문은, 기독교는 과학기술발전의 발목을 잡는가? 하는 것이다. 기독교는 과연 '딴지꾼'인가? 이 질문 자체가 우리의 윤리적 성찰의 본질은 아니다. 우리의 문제의식은 테크놀로지 시대의 기독교윤리 구상이기 때문이다. 그러나 무시하고 넘어갈 수 없는 문제이기에 짚고 넘어갈 필요가 있다.

테크놀로지 발전과 관련하여 어떤 신학자들은 기독교가 과학의 발목을 잡는 어리석음을 범하지 않도록 좀 더 신중하고 기다릴 줄 아는 지혜가 필요하다고 말한다. 예를 들어 지동설을 주장했던 갈릴레오의 경우, 당시의 교회는 그를 단죄했으나 결과적으로는 그의 입장을 수용할 수밖에 없었다는 것과 비슷한 경우가 재현될 수 있다는 것이다. 그러나 다른 한편에서는 테크놀로지의 본성 그 자체를 문제시하며, 신학적 방관이 결국은 걷잡을 수 없는 결과들을 낳을 것이며 신앙에 반하는 일들이 자행되고야 말 것이라는 관점을 제시한다. 그리고 이와 유사하면서도 관점상의 차이가 있는 또 다른 입장에서는, 기독교가 이따금 반대의 소리를 높이는 것은 테크놀로지 그 자체에 대한 혐오가 아니라, 그 올바른 방향을 제시하고 무분별한 질주본능에 '브레이크를 밟아주는' 역할을 하는 것이라고 말한다.

테크놀로지 자체를 혐오할 필요는 없다. 그렇다고 미래적 낙관만 늘어놓는 것도 바람직하지 못하다. 신학적 성찰의 중요한 대상이어야 하며, 그 본질에 대한 균형 잡힌 이해가 필요하다. 테크놀로지는 삶의 정황이며 현대인의 존재규정에서 빼놓을 수 없는 조건이기 때문이다. 무시하거나 정죄하는 것만으로 무시되거나 정죄되어 멈추어 서는 것이 아니라, 테크놀로지는 지속적으로 변형되며 발전될 것이다. 더구나 우리는 지금 테크놀로지의 발전을 빌미로 자행할 수 있는 생명에 대한 조작manipulation을 비롯하여 생명을 수단화 내지는 부속품화의 위험, 또한 상업적 관심에 따라 생명산업의 방향을 그릇되게 이끌어 갈 위험에 직면해 있다. 나아가 하나님의 절대적인 생명주권에 도전하고 무시하는 일들을 자행할 수 있다는 점에서 생명존엄과 인권을 비롯한 공동체적 가치에 대한 올바른 비전을 심어주는 일은 테크놀로지 시대에 반드시 요구되는 윤리학적 과제라 하겠다.

생명공학과 책임의 윤리

■ 새로운 책임윤리가 필요하다

테크놀로지 시대를 위한 윤리적 질문의 핵심은 테크놀로지의 본
질에 대한 이해로부터 찾아야 한다. 테크놀로지의 발전은 숨 가쁜 연구
결과의 발표와 신기술의 제안이라는 신속성의 특징을 지닌다. 그러나
이보다 더 심각한 것은 테크놀로지의 발전이 가공할 만한 위력을 지니
고 있다는 점이다. 그 영향력은 전 지구적일 뿐 아니라, 현재와 미래에
이르는 광범위한 위력으로 나타날 수 있다. 테크놀로지에 관한 윤리적
성찰 역시 이러한 위협적 위력과 긴급성을 반영하는 것이어야 한다. 말
하자면, 차분한 문헌비평적 성격 이상의 연구이어야 한다. 한스 요나스
H. Jonas의 '비상의 윤리'emergency ethics는 이러한 테크놀로지 시대를 위한
윤리적 성찰의 본질과 특징을 분명하게 보여준다.

테크놀로지 시대의 책임윤리를 제안하였던 요나스는 테크놀로
지를 인간의 행위가 지니고 있는 영향력을 근본적으로 확대해주는 힘
Power의 문제로 규정한다. 요나스의 요점은 테크놀로지 안에 내재된 힘
에 대한 논의이며, 그 핵심은 힘에 관한 책임의 윤리이다. 『책임의 원
칙』Das Prinzip Verantwortung에서 요나스는 기술시대에 인간행위의 본질이
변형되었다는 데 주목한다.

요나스에 따르면, 테크놀로지는 인간행위의 본성을 바꾸어 놓았다. 인간의 힘을 미래까지도 제어할 수 있는 것으로 확장시켰다. 다시 말해, 테크놀로지의 힘을 통하여 인간의 행위의 영향력은 생태계 전체로 뻗어가고 있으며 다음 세대에 대해서도 영향을 미칠 정도로 확장되고 있다. 그러나 요나스가 보기에 이제까지의 윤리는 한계에 부딪혀 있다. 즉 인간의 상태가 근본적으로 확정되어 있다는 선입견에 사로잡혀 있으며, 따라서 이러한 토대에서 인간의 행위와 그 책임의 범위 또한 좁게 제한하고 있다는 것이다.[4] 이러한 이유로 인간은 그 윤리적 책임에 있어서 인간과 인간의 관계에만 국한시켜 생태계를 포함하지 않았으며 책임범위 또한 현세대에 국한시키는 경향이 있다는 것이 요나스의 진단이다. 말하자면 이제까지의 윤리적 전통에서는 현대기술사회의 문제들에 대한 적절한 대안을 제시할 수 없다는 것이 그 요점이다.

이러한 비판을 통해 요나스는 이제까지의 윤리와는 달리 오늘의 기술시대에는 이른바 '공포의 발견술'을 통한 새로운 책임이 요청된다고 주장한다. 테크놀로지로 인해 확장된 인간의 힘은 그 무분별한 사용으로 이어져, 지구라는 행성에 다음 세대가 존속할 수 있는 기반조차도 남겨두지 않을지 모른다는 두려움과 공포를 자아낸다는 것이다. 그러므로 테크놀로지 시대를 위한 윤리학적 논의에서는 책임의 범위를 현세대를 넘어 후손과 우주 전체에 미칠 생태학적 영향을 고려하는 범위까지 확장시켜야 한다는 취지이다.

바꾸어 말하자면, 과학기술사회에 있어서 인간행위의 영향력은 그 범위와 대상을 확정, 제한할 수 없을 정도로 확대되었다는 것이다. 그리하여 전 인류와 생태계에까지, 그리고 현 세대뿐 아니라 다음 세대의 후손들에게까지 미칠 수 있다는 것이다. 따라서 그의 책임개념은 인간과 인간의 관계에 제한되던 책임의 범위를 인간과 생태계에까지 확장하고 '지금' 그리고 '여기'에 제한되었던 인간행위의 책임성을 미래세대에까지 확장시키는 이른바 미래윤리적 탁견이라 하겠다.

아쉬운 것은 요나스의 책임윤리가 그 지평을 하나님 앞에서의 책임으로 확장시키지 못하고 있다는 점이다. 물론 이 부분은 홀로코스트의 경험이후 요나스에게 자리 잡은 생각, 즉 '이제는 우리가 신을 도와야 한다'는 명제와 연관 지어 본다면, 보다 더 깊은 논란의 대상이 될 수 있는 부분일 수 있다. 유태인으로서 유신론적 세계관에 익숙해 있던 요나스가 책임의 문제를 인간의 과제로 상정한 데에는 나름대로의 이유가 있어 보이기는 하지만, 요나스의 관점으로부터는 기술시대의 힘의 문제에 대한 통찰을 얻는 것으로 만족해야 할 듯싶다.

▬ 하나님 앞에서의 책임이어야 한다

테크놀로지의 본질을 힘의 문제로 파악하고, 비상의 윤리를 통하여 미래적 책임의 필요성을 강조했던 요나스의 관점은 윤리적 지평의 확장임에 틀림없다. 요나스에게 결여되었던 기독교적 관점이라는 또 하나의 지평확장은 슈바이커^{W. Schweiker}의 이론에서 찾을 수 있다. 슈바이커의 책임윤리는 그 주제에 있어서 테크놀로지와 힘의 문제를, 그리고 접근방식에 있어서 기존이론들의 통합이라는 방법론을 채택하고 있다. 그리고 책임의 지평을 하나님 앞에서의 책임의 차원으로 격상시켜 신학적 근거를 검토하고 있다. 이것이 이른바 '통전적 책임윤리'integral theory of responsibility이다.

통전적 책임윤리는 테크놀로지와 힘의 문제를 중심주제로 상정한다. 슈바이커에 따르면, 우리 시대의 가장 긴박한 도덕적 문제는 현대사회에 있어서 인간의 힘이 너무도 강하게 확장되었다는 점이다. 인간의 힘은 생명체의 유전자 구조를 변경시킬 수 있으며 환경을 위협하는 단계로 확장되었다. 그 증거들은 정보화 및 경제적 상호의존, 환경위기, 그리고 대량학살의 위험성 등에서 명백하게 나타난다.[5] 특히 유전공학은 인간이라는 종species의 다음 세대를 바꾸어 놓을 수 있는 가공할 만한 능력으로 다가오고 있으며, 우리 다음 세대가 우리와 유사한 존재가 되지 않을지도 모른다는 의구심이 들게 할 정도이다.[6] 이처럼 테크놀로지는 의료, 군사, 정보통신 그리고 환경기술 등 거의 모든 영역에서 인간의 힘을 근본적으로 확장시켰다. 문제는 힘의 확장 또는 증대만 있을 뿐 책임의 문제가 충분히 논의되지 못했다는 점이다.

물론, 힘에 관한 윤리적 성찰이 전혀 새로운 것은 아니다. 힘에 관한 책임의 논의는 이미 베버의 『직업으로서의 정치』Politik als Beruf에서 정치적 지도력의 요구와 연관되어 논의된 바 있다. 그리고 그 요점은, 정치지도자의 고유한 권한에 주어진, '미래에 미칠 영향을 확신하면서 현재의 행위를 시행하는 것'the liability for fur ture effects of present actions이었다.[7]

슈바이커는 책임의 문제를 다룰 때, 베버의 연구에서 볼 수 있는 정치권력의 문제에 고착되지 않고 보다 광범위하고 현대적인 문제, 곧 기술과 힘의 관계에 그 관심을 집중한다. 여기에는 물론 요나스의 책임윤리가 제시하는 기술시대의 윤리적 통찰이 크게 영향을 미치고 있다. 그러나 무엇보다도 기술시대의 힘의 사용과 인간의 문제에 관한 접근에 있어서 슈바이커는 기독교적 관점에서 새로운 조명의 필요성을 절감하고 있었다.

슈바이커에게서 책임의 문제는 곧 힘을 사용하기도 하고 그것 때문에 고통을 당하기도 하는 행위자의 문제이다. 동시에 니체 이래로 되풀이된 힘에의 의지will-to-power를 선의 잣대로 삼으려는 경향에 대한 경종을 울리는 것이기도 하다. 그리고 그 핵심은 힘을 어떻게 사용하고 힘에 대해 어떤 가치평가를 내려야 할 것인가의 문제이다.

그는 힘의 가치와 규범에 대한 난제를 특히 기독교 윤리에 나타난 신념들에 의해 그 해답을 얻고자 한다. 말하자면 도덕적 능력을 포함하는 모든 힘의 궁극적 원천이 하나님이심을 인정하고, 나아가 피조된 유한한 존재가 그 유한성의 한도 내에서 존중되고 함양되어야 한다는 관점이 그것이다. 하나님은 만물의 창조주이며, 따라서 모든 유한한 존재들의 가치를 그 한도 내에서 존중하고 함양하여야 한다는 것을 의미한다. 이것은 힘을 지닌 모든 존재가 도덕적 평가에 종속되어야 한다는 '힘에 대한 해석'을 제공한다.[8] 그 요점은 힘을 삶의 최고의 가치로 상정하는 것은 인간다움의 의미를 부정하고 훼손시키는 것이라는 주장으로 요약된다. 하나님 이외에 다른 것을 최고선으로 숭배하는 것은 우상숭배이기 때문이다.[9]

이러한 해석을 더욱 철저한 윤리적 이론으로 전개하기 위하여 슈바이커의 통전적 책임윤리는 그 방법론에 있어서 '종합'의 정신을 추구한다. 사실, 윤리학에 있어서 책임의 문제는 고대세계로부터 이어온 논제이다. 책임의 개념에 대한 관심여하에 따라 책임윤리의 다양한 패러다임을 만들어 내었다.[10] 슈바이커에 따르면, 도덕적 책임에 관한 기존의 이론들은 대략 세 가지 유형으로 구분될 수 있다.

첫째, 행위와 행위자의 연관성에 기초하여 책임을 묻는 행위자이론은 아리스토텔레스 전통을 따라 자유의지와 책임의 문제를 집중적으로 논의했으며, 강한 결정론hard determinism과 약한 결정론soft determinism,

혹은 양립가능론에 이르는 일련의 논의들로 이어지고 있다. 둘째, 사회적 책임론은 칭찬과 비난의 사회적 시행에 중심을 둔다. 책임은 행위자의 역할과 사회적 소명의 관계에서 근거를 찾아야 한다는 것이다. 이는 현대사회의 도덕적 문제해결을 위한 노력에 있어서 도덕적 책임의 귀속 문제가 개인의 영역에 국한되지 않음을 보여준다.[11] 셋째, 대화적 책임론에서는 응답이 그 중심개념이며, 대표적으로 니버[H. R. Niebuhr]의 책임적 자아의 개념을 들 수 있다.[12]

슈바이커에 따르면, 테크놀로지의 시대에 요청되는 책임윤리는 이 모든 유형을 아우르는 통전적 틀에서 설명되어야 한다. 삶이란 통전성[integrity]의 관점에서 해석되고 평가되어야 하는 종합적인 개념이기 때문이다. 따라서 슈바이커의 책임 개념 안에는 처벌과 보상, 역할의 완수, 그리고 하나님을 향한 응답이라는 요소들이 모두 포함된다.[13]

이러한 통전적 책임윤리에서는 테크놀로지 시대의 힘의 사용을 하나님 앞에서의 문제로 해석해야 한다는 점을 강조한다. 이 점에서 슈바이커는 요나스의 통찰을 적극 수용하면서도 동시에 기독교적 관점에서 재조명되어야 한다고 보았다던 것이라 하겠다. 즉 힘에 관한 도덕적 평가는 근본적으로 힘의 절대적 원천과 연관되어야 한다는 것이다.[14] 만물은 창조주 하나님에 의해 그 생명력을 지니게 되었으며 모든 것은 창조주의 힘과의 관계에서 파악되고 평가되어야 하기 때문이다.

이러한 기초적 논의들로부터, 인간이 책임적 행위자로 행세할 수 있도록 힘 있게 되는 것은 하나님 앞에서 삶을 존중하고 함양하려는 목적에 사용할 때 가능하다는 주장이 나온다. 이것은 삶의 진정한 완성은 하나님 앞에서의 인간이라는 관점에서만 가능하며, 창조주이시며 모든 힘의 절대적이고 궁극적인 원천이신 하나님과 연관 지어 해석될 때에 비로소 그 의의를 얻는다는 점을 보여준다.

일찍이 종교개혁자들이 부르짖었던 것처럼 인간은 근본적으로 '하나님 앞'coram Deo에서의 존재이며 모든 행위는 하나님과 연관 지어 negotium cum Deo 한다는 점에서, 과학기술시대에 새롭게 구비하게 된 테크놀로지라는 힘에 대한 적절한 견제와 그 방향의 설정이 하나님 앞에서의 삶이라는 전제에서 이루어져야 한다는 것이다. 슈바이커에 따르면 힘의 궁극적인 원천은 하나님이며, 기독교적 책임의 개념은 이러한 힘의 원천이신 하나님께 대한 신앙과 하나님 앞에서의 삶을 통하여 발견된다.

이러한 의미에서, 테크놀로지의 힘은 창조주에게서 부여된 것이라 할 수 있으며, 그 힘의 사용은 모든 힘의 절대적 원천이신 하나님의 뜻을 따라 사용될 때 의미 있는 것이 된다. 그렇다면, 힘의 절대적 원천이신 하나님께서 원하시는 힘의 사용은 어떤 것인가? 생명에 대한 위기를 초래하거나 생명을 멸절시키는 것이 아님은 분명하다. 테크놀로지의 힘은 생명을 살려내고 생명공동체의 전체적 온전성, 즉 통전성이 유지되도록 사용되어야만 할 것이다. 이러한 의미에서 슈바이커의 책임윤리는 다음과 같은 책임의 정언명법을 제안한다.

> 모든 행위와 관계에 있어서 하나님 앞에서 삶의 통전성을 존중하고 함양해야 한다. [15]

그리고 이러한 인간의 통전적 책임의 자세를 공의를 행하며 인자를 사랑하며 하나님과 함께 하는 삶에 대한 위탁 또는 헌신에서 나온다. [16] 이는 테크놀로지의 시대에 구비한 힘을 그 근본적 원천이신 하나님께서 원하시는 뜻을 따라 사용해야 한다는 책임적 생명윤리를 가능케 하는 도덕적 선언이다. 또한 생명을 조작하거나 생명을 경시하거나 생명을 저해하는 모든 시도를 중지하고 생명존엄을 위한 적극적인 노력이 필요하다는 뜻이다. 또한 테크놀로지의 힘이 생명존엄을 함양시키는 방향으로 바르게 사용되어야만 그 힘은 도덕적 정당성을 얻을 수 있다는 것을 의미한다.

책임적 테크놀로지를 향하여

테크놀로지는 부정할 수 없는 존재규정의 양식이 되어 버렸다. 이러한 때에 기독교윤리에 요청되는 것은, 테크놀로지의 시대에 관한 정보를 따라잡기에 급급해 하는 것이 아니다. 더 시급한 것은 책임의 인식이다. 테크놀로지의 발전이 생명을 저해하고 생명을 실험 대상으로 삼아 조작하는 지경에 이르게 된다면, 그것은 윤리적으로, 신앙적으로 정당화될 수 없다는 사실을 분명하게 인식하고 그 책임의 문제를 고민해야만 할 것이다. 여기에 책임윤리의 새로운 인식이 더욱 절실해지는 이유가 있다. 그리고 책임은 오늘의 문제, 인간과 인간의 문제에 국한되지 않는다. 미래의 문제, 생태계와 공동체적 가치에 이르는 지평의 확장을 요청한다.

1) S. Monsma ed,. *Responsible Technology*, 양성일 외 역, 『책임 있는 과학기술』(서울: CUP, 2000), 14면.

2) 위의 책, 60-61면.

3) Jacques Ellul, *The Technological Society*, trans. J. Wilkinson (NY: Knopf, 1965)이 내용은 위의 책, 339-377면을 요약, 재인용하였음.

4) H. Jonas, "Technology and Responsibility: Reflections on the New Tasks of Ethics" in *Philosophical Essays, from Ancient Creed to Technological Man* (The Univ. of Chicago Press, 1974), p. 3.

5) W. Schweiker, 문시영 역, 『책임윤리란 무엇인가?』(서울: 대한기독교서회, 2000), 44-49면.

6) 이에 관해서는 다음의 자료를 참고할 것. Paul Ramsey, *Fabricated Man: The Ethics of Genetic Control* (New Haven: Yale University Press, 1970).

7) Huber. W., "Towards an Ethics of Responsibility" in *The Journal of Religion* (1993), p. 579.

8) W. Schweiker, 『책임윤리란 무엇인가?』, 46면.

9) 출 20:1-3, 마태 19:17.

10) W. Schweiker, 『책임윤리란 무엇인가?』, 31-52면.

11) 가령 May, L.,(Univ. of Notrdam Press. 1987) 혹은 Hubig. C.,(Frankfurt am Main. Campus Verlag. 1982) 등은 집단의 도덕성이라는 개념을 사용하면서 집단책임의 문제를 취급하기도 한다.

12) H. R. Niebuhr. *The Responsible Self* (NY: Harper & Row Publishers. 1963), pp. 47-68.

13) W. Schweiker, 『책임윤리란 무엇인가?』, 133-176면.

14) 위의 책, 46면.

15) 위의 책, 60면.

16) "사람아 주께서 선한 것이 무엇인지를 네게 보이셨나니 여호와께서 네게 구하시는 것이 오직 공의를 행하며 인자를 사랑하며 겸손히 네 하나님과 함께 행하는 것이 아니냐"(미가서 6:8).

3

변증의 기초(2):
생명공학시대의 사회윤리

휴먼 게놈 프로젝트^{Human Genom Project}의 완성에 관한 보도는 유전공학 및 생명과학에 종사하는 사람들뿐만 아니라 우리 시대의 모든 구성원들이 이미 과학의 새로운 장으로 진입하고 있다는 사실을 반증해 준다. 더구나 라엘리언 무브먼트에 의한 인간개체에 관한 생명복제 시도, 그리고 국내외적으로 커다란 반향을 불러일으켰던 인간 배아복제 실험 성공소식[1] 등은 우리 시대를 테크놀로지 시대라고 부르는 것이 지나친 시도가 아님을 보여준다.

이러한 때, 우리에게는 몇 가지 성찰해야 할 윤리적 과제가 주어져 있다. 테크놀로지 시대의 사회윤리학적 전략은 무엇인가? 그리고 테크놀로지 시대의 사회윤리학적 과제는 무엇인가? 이 질문들은 '게놈'으로 표현된 테크놀로지 시대에 있어서 생명존엄을 위한 기독교윤리학의 성격과 방향을 설명하는 길잡이가 되어 줄 것이다.

힘의 견제와 균형

생명공학시대의 사회윤리학적 전략은 무엇인가? 생명공학이라는 힘의 책임적 사용은 어떻게 구현되어야 하는가? 의생명과학자들의 각성으로만 모든 것이 해결되는가? 과학의 진보에 관한 정책입안의 당사자들은 책임의 범위에서 면제되는 것인가? 그리고 테크놀로지의 발전에 따른 생명위기를 두려워하며 반대의 목소리를 높이는 종교인들의 주장을 단순한 반대를 위한 작은 목소리에 지나지 않는다고 무시해도 되는 것일까?

테크놀로지의 책임적 사용과 생명존엄을 위한 논의는 어느 한 분야의 전문가들의 전유물도 아니며, 시민의 침묵과 무관심 속에 일방적으로 진행될 수 있는 것이라고 방치해둘 수도 없는 주제이다. 과학자집단, 정책 당국, 그리고 시민단체 및 종교인들에 이르기까지 다양한 목소리들이 관련되어 있으며, 개인의 자격으로 찬반을 논하는 것이라기보다는 집단의 명의로 제안과 참여가 이루어진다는 점에서 우리는 집단적 힘에 관한 윤리학적 통찰력을 제시해 주었던 니버Reinhold Niebuhr의 제언을 연상하게 된다.

특히 니버의 접근에서 중심이 되는 개념은 집단적 힘Power이다. 예를 들어 집단과 집단의 갈등에 나타나는 집요한 집단이기주의collective egoism는 분배의 문제를 포함한 사회정의론에 있어서 심각한 고려요소가 아닐 수 없다. 그것은 또한 일종의 힘의 표현이다. 집단이익을 관철하려는 힘의 결집을 의미한다. 만일 테크놀로지의 발전과 그 진보적 이데올로기를 신봉하는 사람들이 자신들의 입장을 관철하려 한다면, 그것은 이미 하나의 집단적 힘으로 변형된 것이라 할 수 있다. 이에 반대하는 목소리들 역시 개인의 노력으로는 대항할 수 없는 집단적 힘 앞에서 다시 대항세력이 될 만한 또 하나의 집단적 힘의 형태로 표출될 것이다.

니버의 이러한 관점은 기독교현실주의Christian Realism이라는 개념으로 소개되어 있다. 그가 말하는 기독교현실주의는 사회적 문제의 원인을 힘의 갈등과 충돌로 파악하고 사회제도적 접근 또는 정치적 접근을 통하여 사회 문제를 해결하려는 입장을 가리킨다. 이것은 사회적 현실의 문제들을 마치 넘실거리는 파도가 강력하고도 생생하게 마주쳐 작용 및 반작용하는 바다의 모습에 견주어 보는 것과도 같다고 할 수 있다.[2] 니버가 보기에 사회의 문제들은 여러 집단 간의 알력과 충돌에서 비롯되는 것이며 특히 집단이기주의는 이러한 문제들의 근원적인 이유가 된다. 따라서 니버적 관점에서 볼 때, 이러한 힘의 충돌과 갈등을 해소하기 위해서는 개개인의 도덕적 각성도 물론 중요하겠지만, 근본적으로는 갈등하고 있는 힘들의 균형과 견제가 이루어져야만 한다. 바로 여기에서 니버의 사회윤리적 통찰이 싹튼 것이라 하겠다.

일찍이 니버는 그의 저서, 『도덕적 인간과 비도덕적 사회』Moral Man and Immoral Society에서 인간이 개인과 개인의 관계에서는 자기를 희생하고 다른 사람의 이익을 자기의 이익보다 우선시할 수 있다는 의미에서 도덕적일 수 있으나, 집단의 문제가 되면 개인과 개인의 관계를 덧셈으로 더하기 한 것보다 더 심각한 이기심이 나타난다는 점을 역설한다.[3] 따라서 그의 윤리적 구상에서는 개인윤리와 사회윤리의 구분이 구심점이 되며, 특히 사회윤리적 접근방식의 중요성이 강조된다.

이러한 사회윤리구상에 있어서 힘의 개념은 정치적 · 사회적 의미가 강하다. 그는 힘이 독점되거나 그 세력의 균형을 상실하게 되는 경우를 경계한다. 그의 힘의 정책power politics이라는 개념은 이것을 가장 분명하게 대변해준다. 특히 집단과 집단 간의 이익갈등에 대한 니버의 해결책은 이른바 힘의 균형the balance of power, 또는 the equilibrium of power을 통한 정의의 실현이다. 이것은 집단행동에 대한 그의 설명에서 분명해진다. 이것을 그는 힘의 조직화 또는 조직화된 힘organized power의 개념으로 설명하고 있다. 집단행동의 본질은 이른바 대항력 또는 반대압력counter-pressure이라는 힘의 행사이며, 이것은 집단행동이 사회의 구조 및 제도의 영역에 해당되는 것임을 보여준다.[4)]

이러한 의미에서 우리는 테크놀로지라는 힘에 대한 논의가 사회윤리학적 지평에서 새롭게 검증되고 보완될 필요성을 느끼게 된다. 테크놀로지의 힘을 무엇을 위해 사용할 것인가의 문제와 함께 그 힘이 제대로 사용되고 책임적인 것이 되도록 하기 위한 또 다른 차원의 노력이 필요하다는 것이다. 정책이나 제도와 같은 시스템적 요소들이 그 대표적인 사항들이다. 그리고 이러한 측면에서의 윤리적 과제를 논하는 분야를 우리는 니버의 구분법을 따라 사회윤리적 접근이라고 해석하고자 한다. 말하자면 생명존엄을 위한 책임의 윤리는 니버적 사회윤리와 접맥되어 보다 구체적인 실천의지로 표명될 필요가 있다.

여기에서 개인윤리와 사회윤리를 구분한다는 것은 그중 어느 하나의 우월성을 말하는 것이라기보다는 윤리적 성찰의 대상과 범위에 따라 각각 달리 적용되어야 할 윤리적 원칙들이 있다는 뜻이다. 그것은 사회윤리가 개인윤리보다 더 중요하다거나 월등하다는 의미보다는 개인윤리적 사고방식에 집착하는 당시의 경향에 일침을 가하는 일종의 강조였다. 즉 사회적 갈등과 집단과 집단 간의 알력의 문제들은 개인윤리적 방법보다는 사회적 방법으로 접근해야 한다는 점을 부각시키고 있는 셈이다. 그가 염두에 두고 있는 사회적 방법들이란 사회의 구조에 대한 접근들로서 예를 들면, 제도나 법령 등등의 개선을 통하여 문제를 해결하려는 이른바 시스템적 접근, 또는 사회정책의 문제social policy matters 와 관련된 측면이라고 할 수 있다.[5]

이러한 의미에서 니버가 제시한 관점, 즉 힘의 사회적 통제 또는 힘의 견제와 균형이 필요하다는 제안은 생명존엄을 위한 매우 중요한 시사점을 준다고 평가하고 싶다. 생명존엄의 구현은 개개인의 도덕적 각성 내지는 생명존엄 사상의 정립만으로는 완결될 수 없는 경제논리 와 이익갈등이 수반되기 때문이다. 바람직한 것은 두 가지의 병행, 즉 개인윤리적으로 기술시대에 있어서 책임적 자세를 확립하고 사회윤리 적으로 생명복제에 대한 효과적인 통제를 위한 노력이 나란히 이루어 지는 것이라 하겠다.

이것은 생명윤리가 개개인의 도덕적 각성과 함께 이른바 구조적 접근을 필요로 하는 사회적이고 구조적인 문제를 수반하고 있음을 보 여준다. 말하자면 생명복제를 비롯한 오늘날의 생명위기의 문제를 대 하는 기독교적 대안에 하나님의 주권에 대한 강조와 함께 인간에 의한 생명의 조작이 효과적으로 통제되고 방지될 수 있도록 지속적인 신앙 운동 및 사회적 감시를 위한 기독교적 접근이 동시에 이루어져야 한다 는 것을 의미한다. 이러한 관점에서 생명복제에 대한 효과적인 통제를 위하여 도덕적 각성이라는 과제와 사회적이고 구조적인 통제와 압박 이라는 두 가지 요소가 병행하는 대안의 모색이 필요하며, 그러한 노력 을 통하여 생명복제에 관한 보다 실효성 있는 감시와 통제가 가능해질 수 있으리라 생각한다.

책임의 구현을 위한 사회윤리

생명공학시대를 살아가는 우리에게 필요한 사회윤리는 어떤 것이어야 하는가? 첫째, 생명존엄을 위한 책임의식과 하나님의 생명주권에 대한 신앙고백이다. 이것은 테크놀로지 시대의 사회윤리를 위한 가장 중요한 기초에 해당한다. 생명존엄에 대한 의식을 전제하지 않는 사회윤리 구상은 무의미하기 때문이다. 생명복제 가능성의 시사와 휴먼게놈 프로젝트의 완성을 비롯한 테크놀로지의 눈부신 발전상은 생명의 가치와 존엄의 근거에 대한 엄숙한 성찰을 요청하고 있다. 우리는 생명복제 찬성론자들의 주장과 눈앞에 다가온 생명위기의 현상들을 보면서 가장 기본적인 질문을 재음미하지 않을 수 없다. 생명은 왜 존엄한 것인가? 실존주의자들처럼 삶의 유일회성을 근거로 제시할 수도 있을 것이다. 또는 생명가치의 목적성에 대한 주장 역시 이유가 될 수 있다. 무엇보다도 생명의 존엄을 하나의 신앙고백으로 수용할 필요가 있다.

생명의 주권은 하나님께 있으며, 인간은 그 생명의 위탁관리자로서 보다 의미 있는 삶을 통해 하나님의 영광을 증대시킬 의무를 지니고 있다. 최근 새롭게 부각되고 있는 이른바 삶의 질quality of life 및 죽을 권리right to die에 대한 논의는 그것이 제아무리 설득력이 있고 타당해 보인다 해도 생명존엄과 생명주권에 대한 신앙고백을 대체할 수는 없다. 생명은 그 자체로 인간의 소유물이 아니다. 그것은 인간이 죽을 권리를 내세워 자의적으로 처분할 수 있는 대상이 아니다. 인간은 그 생명을 통해 최선을 다하여 선을 행하며 영혼을 구원하는 일에 헌신하여야 할 것이다. 또한 다른 사람의 생명을 죽이는 일을 멀리하고 생명이 있는 동안 적극적으로 생명을 살려내는 일에 적극 참여하는 '살리는 사람'으로 자아정체성을 확립해야 할 것이다.

더욱이 하나님께서 인간에게 테크놀로지의 발전을 허락하신 이유는 생명존엄을 위해 사용하도록 주신 것이라는 사실을 신앙으로 고백할 수 있어야 하겠다. 생명의 절대적 주권자이자 원천이신 하나님은 인간으로 하여금 생명존엄하고 값진 것으로 만들도록 촉구하시며, 생명공동체community of life의 통전성이 온전히 유지되기를 원하신다. 하나님께서 인간에게 테크놀로지라고 하는 힘을 주신 근본적인 이유는 힘의 절대적 원천이신 하나님의 뜻을 따라 생명공동체의 존엄성과 통전성의 함양에 사용되도록 요구하신다는 점에 주목해야만 할 것이다. 이를 위해 우리는 시민 개개인의 생명의식 함양을 통해 전반적으로 사회의 생명존엄이 확립되도록 해야 할 것이며, 그 사회적 구현을 위한 노력을 병행할 필요성을 절감한다.

둘째, 생명존엄을 위한 사회윤리적 마인드의 확립이다. 이것은 생명존엄을 위한 책임의 사회적 구현을 강조하는 것이라 하겠다. 생명존엄의 책임은 그 신앙고백적 의미와 함께 사회제도를 통하여 보다 구체적으로 구현될 필요가 있다. 예컨대 대리모금지 및 낙태금지와 관련된 법안의 제정 및 인간복제금지에 대한 제도적 장치의 마련 등이 그것이다. 이를테면, 생명복제에 대한 수요가 상존하고 이에 대한 효과적인 통제수단이 마련되지 못한다면 심각한 결과들을 낳게 될 것이다.

최근 미국의 어드밴스트 셀 테크놀로지ACT 사는 인간 배아복제실험에 성공했다는 발표를 함으로써 생명복제반대론자들의 우려가 단순한 걱정거리가 아니었음을 보여주었다. ACT가 사용한 배아복제방법은 성숙한 난자에서 세포핵을 제거한 후 복제할 체세포에서 떼어낸 핵을 주입하여 수정시킨 것으로서 이 배아를 자궁에 이식해 키우면 복제인간이 될 수도 있는 방식이었다. ACT는 배아를 태아로 키우는 대신 간세포를 이용할 목적으로 실험했다고 주장하고 있다.[6] 이 발표에 대해 관련 전문가들은 복제된 배아가 곧 죽었기 때문에 실험이 실패한 것으로 보기도 하지만, 인간 세포를 처음으로 복제했다는 점에서 진일보한 것으로 간주되는 것도 사실이다.[7]

이러한 배아복제가 문제시되는 이유는 줄기세포 연구를 위해 배아에서 줄기세포를 추출하는 과정에서 인간으로 성장할 수 있는 배아가 부득이 폐기되어야 한다는 점에 있다.[8] 이러한 난점에도 불구하고 배아복제를 강행해야 한다는 찬성론들의 요점은 그것이 난치병 치료에 획기적인 길이 될 것이라는 데 있다. 한마디로 치료목적의 배아복제는 적극적으로 허용되어야 한다는 것이다.[9] 그리고 이러한 찬성론은 걷잡을 수 없을 정도로 실험정신과 바이오 벤처정신을 자극하기도 한다. 예를 들어 생명복제 찬성론자들은 인간복제 실험이 법적으로 금지된 지역을 벗어나서라도 반드시 생명복제를 시행하겠다는 강경한 입장을 지니고 있다. 심지어 공해 상에 배를 띄워놓고서 거기에 실험실을 차려놓고서라도 복제실험을 하겠다는 경우도 나타나고 있다.[10]

또한 시야를 넓혀 본다면, 다국적 기업의 횡포 등 기업윤리를 바로잡는 일 역시 사회구조적 접근의 빠질 수 없는 과제이다. 오늘날의 경제행위는 이미 지구화를 명분으로 하는 다국적 기업이 선도하는 형태로 운영되고 있다는 점은 국제관계의 차원에서 논의되어야 할 사회윤리적 과제들이 무엇인지를 암시해 준다. 예를 들면 유전자 조작식품 GMO의 국제적 이동의 문제, 자국의 현행법이 금지하고 있는 생명관련

기술적용의 실험을 제3국에서 자행함으로써 파생될 수 있는 윤리적 문제 역시 중요한 사회윤리적 과제라 하지 않을 수 없다.

이러한 문제들을 바르게 해결하기 위해서는 그들이 양심적이기를 기도하거나 항의서한을 보내는 것도 필요하겠지만, 오히려 제도적이고 구조적인 접근이 더욱 효과적이라고 생각된다. 가령, 미국 등 각국이 배아복제에 대한 금지 및 처벌 입법을 추진하고 있는 것이 그 단적인 예라 하겠다.[11] 미국 정부는 연방기금 지원의 조건을 이미 파괴된 배아에서 추출한 현존하는 줄기 세포에 한정짓고 불임치료 과정에서 낳는 배아에서 제공자의 동의를 얻어서 금전적 대가 없이 추출해야만 한다는 조건을 달고 있다. 또한 줄기 세포를 얻기 위한 인공수정이나 배아복제, 수정란 매매 행위 등은 지원 대상이 될 수 없다고 제한하고 있다.[12] 우리나라의 경우, 논란의 대상이 되고 있는 생명공학 육성 법시안에서 냉동배아를 이용하는 경우만을 조건부 허용하는 방향으로 가닥을 잡고 있다. 그리고 잉여배아와 냉동배아를 통한 줄기세포 추출을 제한적으로 허용할 것을 제안하고 있다.[13]

그밖에 생명존엄을 위한 사회윤리적 마인드의 확립에는 생명에 관한 테크놀로지의 사용을 과학자들만의 밀실논제로 남겨지지 않도록 하는 것도 포함된다. 테크놀로지의 시대에 시도되는 여러 가지 생명위기의 현상들은 과학자와 관련 분야 전문가들의 생명존엄사상의 고취에만 맡겨둘 수는 없다. 물론 그들의 양심적이고 도덕적인 의식이 생명존엄을 위해 테크놀로지를 분별 있게 사용하는 데 이를 수 있다면 더욱 좋겠지만, 이러한 효과들을 보다 확실하게 담보하기 위해서는 생명존엄의 정신을 충분히 반영하는 사회시스템적 장치가 마련되어야 할 것이다.

셋째, 생명존엄을 위한 사회적 분위기의 조성이다. 이것은 생명존엄과 생명옹호를 이야기하는 사람들이 더욱 많아지고 사회전반의 분위기가 그 소리에 충분히 귀 기울여야 한다는 것을 말한다. 만일 생명존엄을 말하는 사람들은 보수적인 성향의 사람들로 분류되거나 틀에 박힌 사람으로 매도되는 조짐이 보인다면, 이것은 매우 심각한 문제가 아닐 수 없다. 이제까지의 생각과는 다른 이야기를 하는 사람들이 특별해 보이고 관심의 대상이 되는 사회적 흐름에서는 생명옹호론보다는 선택옹호론 내지는 생명복제 찬성론자, 안락사 및 의사조력자살 찬성론자들의 주장이 큰 호기심과 반향을 불러올 수 있다는 점에서 매우 우려할 만한 상황이라 하겠다.

예를 들어 최근 대한의사협회는 임신중절 및 안락사를 허용하는 윤리지침을 만들겠다고 발표함으로써 사회적 파장을 낳은 바 있다. 의협의 근본 의도는 지금 당장 그러한 의료행위를 시행함으로써 현행법과의 갈등을 야기하려는 것이라기보다는 자신들의 정치참여를 정당화하고 관심을 모으려는 데 있다고 여겨진다. 의약분업을 전후하여 벌어졌던 의료파업의 경험처럼 의료 문제에 의사들이 압력단체만으로는 부족하다는 생각이 작용했을 것이다.[14] 의협의 이러한 주장에 대해 상당수 매스컴들이 관심을 보이고 토론회를 개최하는 등의 반향은 그들의 정치적 전략 자체가 어느 정도 효과가 있었다는 점을 반증하는 것이라고 하겠다.

우리는 여기에서 조금은 다른 차원의 질문을 던져볼 필요가 있다. 생명옹호론을 위한 사회정책의 제시는 무조건 보수적이고 고리타분한 것인가? 생명존엄은 최우선의 가치이다. 바라기는, 앞으로 우리 사회에서 생명옹호론pro-life도 당당하게 말하고 그것을 위해 사회적 비용을 쓰자는 이야기를 과감하게 할 수 있는 분위기가 무르익어야 할 것이다. 생명존엄을 강조하려는 노력들을 보수적이고 시대에 뒤떨어진 생각이라고 몰아세워서는 안 된다는 뜻이다. 오히려, 생명존엄을 재확인하고 그 기반에 서서 삶을 더욱 의미 충만한 것으로 만들어가기 위한 노력이 절실한 때이다.

이를 위해서는 다각적인 접근이 가능할 것이다. 교회공동체에서 설교와 생명윤리교육을 통하여, 그리고 기독교언론을 통한 홍보 및 일반대중매체에서의 생명존엄을 위한 프로그램의 편성과 운영, 시민운동단체에서의 생명존엄을 위한 노력, 생명존엄의 강조를 위한 학술활동과 강연회 등 다양한 방법을 동원될 수 있을 것이다. 중요한 것은 생명존엄을 말하는 것이 보수적인 사고방식을 가진 사람들의 것이라고 매도되어서는 안 된다는 것이며, 생명의 소중함을 보장하기 위한 제도와 법령의 정비를 통하여 생명존엄을 위한 노력이 보다 구체적으로 보장되고 구현될 수 있는 사회적 분위기와 여건을 형성할 필요가 있다고 하겠다.

책임의 사회윤리를 향하여

우리들의 시대는 과학기술의 발전이 초래하는 생명증진과 그 위협에의 가능성이 병존하는 위험과 기회의 시대이다. 임신중절의 문제뿐만 아니라 생명복제와 유전자 조작을 위시한 새로운 문제들이 부단히 제기되는 이른바『멋진 신세계』Brave New World의 실험장이 될 수도 있다는 위기의식으로부터 생명존엄의 가치에 대한 인식이 요청된다.

　일부 신학자들은 기독교가 과학의 발목을 잡는 어리석음을 범하지 않도록 좀 더 신중하고 기다릴 줄 아는 지혜를 가져야 한다고 주장하기도 한다. 틀린 말이 아니다. 그러나 타당하다고도 할 수 없다. 우리에게는 하나님께서 주신 생명존엄을 위한 사명이 주어져 있기 때문이다. 지나치게 신중하거나 기다려 보는 태도는 잘못하면 방관에 흐를 수도 있으며, 적절한 시기를 놓치게 되는 우를 범할 수도 있음을 잊어서는 안 될 것이다. 생명복제를 비롯한 현대사회의 문제들에 대한 대안의 마련에 있어서 개개인의 신앙양심과 도덕적 각성에만 호소하는 것 못지않게 보다 더 구체적인 사회윤리학적 접근이 필요하다는 점에 더욱 주목해야 하리라 본다.

　테크놀로지 시대의 생명존엄을 위한 노력은 일회성 캠페인이나 일과성 관심사로 지나칠 수 없는 중심 문제로 인식되어야 한다. 특별히 과학기술의 시대를 사는 신앙인들로 하여금 하나님의 주권에 대한 새로운 인식을 일깨우고 과학기술의 힘을 생명존엄을 위해 사용하여야 한다는 책임적인 자세를 가질 수 있도록 노력해야 할 것이다. 그리고 이러한 노력들은 종국적으로 생명의 가치를 더욱 분명하고 깊이 있게 인식하는 생명운동으로 승화되어야 할 것이다.

1)　『한국일보』 2001년 11월 27일자 참조.

2)　Long. E. L. Jr., 박봉배 역, 『기독교윤리의 종합적 연구』 4판(한국신학연구소, 1984), pp. 284-289.

3)　Niebuhr, R., *Moral Man and Immoral Society* (New York: Charles Scribner's Sons, 1940) pp. 1-22.

4)　고범서, 『사회윤리학』(나남커뮤니케이션스, 1993), pp. 33-60.

5)　Long, E. L. Jr., *A Survey of Recent Christian Ethics* (NY: Oxford Univ. Press, 1982), p. 145.

6)　『한국일보』 2001년 11월 27일자 참조.

7)　『한국일보』 2001년 11월 26일자 참조.

8)　『한국일보』 2001년 10월 13일자 참조.

9)　『한국일보』 2001년 11월 26일자 참조.

10)　『한국일보』 2001년 11월 26일자 참조.

11)　『한국일보』 2001년 11월 27일자 참조.

12)　『한국일보』 2001년 10월 13일자 참조.

13)　『한국일보』 2001년 10월 13일자 참조.

14)　문시영, 「집단행동의 사회윤리적 과제: 의사파업을 중심으로」, 『한국기독교신학논총』 제20집 (한국기독교학회, 2001), pp. 135-157.

bioethics

생명윤리의 신학적 개념과
윤리적 맥락

생명공학의 시대를 맞이하여, 우리는 테크놀로지의 발전을 빌미로 자행할 수 있는 생명에 대한 조작^{manipulation}을 비롯하여 생명을 수단화 내지는 부속품화하여 생명 그 자체의 가치를 훼손하고 손상시킬 위험, 또한 상업적 관심에 따라 생명산업의 방향을 그릇되게 이끌어 갈 위험에 직면하여 있다. 하나님의 절대적인 생명주권에 도전하고 무시하는 일들을 자행할 수 있다는 점에서 생명존엄에 대한 올바른 비전을 심어주는 일은 테크놀로지 시대에 요구되는 절실한 과제라 하겠다.

큰 틀에서 보는 생명윤리

짚고 넘어가야 할 문제는 생명윤리의 개념 및 그 관심의 범위에 대한 것이다. 일반적인 의미에서 사용되는 생명윤리의 개념으로서는 자칫 인문과학 내지는 신학적 견지에서의 논의가 의료윤리 내지는 유전공학이라는 전문 영역에 대한 '이웃집 기웃거리기' 내지는 '어설픈 학문적 흉내 내기'에 그칠 가능성이 있다. 우리가 관심을 갖는 생명윤리의 개념은 '큰 틀에서 보는 생명윤리'이다. 또는 넓은 의미의 생명윤리라 할 수 있다. 이것은 생명윤리의 재론bio-ethics revival[1]이 부각되기 시작한 60~70년대 미국 기독교윤리학계에서 사용했던 생명윤리의 개념을 확대한 것이라 할 수 있겠다.

당시 의료신기술을 이끌어가던 미국에서는 신장투석기의 발명 이후, 신장투석의 대상을 어떻게 선정할 것인가에 대하여, 그리고 뇌사의 개념이 등장하기 시작하면서부터 삶과 죽음의 정의를 어떻게 설정할 것인가에 관하여 많은 논란이 제기되었다. 사회의 여러 그룹에서 이러한 윤리적 문제들에 대한 해결대안의 모색이 활발하게 진행되었고, 그중에서도 신학자들이 가장 먼저, 그리고 가장 많이, 또한 가장 다양한 관점에서 그 대안들을 제시하기 시작하였다. 폴 램지P. Ramsey를 위시한 미국 기독교윤리학계의 황금기를 형성하는 탁월한 학자들이 이 논의에 가담하였으며, 이른바 상황윤리situation ethics로 유명한 플레처J. Fletcher도 포함된다. 특히 인격성Personhood에 관한 논의에서 IQ 기준 40 이하는 인간임이 의심스러운 존재요, 20 이하는 인간으로 볼 수 없다고 했던 플레처의 제안은 당시로서 매우 충격적인 인상을 남겼다.

이러한 일련의 학문적 발전의 와중에 의료윤리는 테크놀로지 발전에 따라 그 내용이 다양화되고 수많은 논쟁들을 불러일으키면서 현대의료윤리의 틀을 형성하기 시작하였다. 오늘날 가장 권위 있는 의료윤리 교과서로 사용되는 뷰참T. L. Beauchamp과 칠드레스J. F. Childress가 제안한 의료윤리의 원칙들2), 즉 자율성 존중의 원칙, 악행금지 및 선행의 원칙, 정의의 원칙 등은 이러한 의료윤리의 발전정도를 보여주는 좋은 척도가 될 수 있겠다. 또한 의료윤리의 개념과 범위는 대략 다음과 같이 정리될 수 있다. 3)

첫째, 생명을 다루는 모든 인간관계에서 발생되는 문제들, 즉 의료요원들 사이에, 의사와 환자, 의사와 환자 가족 사이에 의료행위를 둘러싸고 발생될 수 있는 문제들을 다룬다. 둘째는 삶과 죽음의 정의에 관한 윤리적 문제이다. 가령 안락사, 뇌사 등의 판정과 관련하여 제기되는 이른바 죽을 권리right to die의 문제를 비롯한 전통적 관점과 의료기술 사이의 의견 차이에 관한 문제들이 다루어진다. 셋째, 의료자원의 분배에 따른 윤리 문제이다. 이것은 의료정의의 문제라고도 할 수 있으며, 제한된 의료자원의 분배 및 의료제도에 관한 문제들이 여기에 속한다.

의료윤리가 생명윤리의 학문적 형성과 발전에 있어서 중요한 기능을 수행한 것이 사실이다. 그러나 의료윤리에 국한되어 사용되던 개념은 테크놀로지의 지속적인 발전으로 인하여 유전공학 또는 생명과학과 연관된 윤리적 성찰에 직면하여 그 외연의 확장을 요청받고 있다. 롱E. L. Long. Jr.의 주장처럼, 생명과학 및 의료기술의 발전은 '예견되는 문제'로 남아있던 생명복제 및 장기이식 등 새로운 주제들에 대한 성찰을 촉발하고 있으며 특별히 유전자 조작과 인간에 관한 근본적인 개조를 추구하는 생명과학의 발전이 현대 기독교윤리학의 심각한 도전요소로 대두되고 있다.[4] 가령, 생명복제 및 휴먼 게놈 프로젝트와 유전자치료의 문제 등은 기존의 의료 분야 이외에 생명과학이라는 또 다른 전문 분야가 테크놀로지 발전의 개가를 올린 셈이다. 이러한 추세를 따라 생명윤리의 질문 자체가 새로워졌다. 개체복제를 어떻게 금지시킬 것인가, 배아복제는 허용할 것인가, 휴먼 게놈 프로젝트의 결과는 어떻게 사용되어야 하는가 등의 새로운 질문들은 기존의 의료윤리를 중심으로 하는 생명윤리의 개념이 확장되어야 할 필요성을 강하게 제안하고 있다.

이러한 질문들은 의료윤리가 이제는 의료전문직의 전유물이 아니라 인문과학, 신학 및 시민단체를 아우르는 사회구성원 모두의 관심사인 생명윤리의 개념으로 확장될 필요성을 일깨워 준다. 다시 말해 테크놀로지의 발전으로 제기된 생명윤리적 문제들은 전문가들의 실험실에 국한되는 것이 아니라 시민 모두의 관심사가 되어야 하며, 시민적 통제의 대상이 되어야 한다는 새로운 요구에 직면하게 된 것이다.

이러한 새로운 추세를 따라 우리는 또 다른 분야들이 생명윤리의 영역에 포함되어야 할 필요성을 느낀다. 최근에 새롭게 인식되고 있는 환경윤리 또는 생태윤리, 그리고 사이버 윤리가 그것이다. 이것은 생명윤리의 개념이 의료 문제 및 생명공학의 문제는 물론이고 생명의 터전으로서의 환경 문제를 비롯하여 사이버 윤리의 문제까지를 망라하는 보다 포괄적인 개념으로 재정의되어야 한다는 점에서 그 중요성을 지닌다. 이렇게 본다면, 이 글을 통해 말하려는 생명윤리는 의료윤리 Medical Ethics를 기본으로, 유전공학 및 생명공학의 논제들을 포함하는 동시에, 환경윤리와 사이버 윤리를 포괄하는 넓은 의미의 생명윤리이다. 이것은 의료 문제를 비롯한 유전공학, 생태계 위기, 사이버 문제 등이 그 근본에 있어서 하나의 뿌리로부터 파생되었다는 입장을 반영하고 있다. 즉 과학기술, 또는 테크놀로지의 발전으로 인하여 야기된 문제들에 대한 윤리적 성찰인 것이다.

의료 문제와 생명윤리

생명윤리에서 가장 우선적인 대상이 되는 것은 전통적인 의료윤리로부터 확장된 의료 분야의 문제들이다. 임신중절abortion, 안락사euthanasia, 뇌사brain death, 의사조력자살physician assisted sui cide, 그리고 장기이식organ transplant 등이 그 주제이다. 대학복음화의 목적으로 이러한 분야들을 다룬다면, 우선 각각에 대한 개념설명을 토대로 찬반양론 및 그 기독교적 대안을 제시하는 방법을 고려할 수 있겠다. 특히 테크놀로지의 발달이 의료 영역에 적용되었을 때 나타나는 의식구조의 변화 및 생명존엄의식의 약화에 유의할 필요가 있다.

예컨대, 의료기술의 발달은 임신중절시술의 용이성을 증대시켰고 '원치 않는 아기'라는 명분으로 임신중절을 시행하고 그것을 피임의 수단으로 생각하는 의식구조의 변화와 맞물려 생명존엄에 대한 심각한 위기를 조성하고 있다. 기술의 발달 이전에는 공상에 그쳤던 장기이식이 보편화되고 그와 관련하여 장기매매라는 또 다른 문제가 파생되고 있는 점 역시 같은 맥락에서 볼 수 있다. 아울러 뇌사 개념의 도입은 전통적인 삶과 죽음의 개념에 대한 근본적인 재인식을 요청하고 있으며, 시험관아기와 맞춤아기의 탄생 등은 테크놀로지의 발전에 수반되는 생명의식과 가치관의 변화를 보여주고 있다.

그밖에 안락사와 의사조력자살의 문제는 미국을 비롯한 여러 국가에서 논란의 대상이 된지 오래이며, 일부국가에서 시행중인 안락사 제도는 이러한 문제들은 모두 과학기술의 발달로 야기된 지극히 현대적인 문제들이며 현대인의 목전에서 행해지고 있는 일들이다. 이제 인간은 생명을 제어하는 단계를 넘어 생명창조와 생사여탈生死與奪의 권리를 수임 받은 것처럼 행세하게 하는 상황에서 생명존엄은 과연 어떤 의미로 이해되어야 하는가? 이 질문에 대한 답을 구하는 과정에서 생명의 주권자이신 하나님에 대한 관심과 영원한 진리에 대한 관심이 촉발될 것이라 기대해 본다.

유전공학과 생명윤리

유전공학의 업적들은 괄목할 만하다. 식물 및 식품 분야에 적용된 유전공학은 인류를 위한 대안으로 인식될 정도이다. 이 순간에도 세계 어느 국가의 실험실에서 수많은 생명과학의 연구결과들이 쏟아져 나오고 있다. 철분이 많이 함유된 옥수수, 비타민 A를 다량 함유한 황금 쌀의 개발, 그리고 철분 쌀, 고高아미노산 쌀이 등장하고 있다.[5] 개화시기 조절유전자를 발견하여 원하는 시기에 꽃을 피우는 기술의 개발 등은 화훼재배나 농작물 분야에 폭넓게 이용될 것으로 보인다. 동물 분야에 있어서도 마찬가지이다. 사료를 적게 먹고도 몸무게는 40% 이상 많이 나가는 유전공학적 거대초고속성장 돼지의 탄생은 그 성과들 중 하나에 불과하다.[6] 이것은 기존의 육종개량방식을 넘어서는 것으로서 그 핵심에 유전공학이 있다. 이러한 유전공학 기법 또는 유전자 재조합 내지는 유전자 변형 등을 통해 개발된 식품들을 유전자 재조합 식품GMO: Genetically Modified Organism이라 부르고 최근에는 유전자 변형 생물

LMO: Living Modifi ed Organism이라는 용어도 사용된다. 또한 방사선 조사照射 식품에 대한 논란도 끊임없이 일고 있어서 우리의 식탁을 통해 우리에게 직접적이거나 또는 2세에게 간접적인 영향을 미칠 우려가 있다.

유전자 조작은 인간을 향하고 있다. 예를 들어 휴먼 게놈 프로젝트는 가장 대표적인 유전공학적 거대과학의 결과물이다. 여기에는 장기이식의 수요·공급 문제나 유전적 질병의 극복을 비롯한 다양한 의료적 기대들이 반영되어 있다. 문제는 인간을 대상으로 하는 유전공학적 실험과 도전이 과연 정당화될 수 있는가 하는 점이다. 그것은 인간 존엄이란 무엇이며 유전공학을 위시한 과학기술은 어떻게 사용되어야만 하는 것인가에 대한 질문과 함께 다루어져야 한다. 그리고 최종적으로는 인간이란 과연 유전자의 조합체에 불과한 실험대상인가를 묻고, 인간의 영혼에 대한 관심과 구원의 문제에 대한 관심을 촉발시킬 수 있어야 한다.

생태계 위기와 생명윤리

생태계 위기에 대한 각성은 우리 시대의 화두가 된지 오래다. 그리고 환경 문제는 하나의 전문적인 분야로 취급되는 경향을 보인다. 수많은 사상가들에 의해 인식과 발상의 전환을 위한 이론들이 제안되었다. 그 내용들을 이해하기는 물론이고 전체적인 분류작업도 간단하지 않을 정도이다. 환경 문제 또는 생태계 위기의 문제는 크게 이론적 또는 인식의 차원과 실천의 차원으로 구분지어 접근할 필요가 있다. 여기에는 종교와 철학, 인문과학적 접근을 포함하여 경제, 정치와 시민운동에 이르는 실로 다양한 제안과 의견들이 마치 파노라마와도 같이 펼쳐진다. 어찌 보면 또 하나의 학문적 흐름이자 학제적 논의의 주제이기도 하다.

근본적으로 환경위기의 문제도 큰 틀에서 보는 생명위기의 한 영역에 속한다고 생각한다. 환경위기는 곧 생명의 터전이 위협받는 근본적인 위기이기 때문이다. 우리가 진행하고 있는 생명윤리는 유전공학이나 의료 문제에만 국한되는 것이 아니라 그 지평에 환경 문제와 정보화의 문제를 포함하고 있다. 나아가 기술의 발전으로 초래될 수 있는 대량살상, 전쟁과 폭력의 문제, 그리고 사형제도의 문제까지도 포함할 수 있는 큰 틀을 형성하고 있다. 이러한 의미에서 환경위기의 문제를 생명윤리에 편입시킨 것은 그것을 축소하거나 단순화시키려는 것이 아님을 인식하여야 할 것이다.

환경윤리를 다룰 때, 그 이론과 실천에 대한 여러 가지 입장들 중에서 심층생태론, 환경관리의 윤리 등등의 개념적이고 이론적인 분야들을 개괄하는 것도 중요하겠지만, 근본적으로 환경과 생태계에 대한 의식의 전환 또는 생태학적 각성의 중요성이 가장먼저 강조되어야 할 부분이다. 환경 문제는 일차적으로 환경의식의 문제이기에 올바른 관점의 정립과 함께 삶의 녹색화 운동 또는 실천운동이 병행되어야 할 필요가 있다. 이러한 의미에서 생태학적 각성의 필요성과 함께 생명운동의 차원에서 환경 문제를 이해하려는 노력이 요청된다. 더구나 창세기적 생태신학에 의한다면, 인간은 생태계의 폭군이 아니라 관리자로 위탁받았다는 점에 유의해야 할 것이며, 여기에서 인간의 책임과 사명에 대한 새로운 이해를 이끌어 낼 수 있어야 하겠다. 나아가 이것이 복음과 연결되어 이른바 녹색복음을 위한 기초가 되어야 할 것이다.

━━ 사이버 문제와 생명윤리

해킹, 자살 사이트, 음란 사이트 등 사이버시대의 어두운 면을 부각시키는 문제들을 대할 때 걱정스러움이 앞서게 마련이다. 사이버폭력에 해당하는 음해성 인신공격 및 욕설, 그리고 비열하고 저급한 여러 일탈현상은 사회의 심각한 문제로 대두되고 있다. 해당 사이트를 폐쇄하거나 자료 유포자를 추적하여 검거하는 법적 처벌도 강력히 추진되어야 하겠지만, 우리가 고민해야 할 사이버관련 행동에 관한 이야기들을 사이버 윤리Cyber-Ethics에 담아 생각해볼 수 있겠다. 여기에는 네티켓과 인터넷 사용규약을 비롯한 다양한 도덕적 논의가 포함된다. 예를 들어 미국컴퓨터협회가 제안하는 이른바 컴퓨터 사용의 십계명은 새롭게 등장하기 시작한 대표적인 규약이다. [7]

사이버 윤리의 문제들을 생명윤리적 관심에 포함시켜야 하는 이유는 분명하다. 그것이 우리 삶의 대부분에 지대한 영향력을 행사하고 있으며 잘못된 사용자들에 의한 인터넷 매개 범죄는 더 이상 가상현실의 공간에 국한되는 것이 아니라, 우리의 삶의 문제로 다가오는 것이기 때문이다. 특히 자살을 부추기거나 사회적 혼란과 일탈을 조장하는 일 등은 생명존엄에 대한 직접적인 도전임에 틀림없다. 나아가 사이버시대를 사는 사람들에게서 중독과 오용이라는 심리적이고 정신위생적인 측면에서 건강하지 못한 모습들이 나타나고 있는 점에 유의해야 할 것이다. 이것은 사이버 윤리가 정보화에 관련된 사회의 작은 분야로 제한된 것이 아니라 시민적 관심의 대상이 되어야 한다는 것을 보여준다. 바로 여기에 생명존엄과 인간존엄을 위한 도덕적 가치를 존중하고 함양해야 하는 근거가 있다. 이러한 의미에서 사이버 윤리의 문제들 역시 복음화 및 인성교육의 차원에서 테크놀로지에 대한 올바른 책임의식에 대한 관심을 요청한다고 하겠다.

우리는 크게 두 가지에 주목하고자 한다. 그 하나는 생명윤리적 관심에서 제기되는 문제들에 대하여 기독교적 대안을 모색하고 그 실천의식은 어떤 것인지를 제안할 수 있어야 한다는 것이며, 다른 하나는 생명윤리적 관심을 하나님의 생명주권 및 영생과 구원의 문제와 연관 지어야 한다는 것이다.

첫째, 우리는 생명윤리적 관심을 통하여 확인할 수 있는 문제점들을 생명공학과 책임의 관점에서 설명할 필요가 있다. 생명윤리를 설명할 때, 테크놀로지 문제를 상정하지 않을 수 없다. 물론 모든 것이 테크놀로지 때문이라고 몰아세우려는 것은 아니다. 우리는 테크놀로지를 책임 있게 사용하는 지혜가 필요하다는 사실에 주목하고자 한다. 의료기술 및 생명과학의 발전은 물론이고, 광범위한 의미에서 생태계 위기의 상황 역시 테크놀로지에서 오는 원인을 배제할 수 없으며, 사이버 문제들 역시 그렇다.

이처럼 생명윤리의 문제들을 테크놀로지와 연관 짓는 이유는 과학기술이 생명존엄을 위해 어떻게 사용되어야 하는지를 살펴보기 위함이다. 나아가 기술사회에서 발생하는 문제의 근원을 기술에서만 찾는 것이 아니라 근본적으로 하나님 앞에서의 인간의 문제라는 관점에서 보려는 것이다. 우리의 요점은 기술에 대한 올바른 관점을 정립하고 기술의 저변에 깔린 종말론적 성격을 직시하는 가운데 현대사회의 문제성을 기술에서 찾을 것이 아니라 인간과 하나님과의 관계라고 하는 궁극적인 문제에서 찾아야 한다는 것이다.

특별히 생명존엄의 문제를 말할 때, 그것이 이해타산의 대상이 되거나 자의적인 처분의 대상이 아니라 신성한 것이라는 사실에 주목할 필요가 있다. 또한 인간이 구비하게 된 테크놀로지의 힘 역시 인간이 마음대로 사용할 수 있는 것이 아니라 그 근원적 부여자가 있다는 사실에 유의해야만 할 것이다. 즉 생명과 테크놀로지의 힘은 인간의 것이 아니라 그 둘 모두 절대적 존재로부터 비롯된 것이라는 의식, 또는 경건God-fearing의 자세가 요청된다. 이것은 만물의 창조주이신 하나님의 뜻에 대한 존중을 의미하는 것이기도 하다. 다시 말해, 인간은 도덕적 능력을 포함하는 모든 힘의 궁극적 원천이 하나님이심을 인정하고, 나아가 피조된 유한한 존재가 그 유한성의 한도 내에서 존중되고 함양될 생명존엄이 가치를 지닌 존재임을 인식해야 한다.[8]

둘째, 우리는 생명윤리적 관심을 통하여 생명존엄의 가치를 확인하며, 생명의 주관자이신 하나님을 발견하고, 영생과 구원을 향한 관심을 강조하고자 한다. 생명윤리적 관심은 궁극적으로 생명의 주권자이신 하나님을 보게 하는 것이며, 육체적 생명의 문제에 대한 통찰에서 시작하여 영적 생명의 문제에 대한 관심을 고취해야 한다. 이러한 의미에서 생명윤리는 영혼의 소중함과 영적 구원 및 영생에 이르는 기독교적 생명가치의 존엄성을 깊이 생각하게 하는 것이어야 한다. 즉 기독교 세계관의 이해를 위한 통로이며, 생명존엄의 가치를 그 출발점으로 삼아 기독교적 생명존엄의 의의를 구원의 견지에서 재음미하도록 이끄는 계기가 된다고 하겠다.

생명을 유전공학적 데이터나 의료적 현상으로 환원하여 설명하기 시작한 우리 시대에 있어서 진정으로 필요한 질문은 생명현상에는 어떤 특징적 데이터가 수반되는가 하는 문제가 아니라 생명의 가치와 존엄성을 주장할 근거와 그 원천에 대한 질문이라고 하지 않을 수 없다. 창조주 하나님에 대한 인식의 회복이요, 인간의 인간됨의 진정한 의미의 회복이며, 생명의 주권자에 대한 인식의 회복이다. 폴 램지가 인간생명의 가치를 존엄성의 단계를 넘어 신성함sanctity의 차원에서 성찰해야 한다고 하였던 것은 매우 의미심장하다.9) 그것은 생명존엄의 근거가 사회적 가치나 능력에 의존하는 것이 아니라, 하나님이 우리를 존재에로 불러내었고 우리에게 생명을 부여하였다는 점에서 찾아야 함을 뜻한다.

생명은 하나님의 선물이기 때문에 가치 있고 소중하며 신성하다. 그러나 불행하게도 생명에 관한 기술이 진보하고 그 수준이 향상되었다는 것은 생명존엄의 고양을 위한 일보다는 생명의 질적 차이에 관한 지극히 현상적인 논의에 수단으로 전락하고 말았다. 이러한 때에 우리는 생명의 가치를 고양하고 일그러진 생명의 통전성을 회복시켜야 할 과제를 지니고 있다. 하나님은 인간을 하나님의 형상Imago Dei을 따라 창조하셨고 그 생명을 조성하신 창조주로서 우리의 인격성 여부나 정상인 여부에 관심을 가지시는 것이 아니라 우리가 하나님의 피조물이며 하나님으로부터 나온 생명이라는 점에서 천하보다 귀한 영혼으로 여기신다는 점에 주목해야 한다.

예수 그리스도는 상한 갈대를 꺾지 아니하시며 꺼져가는 심지를 끄지 아니하시는 분이시며(마태 12:20) 약점을 찾아내고 흠을 들추어내기보다 온전한 구원에 이르게 하시는 분이시기 때문이다.10) 예수 그리스도는 차별하거나 경멸하지 않으셨다. 오히려 그들을 치료해 주셨고 삶의 새로운 소망과 비전을 심어주셨다. 여기에 우리의 과제가 무엇인지를 보여주는 암시가 있다. 생명은 하나님의 것이다. 인간에게 그 처분의 권한이 주어져 있지 않다. 인간은 그 생명의 존엄과 신성함을 위해 돌보는 일을 본분으로 삼아야만 할 것이다. 이러한 의미에서 강도만난 사람을 정성으로 돌보아 준 사마리아인의 경우처럼 생명윤리적 관심은 생명존엄을 위한 선한 이웃이 되는 것이라 할 수 있다.

나아가 생명의 존엄이 하나님과 영원한 진리에 대한 관심으로 이어질 수 있도록 복음을 전하고 선포하는 일이 요청된다. 그것은 테크놀로지의 시대에 인간이 들어야 할 가장 소중한 메시지는 의료기술과 유전공학의 발전으로 인간의 삶이 연장되고 미래에 대한 확신이 증대되고 있다는 것이 아니라, 인간의 진정한 인간됨은 테크놀로지를 넘어 하나님을 향한 관심에서 발견된다는 점을 강조할 수 있어야 한다. 다시 말해 오늘의 시대는 복음에 대한 올바른 이해가 요청되는 시대이다. 보다 정확하게 말하자면, 복음에 대한 이해가 없어서 문제가 아니라 피상적이고 표피적인 이해가 진정한 복음의 이해를 그르칠 가능성이 있다는 사실이다. 말하자면 우리는 복음에 대한 깊이 있는 이해와 그 적용이 요청되는 시대를 살고 있다고 해야 하겠다.

복음은 문화와 윤리와 삶의 내용에서 구현될 수 있어야 한다. 복음으로 인해 우리를 부르시는 하나님 나라에 들어가 하나님의 통치를 받으면 우리 사회 구석구석에 부정적인 모습으로 잔존하고 있는 문제들이 해결되어 자유의 확대, 사회정의, 환경의 보호, 그리고 생명존엄에 관한 비전이 생겨날 수 있을 것이기 때문이다.

1) A. Verhey, *Religion and Medical Ethics: Looking Back, Looking Forward* (Grand Rapids: Wm. B. Eerdmans Publishing Co., 1996), Introduction, p. 2.

2) T. L. Beauchamp & J. F. Childress, *Principles of Biomedical Ethics* (New York, Oxford: Oxford Univ. Press, 1994), 4th ed. pp. 120-394.

3) N. Fortion, 김일순 공저, 『새롭게 알아야 할 의료윤리』(현암사, 1999), 31-41면.

4) E. L. Long, Jr., *A Survey of Recent Christian Ethics* (NY: Oxford Univ. Press, 1982), p. 144.

5) 『동아일보』 2000년 5월 12일자 참고.

6) 『동아일보』 1999년 12월 8일자 참고.

7) 1. 다른 사람을 해롭게 하는 목적으로 컴퓨터를 사용하지 말라.
    2. 다른 사람의 컴퓨터 작업을 방해하지 말라.
    3. 다른 사람의 컴퓨터 파일을 엿보지 말라.
    4. 컴퓨터를 사용하여 도둑질을 하지 말라.
    5. 거짓 증언하는 데 컴퓨터를 사용하지 말라.
    6. 대가를 지불하지 않고 소유권이 있는 소프트웨어를 복사하거나 사용하지 말라.
    7. 허가 또는 동의 없이 다른 사람의 컴퓨터 시스템을 이용하지 말라.
    8. 타인의 지적 산물을 도용하지 말라.
    9. 당신이 작성한 프로그램 또는 설계한 시스템이 사회에 미치는 영향에 대해 생각하라.
    10. 당신의 동료에게 존경과 신망을 얻도록 컴퓨터를 사용하라.

8) 문시영, 『생명복제에서 생명윤리로』(대한기독교서회, 2001), 183-246면.

9) P. Ramsey, "The Sanctity of Life" in *The Dublin Review* (1967), p. 241.

10) J. J. Davis, *Evangelical Ethics: Issues facing the church today* (New Jersey: P&R Publishing, 1993), p. 141.

5

'Personhood',
누구의 기준인가?

　　현대사회에서 생명의 문제에 대한 접근을 과학기술의 차원에까지 거슬러 올라가는 것은 상당한 설득력을 지니고 있는 것은 사실이지만, 논의의 지평을 과학기술에만 고정시키는 것은 그 나름대로 문제의 소지가 있다. 가령, 전통적인 생명의 문제에 대한 심각한 도전으로 간주되는 의료기술에 대한 논의는 자칫 전문 분야에 대한 어설픈 기웃거리기로 전락해버릴 수 있다는 점을 간과해서는 안 될 것이다.

　　우리의 과제는 의료 영역에서 발생하는 신기술이나 전문용어의 습득에 있는 것이 아니라 보다 근원적인 차원의 물음, 즉 현대과학기술의 숲에서도 여전히 생명의 존엄을 요구하시는 하나님의 뜻을 향한 겸허한 반성이 되어야 할 것이다. 이러한 맥락에서 생명윤리의 핵심개념의 하나인 인격성 개념에 대한 최근의 논의를 개괄하고, 생명에 대한 단순한 의협심 차원의 관심을 넘어 보다 깊은 윤리적 반성의 필요성을 제기하고자 한다.

'생명의 가치'와 'Personhood'

'Personhood'의 모호성

생명윤리는 의료윤리와 환경 문제 등을 포괄하는 광의의 개념으로 간주된다. 의료 분야에서 제기되는 문제들뿐만 아니라 환경 문제, 나아가 사회병리현상이라 할 수 있는 자살이나 폭력의 문제까지도 포괄적인 의미에서 생명에 관한 심각한 반성이 필요한 주제들이기 때문이다. 생명윤리의 본격적인 연구를 위해서는 단일 분과학문의 관점을 넘어 생명과학을 포함하는 학제적 제휴가 필요하다는 것은 분명하지만 무엇보다도 중요한 과제가 있다면 그것은 생명의 주되신 하나님의 뜻을 수용한다는 겸허한 전제일 것이다.

무엇보다도 'Personhood'의 문제는 중요하다. 최근의 의료기술의 발전과 생명의료과학의 발전은 수많은 윤리적 이슈들을 낳았다. 가령 생명의 신성함에 대해 말하는 경우 우리는 생명이란 무엇인지를 알아야 하고 무엇이 생명을 신성하게 하는 것이지를 간파해야만 하는 상황에 있다.[1] 뷰참Beauchamp의 요약을 인용하자면 생명의료윤리에 있어서 인격 개념은 임신중절과 죽음의 정의, 안락사와 생명연장의 문제 및 인체실험에 이르기까지 다양한 문제들을 결정함에 있어서 의미심장한 역할을 지니고 있다. 가령 침팬지 같은 인간 이외의 존재들이 인격으로 대우받을 수 있는가? 그리고 임신 3개월가량의 태아fetus와 회복 불가능한 혼수상태의 환자comatose를 포함하여 단지 생리적인 인간까지도 인격이라고 부를 수 있는 것인가? 나아가 아직껏 확인되지 않은 미지의 혹성에 살고 있을지 모르는 생명체나 천사, 혹은 로봇까지도 포함하여 인격이라고 할 수 있는 또 다른 종류의 존재들이 있다고 할 수 있는가? 하는 문제 등이 그 예라고 하겠다.

말하자면 생명윤리, 특히 의료 분야에 있어서 인격의 개념은 존엄한 인간으로서의 대우에 손색이 없는가의 문제로 환원될 수 있으며, 이것은 결국 환자에 대한 치료와 돌봄의 범위에 대한 이야기나 생명의 연장 및 임신중절과 같은 의료사안의 결정에 있어서 심각한 문제가 될 수 있다는 것을 의미한다.

인격에 관한 논의는 일반적으로 신학과 철학의 주된 관심 영역에 있었다. 인격 개념이 학술적인 관점에서 본격적으로 논의되기 시작한 것은 철학이나 심리학 혹은 사회학에서가 아니라 신학에서 그 단초를 찾을 수 있을 것이다. 무엇보다도 교리사의 초반부에 해당하는 시기에 우리는 삼위일체에 관한 논의에서 인격의 개념이 주로 위격位格의 의미로 등장하고 있다는 것을 볼 수 있다.

이러한 노력의 첫 번째 기여자로 간주되어 온 테르툴리아누스Tertullianus는 당시의 법률용어이던 페르소나Persona 개념을 삼위일체론에 도입하였다. 주지하다시피 페르소나는 연극배우의 가면 혹은 극중 역할을 뜻하는 희랍어 프로소폰προσωπον의 번역어로 알려져 있다. 그러나 이후의 신학에서는 연극용어의 의미로 부족한 면이 있다는 점에서 오히려 실체를 뜻하는 휘포스타시스라는 용어를 선호하게 되었다는 점, 그리고 'Persona est rationalis naturae individua sub stantia'라는 보에티우스의 고전적 인격정의 등 인격 개념에 관한 논의는 오랜 역사를 통해 신학적 개념으로 자리 잡아왔다.

그런가 하면 인격에 관한 철학의 오랜 질문은 영혼을 하나의 실체로 규정하였던 아리스토텔레스의 인격 개념을 위시하여 많은 논의를 통해 형이상학, 특히 존재론의 문제로 자리 잡아왔다. 나아가 현대에 있어서 부버^{M. Buber}의 '나', '너' 그리고 '당신'의 관계를 본질로 하는 철학적 논의까지도 포함할 수 있다면, 인격의 개념은 실로 오랜 전통적 배경을 지니고 있다고 해야 할 것이다.

이처럼 인간이 단순한 사물이나 본능을 맹종하는 동물도 아니라는 의미에서 인격성에 관한 논의는 여러 분야에서 다양하게 논의될 수 있겠지만, 특히 현대사회에 있어서 생명의 문제와 관련한 인격 개념에 관한 논의는 의료 분야의 사안을 둘러싸고 새로운 논제로 주목받고 있다.

▬▬ 생물학적 생명과 인격체의 생명

인격 개념에 대한 새로운 논의는 생물학적 생명^{biological life}과 인격체의 생명^{personal life}, 혹은 인간 유기체^{human organism}와 인간적 인격체^{human person} 간의 구분을 전제로 하는 듯 여겨진다. 엥겔하르트^{H. T. Engelhardt}의 설명에서 나타난 다음과 같은 구분은 생명윤리가 검토해야 할 과제가 무엇인지를 암시해 준다.[2]

    — 인간의 삶은 인격체로서의 삶과 생물학적 삶으로 구분되어야 한다.
    — 생명의 신성함은 생물학적 생명의 가치와 인격체로서의 존엄성을 구분하게 한다.

이제까지의 인격 개념에 대한 논의는 어떠한 존재를 인격이라고 할 수 있을지, 인격은 개^{dog}와 나무, 그리고 바위 등 우주에 존재하는 다른 것들과 어떤 방식으로 구분되는지 등을 묻게 된다. 인격의 문제에 대한 철학자들의 반성에서 나타나는 것처럼 무생물^{nonliving objects}과 여러 종류의 생물들^{living things}을 무인격체^{nonpersons}로 분류되는 것이 일반적인 논의이다. 이것은 일종의 기술적^{descriptive} 접근이라고 할 수 있다.

굳이 전통적인 관점을 대입하자면 기술적 인격 개념은 규범적 개념과 대비될 수 있을 것이다. 가령 칸트^{I. Kant}의 인격 개념은 기술적 인격 개념과 분명한 차별성을 보여준다. 칸트가 주장한 인격의 특성을 '도덕적 인격성'^{moral personality}라고 할 수 있다면, 이것은 도덕법칙 하에서 합리적 존재가 누리는 자유라고 설명될 수 있을 것이다. 말하자면 자아의식을 지니고 있는 행위자는 자기 결정의 존재로서 그에 상응하는 존엄성을 요구할 수 있으며 그들은 자유로운 행위자로 존엄하게 대우받을 권리를 지닌다는 것이다. 즉 도덕적 행위자로서 존엄성을 인정받는다는 것은 자의식을 지닌 존재로서 도덕적 칭찬과 비난의 대상이 되며 자신의 행위에 대한 책임을 짊어질 수 있다는 것을 의미한다.

우리의 관심사를 따라 생물학적 생명과 인격체로서의 생명에 대한 본격적인 구분은 아마도 상황윤리^{situation ethics}의 주창자로 널리 알려진 플레처^{J. Fletcher}에게서 찾아볼 수 있을 것이다. 그는 최소한의 대뇌신피질의 기능조차도 없는 개체를 '주체로 인정받을 수 없는 객체'라고 부르기를 제안한다. 그가 제시한 인간됨의 표식은 이른바 인간 프로필 시안^{tentative profile of man}이라고 불리는 것으로서 15개의 긍정형과 5개의 부정형으로 구성된다. 특히 인간됨에 관한 긍정문 표징^{positive human criteria}에는 다음과 같은 것들이 해당한다.

① 최소한의 지능(플레처는 Stanford-Binet test를 따라 '호모 사피엔스'라는 기준에 비추어 본다면 IQ 40 이하는 의심스러운 존재로 20 이하는 인간이 아니라는 견해를 보이기도

한다.)

② 자기 인식(self-awareness)

③ 자아 통제(self-control)

④ 시간감각(a sense of time; 이것은 크로노스적 의미의 시간의식을 말한다.)

⑤ 미래감각

⑥ 과거감각(a sense of the past)

⑦ 타자와의 관계형성의 능력

⑧ 타자에 대한 관심

⑨ 의사소통능력

⑩ 유기체적 통제능력

⑪ 호기심

⑫ 변화와 가변성

⑬ 이성과 감정의 균형감각

⑭ 개체로서의 특이성(idiosyncrasy)

⑮ 신피질 작용(neo-cortical function)[3]

플레처의 주장은 상황윤리의 등장 그 자체가 야기한 것만큼이나 이 분야에 있어서도 역시 큰 파장을 일으키는 기준이라 하겠다. 그의 주장에는 임신중절이나 안락사, 시험관 아기 등에 관한 상황윤리적 논지가 들어있다고 여겨진다. 하지만 우리는 이러한 기준들을 어떻게 검증할 것이며 그 기준들이 초래할 결과들에 대해 어떤 관점을 취할 수 있을 것인가? 플레처 자신은 다른 뉘앙스로 적었겠지만 그의 책에 후기해 놓은 것처럼 이 기준들은 '바로잡아야 할 부분들'에 해당한다고 여겨진다.

주목할 만한 주장은 파인버그J. Feinberg의 이른바 상식적 차원의 인격 기준the criterion of commonsense personhood이다. 그의 출발점은 인격의 문제와 관련한 핵심 문제를 규범적인^(즉 도덕적 혹은 법률상의) 인격 개념과 기술적인^(즉 관습적이고 상식적인) 용어 사용 간의 모호성에 관한 문제로 상정하는 데 있다. 파인버그의 관심은 엄밀한 의미에서 인격성의 범위를 제한하거나 종^{species}의 개념을 전제로 하는 편협한 인격 개념으로부터 벗어나 임신중절에 대한 도덕적 주장을 강화하려는 것이었다. 그는 '인격'의 개념을 언어관습상의 문제로부터 출발하여 엄밀한 의미의 인격 개념과 상식적 의미의 인격 개념 간의 관계를 모색하는 데로 나아간다.

그에 따르면 도덕론자들이 사용하는 인격이라는 개념은 그렇게 지시된 존재에게 도덕적 혹은 법률상의 특성을 귀속시킨다는 것을 뜻한다. 규범적 의미에서 인격체가 된다는 것은 권리만을 소유하거나 또는 권리와 의무 모두를 지닌다는 뜻이거나 최소한 권리와 의무를 지닐 수 있다는 것을 의미한다. 그러나 규범적인 의미의 인격 개념 그 자체와는 달리 인격이라는 개념을 경험적인 관점에서나 혹은 단순히 기술적인 차원에서 그것을 사용하는 것과는 차이가 있다는 점을 구분할 필요가 있다고 한다. 언어적 관습에 비추어 보아 인격이라는 말은 단지 일반용어에 불과하다는 것이다.

보통의 경우, '그는 하나의 인격체이다'라고 하는 말은 그 사람이 어떤 종류의 사람인지를 알려준다. 이 경우에는 아무런 논쟁도 야기되지 않는다. 만일 인격체가 된다는 것이 이러저러한 개개의 특성들을 지닌다는 뜻이라면, 그래서 누가 인격체라고 하는 말은 그가 이러저러한 개개의 특성을 지닌 존재임을 묘사해주는 것이라면 그 경우는 결혼하지 않은 남자를 총각이라고 부르고 어린 강아지를 '퍼피'라고 부른다는 것과 별반 차이가 없다. 파인버그는 이러한 언어관습을 따라 인격이라는 말을 일련의 특성들을 지니고 있다고 보았다.

① 의식적 존재일 것(consciousness)

② 자아에 대한 개념(self-concept)을 지니고 있을 것

③ 자아인식(self-aware ness)이 있을 것

④ 정서적 체험의 능력이 있을 것

⑤ 추론의 능력과 이해력이 있을 것

⑥ 미래를 향한 계획능력이 있을 것

⑦ 계획에 따라 행위할 수 있는 능력이 있을 것

⑧ 기쁨과 고통을 느낄 수 있을 것[4]

파인버그는 이러한 특성들을 '상식적 인격 개념'the common-sense concept of personhood라고 부른다. 그의 인격성에 관한 목록에 무엇보다도 자아인식self-awareness의 능력과 합리성rationa lity이라는 두 가지 특성을 반영하고 있다는 점이 두드러진다. 파인버그에 따르면 이들 특성들은 그 어느 것도 개별적으로는 충분하지 못하며 그 각각은 필수적으로 요청된다.

파인버그의 주장이 곧 인격성의 필요충분조건을 만족시키는 것이라 단정 지을 수 있는가 하는 점에서 인지능력 이외에 제3의 능력, 즉 도덕적 존재자로 인정받을 수 있는 능력(도덕성)을 인격성의 필수조건이라고 주장하는 경우도 있다. 가령 푸세티R. Puccetti는 다음과 같은 진술의 분류를 통해 인격성의 특성을 구분하기도 한다. 그는 C를 주어로 하는 진술C-predicates은 의식Conscious을 지닌 모든 존재에게 해당하는 것들이지만, P를 주어로 하는 진술P-predicates은 인격Person에만 해당한다고 보았다.

C는 고통을 느낀다. P는 정의가 수립되기를 원한다.
C는 허기를 느낀다. P는 요점을 잘 파악한다.

C는 흥분한다. P는 성격을 기민하게 간파한다.

C는 당신을 두려워한다. P는 모든 것을 추상적으로 조망한다. [5]

특히 P를 주어로 하는 진술들을 인격성의 특성으로 구분한다. 인격이란 도덕적 대상을 향해 도덕적인 태도를 취할 수 있는 의식적 존재들에게만 해당하는 것이라 여겨지기 때문이다. 말하자면 푸세티는 인격의 개념을 도덕적 태도를 취할 수 있는 존재에게만 적용하자는 것이다. 이러한 주장대로 한다면 푸세티가 제시한 뇌사brain death에 대한 의료사례분석에는 어느 정도 도움이 될 수 있을지는 모르겠으나, 과연 도덕성의 표지가 없다는 것으로 뇌사를 인정하는 것이 도덕적인가 하는 또 다른 혼란을 나을 수 있다는 점에 주목해야 하리라 여겨진다.

우리가 간파할 수 있는 것은 인격 개념에 대한 논의가 의료 분야의 어떤 문제를 해결하려는 의도에서 나온 것이기는 하지만, 결과적으로는 더욱 큰 도덕적 혼란만을 가중시킬 수 있다는 점이다. 엥겔하르트는 이러한 난점을 예견하면서 인격체를 도덕적 행위자와 동일시하는 주장을 극단으로 밀고나아가면 자의식이 없는 존재들을 배제하게 되리라는 우려를 표명하기도 한다. [6] 우리가 간과해서는 안 될 것이 있다. 인격성에 관한 새로운 기준들의 제시가 임신중절이나 안락사, 뇌사의 인정 여부에 관한 문제와 같은 의료사안과 관련하여 인간존엄을 고양시키는 장치라기보다 오히려 난점을 부각시키고 당혹스러움을 증폭시키는 것으로 여겨진다는 점이 바로 그것이다.

■ '사회적 역할'로 보는 인격

인격 개념에 대한 논의에도 불구하고 자의식을 정점으로 하여 인간존엄의 도덕적 주장을 강화하려는 관점이 여전히 미결의 상태로 남아있는 상태에서 우리는 인격 개념에 대한 또 다른 출구모색의 시도를 찾아볼 수 있다. 이른바 사회적 역할에 관한 논의는 상당한 설득력을 지니고 있는 것처럼 다가온다.

엥겔하르트 역시 인격의 개념을 생물학적 관점과 인격체로서의 관점으로 구분하려는 시도의 연장선상에 있는 것처럼 여겨지기는 하지만 그의 논의는 인격 개념에 관한 새로운 틀을 보여준다. 우선 그는 인격을 도덕적 행위자와 동일시하는 관점에서 보는 경우, 즉 인격에 관한 규범적 관점은 인격을 의무와 권리의 담지자로 한정지어 결과적으로는 엄밀한 의미에서의 성인成人을 뜻하게 되어 영아와 아직 자의식을 지니지 못한 인간존재가 이 기준에 의해 배제되고 말 것이라고 보았다.

이와는 달리 엥겔하르트는 인격의 사회적 개념 혹은 사회적 역할에 따른 인격 개념에 관한 논의를 소개한다. 가령 어머니와 아기, 부모와 아이의 관계를 생각해 본다면, 규범적 관점에서 인격의 범위로부터 제외되었던 영아infant도 마치 자신의 욕구를 표현하는 인격체로 간주되는 효과를 얻게 된다. 다시 말해 영아가 최소한의 사회적 상호관계minimal social interaction를 맺을 수 있다는 관점이다. 비록 그들이 도덕적 행위자moral agent, 즉 엄밀한 의미에서의 인격체는 아니라 하더라도 사회적 관습에 비추어 볼 때, 그들은 마치 인격체인 것처럼 대우받는다. 다만 그들은 엄밀한 의미에서의 인격체와는 달리 의무는 없고 권리만을 소지한다. 즉 그들은 도덕적 책임 귀속의 행위자는 아니지만 도덕적 행위자에 대한 주목할 만한 수준의 유용성을 설정하기 위해 존중되는 것이다.[7] 이러한 사회적 의미의 인격성은 공리주의적 전제를 염두에 두고 있는 듯싶다. 즉 영아를 인격으로 상정하는 것은 성인이 된 인격체의 생명보호의 가치를 드러내기 위한 계산과 연관되고 있다고 하겠다.

엥겔하르트의 주장처럼 이러한 논의는 자의식, 합리적 행위주체, 자유를 지닌 존재, 도덕적 비난과 칭찬의 대상이 되는 존재, 그리고 의무를 이해하는 존재로서의 기준에 따르는 인격이라는 관점에 비해 다소 온건한 입장에 속하는 것이라 하겠다. 그의 논지에 따르면 결과적으로 태어나 영아, 그리고 어른의 생명이 신성하다는 점을 일률적인 기준에 의해 옹호할 수 있는 방식은 없지만, 모든 생명은 가치를 지니고 있으며 더구나 인간의 생물학적 생명은 무의미한 것이 아니라 적어도 인간으로 하여금 사회적 역할을 수행할 수 있게 한다는 의미에서 가치를 지닌 것으로 간주된다.

이러한 주장은 앞서 살펴본 생물학적 생명과 인격체의 생명을 구분 짓는 것보다는 다소 설득력 있는 논의로 보인다. 하지만 그 기저에는 여전히 임신중절에 대한 도덕적 주장에는 확신을 지니고 있지는 못한 것처럼 여겨진다. 한걸음 더 나아가 사회적 역할을 중심으로 인격의 문제를 설명하려는 것은 정상적인 인간과 가정을 기준으로 하는 경우에만 설득력을 지닐 수 있는 것은 아닐까? 만일 그렇다면 이러한 관점을 취하여 인간존엄을 위한 도덕적 주장을 제안한다는 것은 비록 사회적 역할을 중심으로 보다 확장된 기반을 마련할 수는 있을지 몰라도 정상인이란 무엇인지를 물어야하는 또 다른 문제를 수반하고 있는 것으로 여겨질 것이다.

생명존엄, 'Personhood'로 충분한가?

현대의학의 인격 개념은 전통적인 범위를 벗어나 있다. 특히 의료 영역에 있어서 인격의 논의는 생명의 권리를 주로 인격성의 관점에서 옹호하거나 그 기반을 찾아보려는 노력이었다고 할 수 있다. 다시 말해 인간존엄의 논의는 이미 전통적인 틀을 벗어나 '인격' 그 자체의 개념보다는 '인격성'에 관한 논의에로 옮아가고 있는 듯싶다. 말하자면 수단으로 대우할 것인가 혹은 목적으로 대우할 것인가를 결정하는 일종의 필수품으로, 혹은 그 소지 여부에 관한 실용적 관점이라는 인상을 전해준다.

어떤 개체에게 도덕적 인격성을 귀속시킨다는 것은 결국 '나는 이 개체에 대해 도덕적 의무를 지니고 있다'고 말하는 것이거나 '이 개체는 도덕적 권리를 지니고 있다'고 말하는 것과 다름이 없다. 예를 들어 태아의 인간 여부는 태아가 도덕적 권리와 생명의 권리를 지니고 있는지를 묻는 질문이다. 바꾸어 말한다면 임신중절이 살인행위가 되는지의 여부는 도덕적 인격성의 올바른 기준이 무엇인가에 달려있다. 뿐만 아니라, 죽음의 개념을 설정함에 있어서 뇌사판정의 문제나 그와 연관된 환자를 돌보는 일의 종료시점에 대한 논의 및 나아가 장기기증의 문제까지도 인격성의 개념이 그 중심에 위치하고 있다는 것을 짐작할 수 있을 것이다.

이제까지의 논의의 진행상황을 놓고 볼 때, 생명에 관한 논의에 인격성의 개념을 도입하는 것은 비록 그 논의의 범위를 아무리 확장시키거나 관점을 전환시킨다 해도 여전히 미결의 상태에 남아있다. 무엇보다도 인간의 생명의 권리가 인격성이라는 표지에 의해 결정된다는 것 자체가 어색해 보인다. 무엇보다도 우리가 간과해서는 안 될 것은 인간의 개념과 인격의 개념이 확연하게 구분되는 것도 아니며 인격이라는 기준 자체도 아직 혹독한 검증에 노출되어 있다는 점이다. 인격성의 표지는 아직 확정된 바 없으며 또한 그 기준을 누가 선정할 것인가의 문제 역시 남아있다는 점에도 주목할 필요가 있겠다.

생명의 권리를 인격성의 개념으로 가늠하려는 것은 인간의 종족 개념을 지극히 편협하게 적용하려는 일종의 차별이자 오만이 될 수 있다는 점을 간과해서는 안 될 것이다.[8] 우리가 말할 수 있는 것은 가이슬러[N. Geisler]의 주장처럼 인간이 인격인 것만은 아니라는 사실이다. 인간으로 되는 것과 인격으로 되는 것에는 본질적인 차이가 없으며 다만 기능적인 차이만 있을 뿐이다. 만일 본질적인 차이가 있다면 저능아, 의식상실자, 노망기의 노인 등의 인격은 부정당할 수밖에 없을 것이다.[9] 예컨대 태아는 인격성의 기준에서 본다면 의미가 없을지 모르나 인간임에 틀림없다. 태아를 인간이라는 점에서는 인정하면서도 인격임을 인정하지 않는 논리는 결국 생명의 존엄성보다는 인격성을 우선시하려는 것과 다를 바 없다고 여겨진다.

인격성의 개념을 도입하려는 것은 생명존엄의 논의를 위한 것이라기보다 오히려 의도를 지닌 계산에 악용될 소지가 더 크다. 근본적으로 생명의 가치에 대한 논의를 배제하고 있는 것이기 때문이다. 더구나 그것은 또 하나의 권력으로 부상한 의료세력에 의한 일종의 조작[manipulation]의 형태일지 모른다. 인격성의 개념에 집착하는 것은 치료와 돌봄이라는 의료의 본래적 기능보다는 생명통제 및 조작의 위험성에 생명의 가치를 노출시키는 것이며, 나아가 이것은 환자와 그 가족에 의

한 또 다른 계산과 결탁될 우려가 크다. 즉 자본주의적 효용성의 논리
는 인격성의 범위를 얼마든지 고무줄처럼 변용시킬 수 있다는 점에 특
히 경계심을 늦추지 말아야 할 것으로 보인다.

우리에게 주어진 과제가 있다면 어디까지가 인격성의 범위인지
를 논하는 것보다 오히려 생물학적 생명과 인격체로서의 생명의 구분
을 넘어서 생명 그 자체의 가치와 존엄성에 관한 책임일 것이다. 바로
여기에 이 글의 첫 줄에서 생명의료윤리라기보다는 굳이 생명윤리라
는 포괄적인 용어를 사용한 의도가 있다고 하겠다. 우리의 관심과 과제
는 단순한 의료사안에 대한 대증요법식 관심의 범위를 넘어 인간존엄
과 생명의 신성함을 그 주제로 삼는 넓은 의미의 생명윤리라고 해야 할
것이다.

생명, 그 신성함의 가치

생명의 가치는 생명의 주되신 하나님의 선물이라는 데 있다. 불
행하게도, 생명에 관한 기술이 진보하고 그 수준이 향상되었다는 것은
생명존엄의 고양을 위한 일보다는 생명의 질적 차이에 관한 지극히 현
상적인 논의에 수단으로 전락하고 말았다. 이러한 때에 기독교 윤리가
지향해야 할 과제가 있다면 그것은 생명의 가치를 고양하고 일그러진
생명의 통전성을 회복시키는 것이라 하겠다. 하나님은 인간을 하나님
의 형상Imago Dei을 따라 창조하셨고 그 생명을 조성하신 창조주로서 우

리의 인격성 여부나 정상인 여부에 관심을 가지시는 것이 아니라 우리가 하나님의 피조물이며 하나님으로부터 나온 생명이라는 점에서 천하보다 귀한 영혼으로 여기신다는 점에 주목해야만 할 것이다. 이러한 의미에서 생명의 존엄성을 넘어서 신성함의^{sanctity}의 차원으로 격상시키는 일을 위한 과제는 일종의 정언명법으로 다가와야만 할 것이다.

예수 그리스도는 장애가 있다는 이유로 차별하시지 않으셨다. 오히려 그들을 치료해 주셨다. 이는 그리스도인의 과제가 무엇인지를 보여주는 것이라 하겠다. 생명의 윤리를 위한 그리스도인의 일차적 과제는 우리가 지녀야 할 일차적인 과제는 생명의 주되신 하나님 앞에서 인격성의 기준을 찾는 것보다는 보다 고차원의 관점에서 생명의 가치를 재확인하는 일이 될 것이다. 예수 그리스도는 상한 갈대를 꺾지 아니하시며 꺼져가는 심지를 끄지 아니하시는 분이시며^(마태 12:20) 약점을 찾아내고 흠을 들추어내기보다 온전한 구원에 이르게 하시는 분이시기 때문이다.[10]

구체적으로 진술한다면 하나님의 형상으로서의 인간에 대한 존중과 함께 육체적 생명을 넘어 예수 그리스도를 통한 새 생명의 가치에 대한 확신으로 설명할 수 있을 것이다. 생사여탈의 권리에 대한 반성은 이러한 맥락에서 그 의의를 더욱 드러낸다고 할 것이다. 즉 인간은 인격성의 잣대로 측정될 대상도 아니며, 인격성이라는 자의적이고 편협한 범위에 포함되지 않는다는 이유만으로 인간에 의한 인간생명의 질적 수준이 평가되고 그 권리가 박탈되는 것은 있을 수 없다. 인간은 그 생명의 존엄과 신성함을 위해 돌보는 일을 본분으로 삼아야만 할 것이다.

여기에서 우리가 짚고 넘어가야 할 사항은 생명의 문제가 의사와 환자 및 가족 등 관련 당사자들만의 것이 아니라는 점이다. 가령 생명의료의 문제는 의료인의 직업윤리에 문제가 있다는 식으로 설명하는 것은 곤란하다. 의료인의 직업윤리도 문제이겠지만 생명의 존엄성을 지키고 그 가치를 드높이는 일은 우리들 모두의 몫이라 해야 할 것이다. 특히 기독교 윤리에서는 하나님이 주신 생명의 소중함과 하나님의 형상으로서의 인간존엄의 가치를 분명하게 인식시킬 수 있는 공동의 책임의식을 발휘해야만 할 것이다.

기독교 윤리가 수행해야 할 생명존엄을 위한 과제는 인격성의 잣대를 보다 세련된 형태로 제시한다거나 공리적 계산을 바탕으로 새로운 대안을 제시하는 것이라기보다는 강도 만난 사람을 정성으로 돌보아 준 사마리아인의 경우^(누가 10:30-37)에서 볼 수 있듯이 선한 이웃이 되는 것이며 생명운동의 최전방에 서는 일이라 하겠다.

현대사회의 다양한 문제들 가운데 무엇보다도 급선무가 있다면 그것은 생명에 관한 윤리적 반성이 되어야 할 것이다. 특별히 기독교 윤리는 생명의료 분야에서 발생하는 다양한 논제들에 대해 효과적인 대응논리와 깊은 차원의 윤리적 모색을 통해 생명존엄의 가치를 지키고 실천적인 대안을 마련해 나아가는 데 인색해서는 안 될 것이다.

1) H. T. Engelhardt, "Medicine and the concept of person" in *Contemporary issues in bioethics*. T. L. Beauchamp, LeRoy Walters ed. (California: Wadsworth Publishing Company, 1982), p. 94.

2) 같은 책, p. 95.

3) J. Fletcher, "Indicators of humanhood: a tentative profile of man" in *Contemporary issues in bioethics*. T. L. Beauchamp, LeRoy Walters ed. (California: Wadsworth Publishing Company, 1982), pp. 90-93.

4) J. Feinberg, "The problem of personhood" in *Contemporary issues in bioethics*. T. L. Beauchamp, LeRoy Walters ed. (California: Wadsworth Publishing Company, 1982), pp. 108-115.

5) R. Puccetti, "The life of a person" in *Contemporary issues in bioethics*. T. L. Beauchamp, LeRoy Walters ed. (California: Wadsworth Publishing Company, 1982), pp. 101-107.

6) H. T. Engelhardt, "Medicine and Concept of person", p. 97.

7) H. T. Engelhardt, "Medicine and Concept of person", p. 98.

8) N. S. Cameron, 권성수 역, 『기독교 의료윤리』(1999), 101-141면을 참고할 것.

9) N. Geisler. *Christian ethics: options and Issues* (1991), p. 196.

10) J. J. Davis. *Evangelical Ethics: Issues facing the church today* (New Jersey: P&R Publishing, 1993), p. 141.

'Cloning',
어떤 관점에서 볼 것인가?

　　생명복제의 문제는 생명과학 및 의료기술의 발전에 수반되는 도덕적 질문의 연장선상에 있다. 넓게 보아 생명복제를 포함하는 장기이식 및 뇌사, 그리고 안락사 등등의 문제는 이미 1960년대에 기독교 윤리학자들을 중심으로 활발하게 다루어진 주제였다. 현대 기독교윤리학의 거장, 구스타프손J. Gustafson 및 하우어워스S. Hauerwas 등은 1960년대 중반부터 생명의료윤리에 대한 논의를 진행해 왔으며, 도덕철학에서도 광범위한 논의가 촉발되어 1979년 출간 이래 생명의료윤리의 교과서라 불리는 뷰참T. L. Beauchamp과 칠드레스J. F. Childress의 『생명의료윤리의 원칙들』Principles of Biomedical Ethics은 이 분야의 고전적인 위치를 차지할 정도로 생명의료 문제에 대한 윤리적 성찰은 나름대로의 배경을 지니고 있는 셈이다. 현대윤리학에서, 생명윤리의 재론bioethics revival1)이 활발하게 이루어지고 있다. 생명과학 및 의료기술의 발전은 '예견되는 문제'로 남아있던 생명복제 및 장기이식 등 새로운 주제들에 대한 성찰을 촉발하고 있으며 특별히 유전자 조작과 인간에 관한 근본적인 개조를 추구하는 생명과학의 발전이 현대 기독교윤리학의 심각한 도전요소로 대두되고 있다.[2]

일찍이, 1978년 데이비드 로비크David M. Rorvik의 『복제인간』In His Image: The Cloning of a Man에서 복제기술로 한 아이가 만들어졌다는 충격적인 주장이 제기된 이후, (사실이 아닌 것으로 판명되기는 했지만) 결과적으로 인간복제에 관한 윤리적 관심을 고취시켰다. 1993년 뉴욕 타임즈에 유전적으로 동일한 인간의 배아가 복제기술로 만들어졌다는 보도 이후 생명복제의 문제는 관심거리로 급부상했고 1997년 암양의 체세포를 이용한 복제 양 돌리의 출생소식 및 복제한우 출생사건 등은 생명복제의 문제가 공상과학소설에나 나옴직한 상상력의 대상이 아니라 우리 시대의 역사가 되었음을 분명히 보여준다.

생명복제, 찬성과 반대의 문제일까?

생명복제에 대한 찬반논변은 엇갈린다. 찬성하는 사람들은 인간에 대한 생명복제를 통하여 성비가 이상적으로 조화된 사회건설에 도움이 된다는 점, 장기의 공급을 비롯한 막대한 의료적 이익이 있을 것이라는 점, 그리고 복제될 인간에게 해가되지 않는다는 점, 말하자면 아예 태어나지 못했을 것을 생명을 가지게 했지 않느냐는 관점을 가지고 있다. 또한 유전적 질병의 원인과 치료법을 훨씬 쉽고 값싸고 정확하게 밝혀 내 선천적 장애의 불행을 없애도록 해줄 뿐 아니라, 시험관 수정을 지금보다 더 쉽게 만들어 근본적으로 불임으로 인한 고통을 극복하게 해 줄 것이라는 점, 또한 죽거나 병에 걸린 세포 또는 장기를 대체할 수 있을 것이라는 점 등을 그 논거로 제시하고 있다.

찬성론자들 중 주목할 것은 선호공리주의이다. 채드윅R. F. Chadwick은 1982년 『철학』Philosophy 지에 '선호도를 극대화시키는 행위를 선택해야 한다'는 명제를 통해 생명복제에 관한 공리주의적 관점을 전개한 바 있다.[3] 요점은 선택지 가운데 그것을 선택함으로써 모든 사람들의 선호도를 극대화할 수 있는 행위는 도덕적으로 옳으며 따라서 복제기술을 통해 복제인간이 태어날 것을 선호하는 정도가 유전적으로 유일한 존재이기를 선호하는 정도보다 크다면 복제기술을 인간에게 적용해야 한다는 것이다.[4]

찬성론과는 달리 인간에 대한 생명복제에 반대하는 가장 중요한 논지는 인간복제가 하나님의 영역을 침범하는 것이며, 개별적 영혼을 지닌 인간의 존엄성을 훼손시킬 것이라는 기독교적 반론에서 찾아볼 수 있을 것이다. 분명히 생명복제가 무엇보다도 하나님을 향한 바벨탑과도 같은 도전이며 동시에 근본적으로 창조질서를 파괴하는 문제라는 점에 대해서도 이견이 없을 것이다. 그 외, 일반적인 반론으로는 유전자 조작으로 인하여 예측불가능의 총체적인 생태계파괴가 우려된다는 입장을 비롯하여 생명복제기술 그 자체의 불안정성에 대한 우려도 포함될 수 있을 것이다. 즉 복제양 돌리의 경우 그 실험이 무려 277회의 시도를 통하여 이루어졌다는 점에서 그것이 곧 생명경시를 유발할 것이라는 관점 등이 그것이다. 나아가 생명복제가 인간에게 적용될 경우, 유전적으로 유일하게 될 권리를 침해함으로써 개인의 특성을 상실

케 하고 프라이버시를 보호받을 권리의 침해한다는 것, 그리고 복제인
간은 환경에 적응하지 못할 수 있다는 점 등등을 꼽을 수 있겠다.

하지만 생명복제의 문제는 찬반양론의 의견수렴을 위한 창구로
그쳐서는 곤란하다. 특히 우리는 앞서 말한 것처럼, 이른바 생명의료윤
리 또는 생명윤리가 현대 기독교윤리학에 있어서 낯선 주제가 아니라
는 점을 상기할 필요가 있다. 일찍이 1960년대에 새로운 영역으로 떠
오른 생명의료윤리는 그 특징에 있어서 무엇보다도 기독교적 원천을
지니고 있었다는 점을 다시 한 번 상기할 필요가 있다. 여기에서 기독
교적 원천이라고 하는 것은 비록 문제의 자리는 의료현장이었지만, 그
도덕적 통찰을 제공한 것은 신학자들이었으며 기독교윤리학적 관점들
이 생명윤리의 초석을 제공해 주었다는 것을 의미한다.[5] 덕의 윤리에
관한 논의로 잘 알려진 미국의 기독교 윤리학자 하우어워스의 평가에
서 엿볼 수 있는 것처럼 기독교윤리는 이미 1960년대에 폴 램지에게서
생명의료윤리를 향하여 그 방향을 설정하고 있었다는 점[6] 등은 기독
교윤리학이 현대사회에 있어서 생명의료 문제에 관하여 책임 있는 입
장을 보여줄 필요성을 보여 준다.

더구나 생명의료윤리가 단지 1960년대에 비롯된 문제라기보다
그 통찰력에 있어서 개혁신학적 전통과 무관하지 않다는 점에 유의할
필요가 있다. 가령, 생명의료윤리는 과학기술의 발전에 따른 윤리적 문
제들에 대한 성찰인 동시에 종교개혁자들이 주장하였던 직업소명에
관한 논의의 연장선상에 있었다. 말하자면 의료 문제에 관한 윤리적 논
의가 그 기본적인 착안에 있어서 의료인의 전문직 윤리의 문제들에 대
한 성찰에서도 연유하고 있었던 것이다.[7]

오늘의 상황과 연관 짓는다면 그것은 이제 단순히 의료인의 직업

윤리상의 문제라기보다 생명과학자 모두의 과제이며, 더 나아가 우리 모두의 문제라고 해야 할 것이다. 이것은 생명윤리가 현대사회에 들어서면서 갑자기 대두된 것이라기보다 기독교적 통찰력을 통하여 보다 명확한 관점을 얻을 수 있을 것이라는 점을 보여준다. 가령, 생명 문제의 최일선에 있는 의료인이나 생명과학자들로 하여금 하나님의 생명 주권에 대한 신앙고백을 토대로, 하나님의 영광을 위한 일로서의 자신의 직업에 대한 소명의 인식과 그 책임적 자세를 가지도록 촉구하는 것은 단순히 1960년대의 문제가 아니라 우리 시대의 당면과제라는 의미이다. 그리고 이러한 통찰력의 전통은 이미 종교개혁적 마인드로부터 나온 것이라는 점에 더욱 큰 의미가 있다고 하겠다.

실현된 복제, 무엇을 뜻하는가?

생명복제를 단순한 의료적 문제 내지는 생명공학의 문제라고 보려는 관점을 넘어서 보다 큰 틀에서 직시할 필요가 있다고 생각한다. 그것은 생명복제가 필연적으로 연관되어 있으며 그 기틀에서 배태되었다고 볼 수 있는 이른바 '과학기술과 인간의 힘'이라고 하는 보다 근본적인 관점에서 해석되어야 한다는 것을 의미한다.

분명히 생명복제는 생명과학 및 기술의 발전에 편승하여 나타난 부수효과의 하나이거나 우연스러운 결실이 아니다. 그것은 의도적인 행위의 소산이며 과학기술은 이것을 실현시켜주는 원동력이었다고 하겠다. 보다 더 정확하게 말하자면 생명복제는 일과성 논의의 대상이거나 유행성 논제가 아니라 근본적으로 과학기술의 시대에 나타난 인간의 극한 교만을 표현하는 예표라 할 수 있다. 특히 생명복제가 과학기술로 더욱 가속화된 인간의 힘에의 의지를 과시하는 대표적인 문제이며 책임적 자세가 요구되는 과제라고 하는 점에 주목하고자 한다.

이러한 논의를 보다 효과적으로 진행하기 위하여 우리는 과학기술에 숨겨진 근본적인 의도에 관한 의견들을 참고할 필요가 있을 것이다. 가령, 쟈끄 엘륄Jacques Ellul은 현대사회에 있어서 기술의 발전이 거대한 문화변이를 가져왔다고 하면서 기술을 현대판 우상적 종교성으로 보고 있다. 엘륄에 따르면 이러한 의미에서 기술이란 기독교정신과 거리가 있으며 그것은 인간의 권력의지라고 볼 수 있다. 말하자면 기술의 발전은 기본적으로 인간의 권력의 표출로서 그것을 통하여 인간은 자기 스스로를 숭상하고자 하는 것이며 이러한 권력의지의 실현이 기술의 목표이며 물질의 획득은 그 부산물에 지나지 않는다.[8] 이러한 관점은 기술에 대한 혐오에서 나온 것이 아니라 그것이 담지하고 있는 근본적인 문제의 자리를 보다 분명하게 보여주는 단초일 듯싶다. 말하자면 기술제일주의 또는 기술일변도의 사회에서 반드시 점검되어야 할 신학적 과제를 대변해 주는 것이라 하겠다.

우리는 생명과학 및 의료기술의 발전에서 야기된 현대사회의 생명윤리적 과제들을 이른바 책임의 윤리에서 접근하고 그 해답을 찾을 필요성을 다시 한 번 확인하게 된다. 그것은 인간에게 주어진 힘의 사용에 관하여 그리고 과학기술의 시대에 구비하게 된 인간의 힘에 대한 하나님 앞에서의 책임이라는 관점에서 재조명되어야 할 것이다. 하나님의 주권에 대한 인정과 순종, 그리고 하나님 앞에서의 삶이라는 명제는 현대사회가 표방하는 과학기술시대의 한복판에서 여전히 우리를 향하여 말씀하시는 하나님의 뜻을 대변하는 것으로 해석되어야 하기 때문이다.

나아가 생명복제에 숨겨진 본질을 이른바 현대판 바벨탑의 문제이며 그것을 보다 구체적으로 기술시대에 나타난 인간의 힘에의 의지를 가장 극단적으로 상징한다. 말하자면 생명복제는 과학기술시대에 불가피한 부산물의 하나로서 이해될 것이 아니라 그 안에 유사종교적인 의미를 담지하고 있는 인간의 교만을 보여주는 것이라 하겠다. 이것은 생명과학을 맹목적으로 혐오하려는 비판일변도의 사고방식에서 나온 것이 아니라 근본적으로 인간의 삶이 하나님 앞에서의 삶이 되어야 하며 하나님의 주권에 대한 무조건적 순종을 골간으로 하는 신학적 관심의 표명으로 이해되어야 할 것이다.

우리가 취해야 할 책임적 자세의 가장 기본이 되는 것은 무엇보다도 하나님의 생명주권에 대한 고백이다. 하나님을 생명의 주권자로 고백하는 것은 개혁신학의 기본적인 요소인 동시에 인간을 생명의 주권자의 위치로 격상시키려는 노력에 대한 가장 분명한 반론이며, 과학기술이 진정으로 봉사해야 할 영역이 무엇인지를 다시금 성찰할 수 있게 한다. 무엇보다도 우리는 과학기술의 시대에 있어서 기술에 의해 근본적으로 확장되고 변경된 인간의 힘이 무엇을 위해 사용되어야 할 것인가를 깊이 성찰할 수 있어야만 할 것이다.

일찍이 칼빈J. Calvin에게서 확립된 하나님의 주권에 관한 신앙고백은 현대사회에 초래된 생명의 문제에 있어서도 유효하며, 무엇보다도 하나님의 생명주권에 대한 신앙은 우리 시대의 문제해결을 위한 출구라고 하겠다. 더구나 우리가 생명복제 일반에 관한 깊은 도덕적 신학적 성찰을 필요로 하고 있지만 그중에서도 특별히 문제 삼지 않을 수 없는 인간복제에 관하여 우리는 다시금 인간이 하나님 앞에서의 존재로 발견될 필요가 있다는 점을 강조하지 않을 수 없다.

우리가 고백하고 있는 대로 하나님은 생명을 지닌 만물의 창조자이시며 무엇보다도 인간을 하나님의 형상대로 지으신[창 1:27] 분이심을 망각하는 것은 곧 인간의 참된 자리를 상실하기 시작하는 것과 다를 바 없다. 나아가 하나님은 인간을 모태에서부터 조직하시는 분이시며[시 139:13], 우리의 체질까지도 아시는[시 103:14] 생명의 원천이시며 주권자이심[시 36:9]을 겸허하게 고백하여야 할 것이다. 따라서 인간에게 부여된 생명과학의 힘은 인간의 방종스러운 권력의지를 표출하는 통로가 되어서는 안 되며 무엇보다도 생명의 근원과 주권에 관한 인식을 바탕으로 하는 책임적 자세를 요구한다고 하겠다. 과학기술의 발전으로 근본적인 확장을 얻게 된 인간의 힘은 생명의 주권자이신 하나님을 위해 사용되어야 하며 생명의 신성함에 대한 존중과 생명사랑 및 생명지킴의 수단으로 사용되어야만 할 것이다.

놓치지 말아야 할 우려사항들

생명복제의 문제를 효과적으로 통제하기 위한 대안의 모색에 있어서 가장 우선적으로 요구되는 것은 물론 생명복제가 하나님의 생명주권에 대한 도전이며 그것은 하루빨리 통제되어야 하는 위험요소라고 하는 점을 깊이 인식하는 것이라 하겠다. 특별히 우리는 기독교인들이 부지불식간에 유전자 조작을 포함한 생명에 대한 조작manupulation의 문제에 대해 무관심하거나 호기심을 자극하는 문제로 넘기려는 무책임한 태도를 바로잡을 수 있는 설득과 교육의 기회를 충분히 베풀어야만 할 것이다.

이것은 생명복제가 무엇보다도 인간의 교만에서 나오는 문제이며 과학기술의 발전을 빌미로 자행하는 비신앙적인 행위라고 하는 점을 보다 선명하게 부각시키려는 대안이라고 할 수 있다. 이를 위해 기독교는 현대사회에 있어서 하나님의 주권에 대한 올바른 신앙고백에 토대를 둔 건전한 가치관과 생명관이 시급히 정립되어야 한다는 점을 항상 기억해야만 할 것이며 기독교인들의 의식 속에 생명복제에 관한 심각성을 일깨울 수 있는 윤리적 대안을 마련하여야만 할 것이다.

우리가 우려하는 것은 생명복제를 비롯한 현대사회의 문제들에 대한 대안의 마련에 있어서 개개인의 신앙양심과 도덕적 각성에만 호소하는 것 못지않게 보다 더 구체적인 사회윤리학적 접근이 필요하다고 본다. 롱Long, E. L. Jr이 말한 것처럼 생명의료윤리는 아직 그 사회정책의 문제social policy matters와 관련된 측면에 관한 접근에 충분한 관심과 준비를 갖추지 못하고 있는 듯싶다. 여기에서 말하는 정책과 관련된 부분이라는 것은 의료서비스의 재정적 측면에 관한 문제, 의료인의 교육에 관한 문제 및 의료정의에 관한 문제 등등에 관한 관심들을 말하며 최근에서야 비로소 이러한 부분들이 새로운 관심의 대상이 되고 있다.[9]

생명복제의 효과적 대안의 마련에 있어서도 이 부분은 매우 중요한 통찰력을 제공해 준다. 이러한 맥락에서 우리는 일찍이 기독교사회윤리학자들에 의해 제안된 개인윤리와 사회윤리의 구분 등의 통찰력에도 관심을 가질 필요가 있을 것이다.[10] 여기에서 말하려는 것은 사회 문제에 대한 윤리적 접근방식의 타당성에 관한 해묵은 논란의 불씨를 되살리자는 것이 아니다. 우리가 간과해서는 안 될 것은 개인의 심성에 호소하고 양심적 대안의 각성을 촉구하는 것 이상의 적극적인 대안이 필요하다는 점이다.

현대사회에 있어서 생명복제에 대한 수요가 상존하고 이에 대한 효과적인 통제수단이 마련되지 못한다면 그것은 매우 심각한 결과들에로 이어질 것이다. 더구나 생명복제가 생명공학의 산업화로 표상되는 자본과 과학 간의 결합, 그리고 이에 수반되는 과학과 시민사이의 괴리를 그 본질적인 특징으로 지니고 있다는 점에도 주목할 필요가 있다.[11] 산업화라는 미명하에 진행되는 생명공학연구는 몇 가지 심각한 문제점들을 내포하고 있다. 그리고 그것은 대부분 정책 또는 구조적 요인과 관련된 내용들을 가지고 담고 있다.

이러한 문제들을 포괄적으로 설명해 본다면, ① 생명공학이 이윤추구에 종속되면서 나타나는 비밀주의로 인한 정보독점, ② 산학협동이라는 미명하에 진행되는 연구가 초래하게 될 기업과의 이익갈등으로 인한 연구의 순수성 저해의 문제, ③ 기초연구에 대한 기업의 개입이 초래할 수 있는 대안연구 가능성의 차단우려, 그리고 ④ 연구의 상업주의화로 인한 순수학문의 잠식우려 등의 문제점이라 할 수 있겠다.

이것은 생명복제의 문제가 개개인의 도덕적 각성과 함께 이른바 구조적 접근을 필요로 하는 사회적이고 구조적인 문제임을 보여준다고 하겠다. 말하자면 생명복제의 문제를 대하는 기독교적 대안에 하나님의 주권에 대한 강조와 함께 인간에 의한 생명의 조작이 효과적으로 통제되고 방지될 수 있도록 지속적인 신앙운동 및 사회적 감시를 위한 기독교적 접근이 동시에 이루어져야 한다는 것을 의미한다.

이러한 뜻에서, 생명복제에 대한 효과적인 통제를 위하여 도덕적 각성이라는 과제와 사회적이고 구조적인 통제와 압박이라는 두 가지 요소가 병행하는 대안의 모색이 필요하며, 그러한 노력을 통하여 생명복제에 관한 보다 실효성 있는 감시와 통제가 가능해질 수 있으리라 생각한다. 다시 말해, 생명복제의 본질적 문제, 즉 하나님의 생명주권에 대한 신앙적 입장을 지속적으로 선언하는 동시에 사회적으로 적절한 통제의 제도와 법령의 제정을 촉구하며 감시하는 노력이 실천에 옮겨져야만 할 것이다.

특히 생명복제에 관한 논의가 단순히 과학자들만의 밀실논제로 남겨지지 않도록 하는 것은 매우 중요한 과제가 아닐 수 없다. 이를 위해서는 생명과학 및 의료인의 직업소명에 대한 새로운 각성, 즉 자신이 하는 일이 자신의 치부나 이익을 위한 것에 국한되지 않고 하나님의 영광을 위한 것이 되어야 한다는 인식이 우선적으로 요구된다고 하겠다. 이러한 측면은 직업윤리에 있어서 반드시 강조되고 다루어져야 할 주제이다.

동시에 이러한 노력은 기독의료인이나 기독교적 세계관에 입각한 과학자들의 주도적인 역할에 의하여 구체적인 실천운동으로 전개되어야 할 필요가 있다. 이를 위해서는 생명에 관한 기독인 선언을 마련하는 것은 물론이고 더 나아가 사회정책적인 측면에서 생명존엄을 보장할 수 있도록 무분별한 의료 및 생명과학실험의 제재 또는 중단에 관한 철저한 대안이 마련될 수 있도록 촉구하는 노력이 뒷받침되어야만 할 것이다. 두 가지의 병행, 즉 개인윤리적으로 기술시대에 있어서 책임적 자세를 확립하고 사회윤리적으로 생명복제에 대한 효과적인 통제를 위한 노력이 나란히 이루어져야 한다는 뜻이다.

실현된 생명복제, 도전받는 생명존엄

생명복제는 하나의 심각한 문제이다. 하나님의 생명주권에 대한 신학적 조명의 필요성을 절감하게 하는 과제이기 때문이다. 과학기술 시대에 있어서 생명윤리와 관련된 기독교인의 책임이 절실한 문제임을 기억하면서, 몇 가지 제안해본다.

첫째, 생명윤리에 대한 관심이 고취되어야 한다. 생명복제에 관한 논의가 필요하고, 그 내용 역시 현대사회의 윤리적 문제에 대한 관심의 표현에 그칠 것이 아니라, 포괄적이고 지속적인 논변의 주제가 되어야 한다. 특별히 생명에 관한 논의는 기독교윤리학이라고 하는 분과학문만을 위한 것이 아니라 하나님 앞에서의 삶에 관한 신학적 입장이 통전적으로 표명되어야 한다. 하나님의 생명주권에 관한 신학적 입장을 표방하는 모든 신학분과의 협동작업으로부터 의학 및 생명과학을 포함하는 통합학문적인 연구와 협력을 통해 생명의 소중함과 그 함양을 위한 포괄적인 논의가 지속적으로 유지되고 활성화되어야 할 것이다.

둘째, 하나님의 생명주권에 관한 신학적 선언이 필요하다. 생명복제를 위시한 모든 생명의 문제에 관한 기독교적 입장을 천명하는 것인 동시에 생명과학의 남용에 관한 사회적이고 제도적인 통제를 촉구하는 예언자적 메시지를 담아내는 것이 되어야 할 것이다. 이것은 하나

님의 생명주권에 대한 신앙고백을 포함하여 현대사회가 각성하여야
할 생명존엄에 대한 기독교적 입장을 충분히 반영할 수 있는 내용으로
구성되는 것이 좋겠다.

특히, 유네스코의 선언문을 참고할 필요가 있다. 1997년 11월 11
일 세계 196개국 유네스코 대표들에 의해 채택된 '국제생명윤리위원
회'IBC: International Bioethics Committee의 "인간게놈과 인권에 관한 보편선
언"Universal Declaration on the Human Genome and Human Rights은 현대사회에 생명존
엄의 가치를 다시 한 번 일깨우는 몇 가지 소중한 관점들을 담고 있다.
이 선언문에서 우리는 생명복제에 관하여 특히 인간에 관한 복제기술
의 적용에 수반될 수 있는 문제점들에 대한 심각한 우려와 인간의 존엄
에 관한 표현들을 엿볼 수 있다.[12]

> **제1조** 인간게놈은 인간 고유의 존엄성과 다양성의 인정, 그리고 인류전
> 체의 근본적 단일성의 기초가 된다. 상징적인 의미에서 이것은 인
> 류유산이다.
>
> **제2조** ① 모든 사람은 유전적 특질에 관계없이 존엄과 인권을 존중받을
> 권리를 가진다.
>
> ② 그러한 존엄성으로 말미암아 우리는 개인들을 그들이 가지고
> 있는 유전적 특질로 환원시켜서는 안 되며 개인의 유일함과 다
> 양성을 존중해야만 한다.
>
> (제3조 생략)
>
> **제4조** 자연 상태의 인간 게놈을 결코 영리 목적으로 이용해서는 안 된다.
>
> **제5조** ① 개인의 게놈에 영향을 끼치는 연구, 치료 및 진단은 반드시 그
> 에 따른 잠재적인 위험성과 이익을 엄격하게 사전 평가한 뒤,
> 국가법의 여타 요구사항들을 준수하여 수행되어야 한다.
>
> ② 모든 경우에, 사전에 자유롭고 충분한 정보가 알려진 상태에서

관련 당사자 등에게 동의를 얻어야 한다. 만일 관련 당사자에게 동의 여부를 확인할 수 없는 상황에서는 당사자의 최선의 이익에 부합하도록 법이 규정한대로 동의 또는 승인을 얻어야 한다.

제6조 그 어느 누구도 유전적 특질로 인해 인권, 기본적 자유 및 인간존엄성을 침해하려 의도하거나 침해하는 결과를 초래하는 차별을 받아서는 안 된다.

유네스코 선언문은 생명복제를 비롯한 유전자 조작의 문제가 이미 인간게놈의 연구에 이르기까지 심각한 수위에 올라있으며 그 효과적인 통제의 필요성은 시일을 미룰 수 없는 긴급성을 지니고 있다는 점을 절감하게 해준다. 특히 과학기술시대에 있어서 자행될 수 있는 정보의 독점을 방지하고 법령 및 제도를 통한 기술의 남용을 통제하는 것과 함께 그 국제적 협력의 필요성까지도 고려하는 포괄적인 선언으로 구성된 점이 이 선언의 두드러진 대목이라고 하겠다.

이러한 맥락에서, 하나님의 생명주권을 강조하는 개혁적 신앙고백을 통하여 생명복제의 문제를 본격적으로 취급하고 그 대안의 모색을 제안하는 것은 매우 다행스럽고 고무적인 일이라 하겠다. 한 가지, 생명복제에 대한 관심이 단순히 반대의견을 모은다거나 목소리를 높이는 차원에 머물거나 단순히 추세에 따라 글을 모아 편찬한다는 관점을 넘어서 보다 효과적인 대안의 제시에 이를 수 있으면 좋겠다. 특별히 생명주권에 대한 강한 이론을 지니고 있는 신학적 관점에서 이에 관한 보다 명확하고 충분한 내용을 담은 명쾌한 신학적 입장을 선언하는 것도 매우 의미 있는 일이 될 것으로 생각한다.[13]

셋째, 생명존엄을 위한 제도적인 부문에 대한 적극적인 참여와 의견개진이 필요하다고 하겠다. 예컨대 의료윤리 문제의 경우, 의료기관들에 윤리위원회의 설치가 이루어지도록 촉구하고 그 회의와 결정에 적극적인 참여자가 될 수 있다면 이것은 생명의 존엄을 위한 진일보한 효과를 나타낼 수 있을 것이며, 하나님의 생명주권을 중심으로 하는 생명교육의 기회를 확장하고 적극 추진하는 것도 그 저변을 확산할 수 있는 좋은 계기가 될 수 있을 것이다.[14]

여기에는 생명윤리 관련과목개설 및 의과대학 등의 의료윤리 강의 및 직업윤리강의를 비롯하여 목회적 차원에서 생명복제를 포함한 생명의 위기와 그 문제들에 대하여 하나님의 생명주권사상에 입각한 설교에 반영하는 것 등을 포함할 수 있을 것이다. 특별히 생명복제의 효과적인 통제를 위하여 그에 따른 제도적 대비에 관한 대중적이고 공개적인 논의가 보다 활발하게 이루어져야만 할 것이며 생명과 관련된 기독교윤리 운동에 보다 적극적으로 참여하고 생명존엄과 하나님의 생명주권사상을 명확하게 표명하는 노력이 필요할 것이다.

이러한 요소들을 이른바 생명운동이라는 관점에서 생명복제에 관한 적극적인 대안으로 삼고자 한다. 이것은 생명복제의 문제를 단순히 경악스러운 관심사로 흘러 보낼 것이 아니라 구체적인 기획을 지닌 윤리적 접근의 필요성을 다시금 일깨우는 것이라 하겠다. 그것은 과학기술의 시대를 사는 신앙인들로 하여금 하나님의 주권에 대한 새로운 인식의 필요성을 일깨우는 것인 동시에 인간이 과학기술의 힘으로 초래할 가공할 만한 사태들에 대한 책임적인 자세를 더욱 강화시키기 위한 단초가 되어야 할 것이다. 이러한 의미에서 생명복제에 관한 신학적 논의들은 결과적으로 생명윤리의 가치와 필요성을 새롭게 인식하고 더욱 절감하게 하는 생명운동으로 승화되어야 한다.

생명복제는 과학기술의 시대에 있어서 하나님의 주권에 대한 중대한 도전이며 그 효과적인 통제를 필요로 하는 긴박한 문제이다. 특별히 우리 시대에 있어서 눈앞의 문제로 다가오고 있는 생명복제는 이미 인간에 대한 적용을 그 목표로 삼고 있다는 점에서 이에 대한 책임적이고 효과적인 대안이 적극적으로 모색되어야 할 시점에 있다.

생명복제의 문제는 더 이상 늦출 수 없는 효과적인 통제대책의 긴박성을 요청하고 있으며 그것은 종국적으로 하나님의 생명주권에 대한 올바른 신앙고백의 토대 위에 사회적이고 제도적인 관심을 구현할 수 있는 보다 구체적인 대안을 요구하는 윤리학적 문제라 하겠다. 따라서 생명복제에 관한 기독교윤리학적 관심은 단순한 논리적 접근이나 찬반을 묻는 학문적 유희에 고착되어서는 안 될 것이며 과학기술시대의 하나님의 주권과 영광을 위하여 생명존중의 실천을 수반하는 것이어야만 하겠다.

한 걸음 더 나아가 이러한 문제의식은 일회성 관심사에 그칠 것이 아니라 현대 기독교윤리학을 위한 근본적인 주제로 상정되어 보다 일관성 있고 체계적인 학문적 연구 및 실천적 대안의 모색을 통하여 그 효과적인 통제를 가능하게 하는 데에 이르러야 할 것이다. 생명의 신성함과 하나님의 생명주권에 대한 신앙고백은 생명과학의 발전으로 초래된 기술사회의 생명 문제들에 대하여 보다 정확하고 효과적으로 대처할 수 있는 통찰력으로 작용하여야 할 것이기 때문이다.

1) A. Verhey, *Religion and Medical Ethics: Looking Back, Looking Forward* (Grand Rapids: Wm. B. Eerdmans Publishing Co., 1996), p. 2.

2) E. L. Long Jr., *A Survey of Recent Christian Ethics* (NY: Oxford Univ. Press, 1982), p. 144.

3) R. F. Chadwick, "Cloning" in *Philosophy 57* (1982), pp. 201-209.

4) 임종식, 「인간복제, 허용할 것인가」, 구영모 편, 『생명의료윤리』(동녘,1999), 175-200면.

5) A. Verhey, *Religion and Medical Ethics: Looking Back, Looking Forward* (Grand Rapids: Wm. B. Eerdmans Publishing Co., 1996), pp. 3-7.

6) S. Hauerwas, "How Christian Ethics Became Medical Ethics: The Case of Paul Ramsey" in A. Verhey. ed., *Religion and Medical Ethics: Looking Back, Looking Forward* (Grand Rapids: Wm. B. Eerdmans Publishing Co., 1996), pp. 61-80.

7) E. L. Long Jr., *A Survey of Recent Christian Ethics* (NY: Oxford Univ. Press, 1982), p. 142.

8) Ellul, J., Le systeme technicien, p. 81(양명수, 『호모 테크니쿠스』, 70면에서 재인용).

9) E. L. Long Jr., *A Survey of Recent Christian Ethics* (NY: Oxford Univ. Press, 1982), p. 145.

10) 개인윤리와 사회윤리에 관한 논의는 拙稿, 「사회윤리에 있어서 아우구스티누스—니버적 접근」, 『기독교사회윤리』(한국기독교사회윤리학회, 1999), 61-87면을 참고할 것.

11) 김환석, 「양의 복제, 시민의 침묵」, 구영모 편, 『생명의료윤리』(동녘, 1999), 203-223면.

12) 이 자료는 유네스코 한국위원회가 변역하여 배포한 인쇄물, "인간게놈과 인권에 관한 보편선언"에서 인용하였다. 참고적으로 상기위원회는 생명윤리에 대한 참여민주주의적 대안의 하나로 시민과 과학자, 정책입안자들이 함께 모여 생명윤리와 유전자 조작 식품의 안전 문제 등을 다루는 이른바 합의회의(Consensus Conference) 등을 진행하고 있으며, 앞으로 이러한 분야에도 생명윤리에 관심 있는 신학자들의 참여 및 의견개진의 기회가 제공되기를 기대해 본다.

13) 필자는 이런 의견들이 모여 신학적 생명윤리선언 형식으로 제안되기를 기대해 본다. 참고로 최근 여러 학회나 단체에서 생명윤리에 관한 선언이 이미 발표되었거나 준비 중에 있으며 기독의료인들을 중심으로 하는 낙태반대선서 등 다양한 움직임이 전개되고 있다는 것을 기억할 필요가 있겠다.

14) 필자는 현재 의사, 종교인, 윤리학자, 법학자 및 법률가, 간호요원 대표 등으로 구성된 단국대병원의 윤리위원회 위원으로 위촉되어 활동 중이며 얼마 전, 자발적 호흡불가 신생아에 대한 부모의 퇴원요구와 관련된 윤리위원회를 통하여 생명의 신성함에 관한 기독교적 입장을 제안한 바 있다. 필자는 생명의 문제에 관한 윤리적 판단을 위하여 이러한 제도적인 장치가 보다 확산되고 그 안에서 신학자 및 윤리학자들의 목소리가 보다 충실하게 반영될 필요성을 느껴보았다. 또한 생명윤리가 제대로 정착되고 실현되기 위해서는 신학자 및 윤리학자들이 더욱 적극적으로 생명윤리선언, 의료윤리교육에의 참여 등이 더욱 활발하게 이루어질 필요가 있다고 하겠다.

'Abortion',
왜 다시 문제 삼아야 하는가?

역이상향dystopia의 관점을 피력한 것으로 평가되는 소설 『멋진 신세계』Brave New World에서 헉슬리A. Huxley는 미래사회에서 임신이란 추한 것이 되고 말 것이며 성性은 오락에 속하는 것이 되고 아기들은 유전적 기준에 따라 국립인공부화장hatcheries의 인공자궁에서 출산될 것이라고 예견한 바 있다.1) 헉슬리가 예견하였던 과학기술의 사회를 살고 있는 우리들의 시대에는 비록 그의 예견에 나오는 인공부화장의 인공자궁은 없어도 이른바 정자은행과 대리모제도가 공공연히 운영되고 있으며, 그밖에 오늘날 생명윤리의 주제가 되는 것들이 이미 그의 예견에 등장했던 것이라는 점에서 헉슬리가 말하고자 했던 자유가 상실되고 도덕이 잊혀져버릴 위험천만한 시대에 대한 도덕적 경종의 의미를 충분히 되새겨 보아야만 할 것이다.

흥미롭게도, 기독교 윤리학자 파인버그J. S. Feinberg는 헉슬리의 상상력에 깊은 인상을 받은 듯, 그의 저서 『멋진 신세계를 위한 윤리』

Ethics for a Brave New World를 우리 시대가 헉슬리의 예견과 상상력으로부터 제시된 그것과 너무도 흡사한 상태에 있다는 점에 주목할 필요가 있음을 일깨우고 있다.[2] 특별히 임신중절의 문제에 초점을 맞추어 본다면, 파인버그에 따르면 임신중절은 대략 자동적 임신중절spontaneous abortion과 유도된 임신중절induced abortion로 구분되고 그중 유도된 임신중절은 다시 세 가지로 세분된다.

산모의 생명을 구하기 위해 시행되는 치료적 임신중절therapeu tic abortion과 대표적으로 다운증후군Down's Syndrome 등 신체적 또는 정신적 장애의 위험이 있는 태아를 중절시키는 유전적 임신중절eugenic abortion, 그리고 가족계획 및 부모의 건강과 편의를 위하거나 태아감별에 의한 임신중절, 강간 등 성범죄에 의한 임신중절의 경우 등에 해당하는 선택적 임신중절elective abortion이 그것이다.[3]

이 구분을 참고로 논의를 진행하자면, 임신중절의 문제에 대한 논쟁은 특히 생명옹호론Pro-Life과 선택옹호론Pro-Choice 사이의 논쟁이라고 할 수 있을 것이다. 그리고 이 두 입장의 갈등은 또 다른 방식으로 이른바 인격성personhood에 관한 견해차이라고도 할 수 있을 것이다. 인격성에 관한 논의는 인간다움의 평가기준에 관한 논의라고 할 수 있다. 특별히 임신중절의 문제를 인격 개념과 연관 지어 설명하려는 노력들은 파인버그의 주장처럼 임신중절의 가장 근본적인 논제가 되어왔다고 볼 수 있으며,[4] 먼슨R. Munson의 설명 또한 임신중절의 문제와 관련하여 인격 개념의 중요성을 부각시키고 있다. 특히 먼슨에 따르면 임신중절이란 누가 그리고 어떤 사람이 인격체로 간주되어야 하는가Who or What is to be considered as a person?의 질문을 태아에게 적용하는 것이라 하겠다.[5]

전통적으로 생명옹호론에서는 인격 개념의 설정에 있어서 생물학적이고 유전학적 또는 구조적 관점을 취하여 왔다고 볼 수 있다. 이러한 관점에서는 인격성이 수태되는 순간부터 비롯된다고 주장하며 수태되는 순간 이미 태아의 DNA가 인간임을 입증하고 있으며 태아는 그 자체로 독립적 인격체라고 주장한다. 임신중절 찬성론자들, 즉 선택 옹호론자들은 수태되는 순간 태아가 독특한 존재가 되는 것이 아니며 계속적인 세포분열의 과정을 통하여 형성되어가는 것이므로 수태되는 순간 인격성을 지니는 것은 아니라고 주장한다. 그들은 뇌조직 등이 이루어지려면 과정과 시간이 요구되므로 수태되는 순간 독특한 인격체as a unique person이 되는 것은 아니라는 주장을 통해 자궁 속 태아는 인격체가 아니라고 한다.[6]

이 논변에는 단지 개념으로서의 인격성에 관한 논의만 아니라, 여러 가지 권리의 상충이 내포되어 있다. 가령 생명의 권리와 임산부의 신체에 대한 권리 간의 상충right to life v. right to control one's body, 생명의 권리와 자유로운 선택의 권리의 상충right to life v. right to free choice or freedom 등이 그것이다. 특히 두 번째 항목에는 원치 않는 아기에 대한 문제right to life v. unwanted children, 그리고 원치 않는 아기를 포함하여 강간 등으로 인한 아기의 출생이 순탄한 삶으로 이어질 것인가에 관한 문제right to life v. right to be loved, 나아가 선택의 권리에 관한 문제right to life v. right to choose one's morality 등이 포함될 수 있을 것이다.

임신중절을 인격 개념의 문제로부터 설명하는 입장을 다소 그 표현을 달리하여 말한다면 임신중절과 윤리학적 논변, 또는 도덕적 결단의 문제라고도 볼 수 있을 것이다. 가령, 뷰참T. L. Beauchamp은 임신중절이 지니고 있는 여러 가지 논제 중에서 무엇보다도 이른바 도덕적 정당화moral justification의 문제, 즉 임신중절을 시행하는 행위를 정당화할 수 있는 근거에 대한 질문이 근본적인 것이라고 본다. 임신중절을 반대하는 입장에서는 생명의 보전을 중시하는 근거에서 임신중절의 부당성을 주장할 것이며 반대로 임신중절을 찬성하는 입장에서 선택의 자유와 여성의 권리 등을 강조하는 것은 결국 임신중절의 도덕적 정당성에 대한 입장의 차이라고 볼 수 있다는 것이다.[7]

이제까지의 논의들: 'When'의 문제

기독교윤리학을 연구하는 사람치고 생명윤리에 대해 한 번쯤 글을 쓰지 않은 사람이 없다고 해도 과언이 아닐 정도로, 의료기술의 발전과 인간생명의 존엄에 관한 논의는 집중조명을 받아온 분야이며 그중에서도 임신중절이 문제에 대해서는 너무도 많은 견해들이 피력되어 왔다. 그리고 이 논변의 과정에는 도덕철학에서 의무론과 공리주의가 맞서고 있는 것과 유사하게 이른바 율법주의와 상황윤리 논쟁이 있었고 특별히 1960년대에 성찬을 이루었던 생명윤리에 관한 논변들은 오늘날에 이르기까지 기독교윤리학의 주요한 논제의 하나가 되고 있다.

플레처J. Fletcher를 빼놓을 수 없다. 이른바 '상황윤리'situation ethics라는 개념과 함께 생명의료윤리의 논변들을 더욱 촉발시킨 기폭제와도 같았다. 그는 특히 임신중절을 반대하는 전통적인 입장에서 찾아볼 수 있는 근본적인 문제는 인간 이전의 유기체pre-personal organism에게 인간의 자격을 부여하고 권리를 인정하려는 태도라고 지적하면서, 태아는 아직 자율적 결정의 능력이나 합리성 등이 결여되어 있기 때문에 인격적 존재로 볼 수 없으며 산모의 일부분일 뿐이라고 한다. 따라서 임신으로 인해 산모의 생명이 위협받는 상황이 온다면 산모의 생명을 위해 임신중절을 하는 것이 타당하다고 생각하였다.[8]

플레처의 주장은 다양한 반향을 불러 일으켰다. 특히 램지P. Ramsey의 의견이 가장 대표적인 반론이다. 램지는 하나님의 생명주권을 임신중절 반대의 근거로 제시하면서 인간은 모두 태아의 동료들we are all fellow fetuses이기 때문에 임신중절은 태아를 파멸시키는 것일 뿐만 아니라, 결국 생존하고 있는 인간의 생명에 대한 공격이라고 주장한다. 램지의 이러한 주장에는 생명의 궁극적 가치가 하나님과 연관되어 있다는 견해가 전제되어 있다.[9]

최근 새로운 관심을 얻고 있는 이른바 덕의 윤리로부터 의견에서도 임신중절에 대한 기독교적 관심을 엿볼 수 있다. 하우어워스는 『비전과 덕』Vision and Virtue에서 기독교적 덕의 윤리, 또는 행위자 중심의 윤리를 전개하면서 임신중절에 그 이론적 적용을 시도한다. 그는 기독교 윤리학의 거장 구스타프손J. Gustafson의 주장을 인용하면서 제안하였던 내용들은 임신중절에 대한 또 다른 접근의 길을 제안한다. 그는 구스타프손이 램지의 주장에 대해 신학이론상으로는 좋을지 모르나 임신중절과 관련된 윤리적 판단에는 고려되어야 할 요소를 간과하고 있다고 했던 부분에 주목한다.

하우어워스에 따르면, 구스타프손은 인간의 도덕적 결단이 선과 악이 명쾌하게 구분되는 여건에서만 이루어지는 것이 아니라 현재의 행위란 변경될 수 없는 과거의 행위와 정황들에 대한 응답이라고 이해하고 있었다. 그리고 구스타프손의 이러한 관점은 성범죄로 인한 임신이나 산모의 생명 및 복지를 심각하게 고려해야 하는 경우 등 임신중절을 하나님의 생명주권에서 이해하는 것도 중요하지만 다른 각도에서 해석해야 할 필요성을 제기해 주었다고 평가한다. 이러한 설명에 이어 하우어워스는 도덕적 행위자의 결단을 구성하는 다층적인 요소들에 대한 관심을 제안하고 임신중절이 인구조절 등 사회적인 요구나 법률적인 측면에 의해 결정되기보다는 행위자의 도덕적 결단 및 거기에 영향을 주는 여러 가지 요소들을 깊이 있게 고려하여 다루어져야 한다는 점을 강조한다. 만일 어느 사회가 개인으로 하여금 도덕적인 선을 선택할 수 없는 경우라면, 개인의 결단을 바꾸려 하기보다는 사회를 변화시켜야 할 것이라고 했던 그의 주장은 이러한 관점을 단적으로 보여준다.[10]

이들의 주장 이외에 매우 다양한 의견들이 기독교 윤리학자들에 의해 제시되었으며, 신학적 관점에 따라 생명옹호론을 철저하게 관철시키려는 입장으로부터 상황윤리 또는 그 이후의 관점들에서 볼 수 있는 매우 다양한 목소리들이 공존하고 있다. 이것은 임신중절에 대해 단호하고도 권위 있는 생명옹호의 목소리를 요구하는 신앙인들에게는 다소 실망스러운 부분으로 받아들여질 수 있으나, 뒤집어 생각해 본다면 그만큼 임신중절의 문제가 단숨에 무엇인가를 선언하기에는 지난한 과제이며 이 문제를 보다 깊이 고민하고 논의해야 할 필요가 있다는 점을 일깨워주는 것이라 하겠다.

관점의 전환: 'When'에서 'How'로

임신중절은 그 방대한 자료가 반증하듯 오랜 논쟁의 주제임에 틀림없으며 이제까지의 논변들에는 생물학적 관점, 의료적 관점, 종교적 관점, 그리고 도덕적 관점 등등 다양한 목소리들이 포함되어 있다. 임신중절과 관련된 문제들을 나열하고 소개하는 것만으로도 한 권 분량 이상의 자료를 모을 수 있을 것이다. 단순한 나열의 방법을 따라 보기에도, 임신중절의 문제에는 종교적인 관점에서 영혼의 창조 또는 전이에 관한 논의 및 그 시기상의 문제, 인격^{personhood}의 기준에 관한 문제, 미혼모와 성교육 및 성윤리의 확립에 관한 문제, 태아성감별과 남아선호사상이라는 문화적 요인의 문제, 산아제한정책을 비롯한 사회적 정책의 문제, 치료적 유산의 문제, 여성학적 견지에서 보는 문제, 임신중절에 관한 의료시술의 용이성 증대의 문제, 생명의 기득권에 관한 논쟁, 의료집단의 권력화의 문제, 장애아의 출생을 염려하는 과정에서 불거져 나올 수 있는 장애인에 대한 편견의 문제 등등 방대한 논쟁거리를 포함하고 있다.

이러한 논의들에는 임신중절의 문제에 대한 다양한 접근경로들을 보여주는 대목도 들어 있는 것이 사실이지만, 개괄적으로 평가해 본다면, 이제까지의 임신중절에 관한 윤리학적 논의 바탕에는 주로 '시점에 관한 질문'^{When-question}에 집착하여 왔다. 말하자면 인간다움의 시작 또는 인간다운 생명의 시작에 관한 질문이라고 보아도 무방할 것이다.

임신중절에 관한 주목할 만한 몇 편의 주장들에서도 이러한 사실을 볼 수 있다. [11] 누난^{J. T. Noonan}은 수태의 순간부터 인격이 되기 시작한다는 주장을 가장 세련된 방식으로 전개한 대표적인 인물로 평가된다. 그는 선택옹호론자들이 주장하는 인격성에 논변, 즉 인격성은 비교적 발육의 후반부에 형성된다고 하는 주장을 논박하고, 수태되는 순간이 인간이 되는 결정적인 시점이라고 주장하면서 산모의 생명을 구하기 위한 경우를 제외한 임신중절은 옳지 않다고 주장한다.

톰슨J. J. Thomson의 논문은 태아를 인격체로 볼 것인가의 문제를 빗겨가면서 생명옹호론자들이 사용하는 논증을 비판적으로 검토한다. 톰슨은 정당방위의 예를 들면서, 태아에게 인정되는 권리는 죽임을 당하지 않을 권리가 아니라 부당하게unjustly 죽임을 당하지 않을 권리라고 보아야 한다고 주장한다. 따라서 그녀는 임신중절이 절대적으로 금지되어야 하는 것도 아니고 무조건 허용되어야 하는 것도 아니라는 관점을 제시한다. 임신중절이 편의성을 위한 명분 등에 의해 쉽게 쉽게 결론을 내린 상황에서 시행된 것이라면 그것은 용인될 수 없을 것이며, 산모의 생명과 복지를 포함한 심각한 이유들을 수반하는 경우에는 정당화될 수 있다는 의견이 톰슨의 결론이다.

그런가하면 워렌M. A. Warren은 누난과 톰슨의 관점을 모두 비판하면서 임신중절에 있어서 여성의 권리를 강조한다. 워렌은 누난이 유전적인 인간(태아)가 곧 도덕적 인간(인격체)라는 전제사항을 논증하지 못했으며, 톰슨은 태아의 인격성과 임신중절의 권리를 동시에 인정하려는 허점이 있다고 비판한다. 워렌은 태아를 인격체로 볼 근거가 없다고 하면서 특히 여성이 자신의 임신에 대해 전혀 책임이 없는 경우에 임신중절의 권리를 인정해야 한다고 보았다. 특히 그녀는 태아의 권리가 산모의 이익 및 복지와 중첩될 수 없다고 하면서 임신중절에 관한 여성의 권리가 제한되지 말아야 한다는 의견을 강력하게 제안한다. 워렌보다도 더 강력한 여성학적 입장은 셔윈S. Sherwin에게서 찾아볼 수 있다. 그녀는 임신중절에 관한 논쟁을 여성해방의 문제와 연관 지어 설명하면서 무엇보다도 임신은 임산부에게 결정권이 있는 문제임을 주장하면서, 임신중절이 진정으로 남성지배구조로부터의 해방과 연관될 수 있는 것일 때, 의미가 있는 것이 되리라는 의견을 제시한다.

물론 여성학적 견지에서 임신중절과 여성의 권리를 주장하는 것은 이른바 시점에 관한 질문에 속하지 않는다고 보아야 하겠지만, 그 기본적인 논의의 단초는 역시 태아를 인격체로 볼 것인가, 그리고 그 시기는 언제부터인가를 묻는 논의에서 비롯된 것이라 하겠다. 이러한 의미에서 우리는 임신중절에 관한 기존의 논의들이 일반적으로 그 시작에 있어서뿐만 아니라 진행과정에 있어서 시점에 대한 질문으로부터 자유롭지 못하다는 사실을 추측할 수 있을 것이다. 더구나 임신중절에 있어서 시점에 관한 질문은 여전히 종식되지 않은 '뜨거운 감자'이다. 최근에는 뇌사brain death와 대비하여 뇌생brain life의 개념을 인정하자는 주장도 등장하고 있다. 독일의 윤리학자 사스Hans-Martin Saas는 뇌사와 대비되는 개념을 사용하여 뇌의 활동이 시작되는 시점을 생명의 시작으로 간주하자고 제안하였는데, 대략 수태 후 약 10주 말에 해당한다는 의견이다.[12] 이 주장은 매우 흥미로운 것이기는 하지만, 결국 임신중절의 문제가 여전히 '시점에 관한 질문'에서 벗어나지 못하고 있음을 보여준다.

이러한 '시점에 관한 질문'들은 임신중절의 문제에 대한 나름대로의 고민의 흔적이며 상당한 가치가 있는 논변들이기는 하지만, 근본적으로 임신중절에 대한 해법과 대안을 찾으려는 노력이라기보다 책임귀속의 과정에서 나타날 수 있는 여러 가지 질문들에 대한 안전장치를 만들어 놓으려는 노력으로 귀착되기 쉽다고 여겨진다. 더구나 이러한 '시점에 관한 질문'들은 결과적으로 임신중절에 관한 면책이 성립하기 위한 시기적 조건들을 규정하는 데 이르는 것은 아닐까 하는 생각을 갖게 한다는 데 문제가 있다. 말하자면 임신중절과 관련하여 어느 시점부터 법률적인 책임귀속의 대상이 될 것인지에 관하여, 그리고 임신중절이 용인될 수 있는 면책조건excusing condition들을 규정해 놓음으로써 결과적으로 임신중절을 어쩔 수 없는 것이라고 인정하는 방향으로 몰고 갈 가능성이 높다는 데 주목할 필요가 있다.

임신중절의 문제를 보다 적극적인 의미에서 해결하기 위한 첩경은 누군가의 지적한 것처럼 '시점에 대한 질문'에서 '대안에 대한 질문'How-question에로의 관점전환에 있다고 본다. 즉 임신중절을 둘러싸고 발생하는 태아와 산모의 관계를 포함하는 여타의 가치에 관한 문제들을 어떻게 해소하고 대안을 모색할 것인가에 대한 관심이 필요하다.

앞서 언급했던 램지의 주장, 즉 한 생명을 언제부터 인간으로 대우할 것인가의 문제, 즉 그 시기When의 설정이 중요한 것이 아니라 생명의 궁극적 가치는 하나님께서 부여하신 것이라는 점에서 인식되어야 할 필요가 있으며, 태아와 산모 두 생명의 동등한 존엄성을 인정해야 한다는 주장은 매우 의미가 있다고 하겠다.[13] 물론 램지의 주장이 곧장 기독교 사회윤리학적 접근에 이어지는 것은 아니지만, 상당한 착안을 제시해 준다고는 볼 수 있을 것이다. 즉 임신중절에 관한 윤리학적 논변은 이제 시점에 관한 질문으로부터 대안에 대한 질문, 즉 생명의 신성함을 보장할 수 있는 방법들의 모색이라고 하는 새로운 착안이 필요하다고 하겠다.

이것은 임신중절에 관한 이제까지 축적된 방대한 논쟁 및 논변에 지레 겁을 먹고 그 모든 이야기들을 송두리째 부정하거나 정교한 논리적 게임으로부터 빗겨나가려는 것이 아니라, 그 한계에 대한 새로운 인식을 의미한다고 하겠다. 중요한 것은 기존의 논의들이 과연 '시점에 대한 질문'에만 안주하려고 한다면, 또는 이제까지의 논의의 연속성을 보장하고 그 타당한 비판의 토대에서 새로운 대안을 제시해야 한다는 의식 때문에 과감하게 그러한 문제의식에서 탈피할 수 없다면, 그것은 임신중절에 대한 해법의 모색을 더욱 어렵게 하는 데 이를 수 있다는 우려이다.

'이제까지의 논의에서 드러난 한계'를 말하는 것은 임신중절의 문제가 영원한 인류의 숙제라고 하는 사실을 부정하려는 의도가 아니라, 절실한 생명운동의 필요성에 대한 인식으로부터 나온 것이라고 하겠다. 다시 말해 임신중절에 관한 기독교 사회윤리학적 접근에는 하나님의 생명주권을 전제하는 생명옹호론pro-life이 자리 잡고 있는 것은 분명하지만, 시점에 관한 질문보다는 효과적인 대안의 모색에 주목하고 있다고 말할 수 있겠다. 그렇다고 해서 기독교 사회윤리학적 접근을 임신중절이 하나님의 생명주권에 어긋나는 것이라고 단숨에 결론을 내리면서 신앙적으로 더 이상 논의할 가치도 없는 문제로 선언하는 태도와 동일시되어서는 안 될 것이다. 오히려 대안적 접근이 필요하다는 의미에서 이제까지의 시점에 관한 질문과 연관된 생명옹호론을 수용하면서 동시에 하나님의 생명주권을 보다 효과적으로 실현하기 위한 노력에 무게를 두는 접근법이라고 할 수 있다.

'How-question'으로 보는 임신중절

　　이제까지 축적되어온 임신중절에 대한 논의에 새로운 생명과학적 또는 의료기술상의 정보를 제공하려는 것이 아니다. 임신중절이라는 도덕적 논변의 대상이 되는 문제를 어떻게 해결할 것인가에 대한 새로운 관심이 필요하다는 것을 일깨우고자 한다. 특별히 이 글에서는 임신중절이 단순히 개개인의 선호도에 의한 선택사항에 해당한다거나 개인의 가치관의 문제라고 하는 점에 국한하지 않고 그것을 사회윤리적 문젯거리로 상정하여 그 해결을 위한 대안의 모색에 초점을 맞추고자 한다. 이러한 의미에서 임신중절에 관한 기독교 사회윤리학적 접근을 'How-question'과 연관된 것으로 생각할 필요가 있다. 그리고 그 핵심에는 개인윤리적 접근을 넘어서 사회윤리적 관점을 통하여 그 통전적 해소의 길을 제안하고자 한다는 관점이 들어있다. 여기에서 말하는 통전적 해결이라는 것은 일거에 모든 것이 해결되는 만병통치식 해법을 의미하는 것이 아니다. 임신중절의 문제가 개인윤리적 차원을 넘어서 사회적 논의의 대상이 되어야 한다는 점을 강조하려는 의도에서 사용된 표현이다.

　　그렇다면, 임신중절의 문제에 대한 사회윤리학적 접근의 특징이란 무엇인가? 이에 관한 설명을 보다 구체화하기 위해서 우선 개인윤리와 사회윤리의 구분 및 그 상호보완적 관계에 대한 예비적 고찰이 필요하다. 무엇보다도 사회윤리에 주목할 필요가 있다. 이것은 기존의 의무론적 윤리설deontological ethics과 목적론적 윤리설teleological ethics을 중심으로 삼아온 윤리적 사고의 구도를 넘어서 윤리적 문제들에 대한 지평을 새롭게 열어준 것으로 평가할 수 있는 매우 중요한 개념이다.

특별히 사회 문제에 대한 사회적 접근이라는 새로운 방법을 주장하였던 니버^{R. Niebuhr}는 개인의 심성에 호소하는 윤리와 사회적이고 제도적인 접근을 새롭게 강조하는 사회윤리학이 구분될 필요성을 역설하였으며, 그의 주장은 기독교 사회윤리학의 든든한 기초를 마련하여 주었다고 평가된다. 니버의 주장이 그의 명저,『도덕적 인간과 비도덕적 사회』^{Moral Man and Immoral Society}를 통하여 가장 분명하게 대변될 수 있다면, 그의 요점은 다음과 같이 정리될 수 있겠다. 즉 개인과 개인의 관계에서는 양심에 호소하는 도덕적 양보와 타협이 가능할 수 있으나, 집단과 집단의 갈등에 있어서는 이른바 집요한 집단이기주의^{collective egoism}로 인하여 제도적이고 구조적인 접근을 통하지 않고서는 분명한 윤리적 문제해결을 기약할 수 없을 것이라는 탁견이 그것이다. [14]

이러한 사회윤리적 착안은 사회적인 문제들, 말하자면 제도적이고 구조적인 접근을 필요로 하는 문제들에 대하여 개인윤리적 사고방식을 연장하여 적용하는 것이 효과적인 대안이 될 수 없다는 점을 확인시켜 준다. 다시 말해 사회 문제에 대한 사회윤리적 접근이라는 새로운 마인드를 심어준 것이라 하겠다. 더구나 여기에서 말하는 사회 문제라고 하는 것은 단순히 대중매체를 통하여 다루어졌다거나 많은 사람들의 관심거리가 되는 문제들을 의미하기보다는 개인의 도덕적 각성만으로는 해결될 수 없는 문제들, 이를테면 분배정의나 국가 간의 분쟁 및 평화의 문제 등 이른바 구조적인 관심을 필요로 하는 문제들이라고 하겠다.

이러한 맥락에서 개인윤리와 사회윤리의 구분에 대해서는 다양한 설명이 가능하겠지만 특히 그 접근방식에 있어서 두드러진다고 하겠다. 개인윤리가 지니고 있는 특성을 간추려 보자면, ① 도덕적 진리나 목적의 실현 또는 도덕적 문제의 해결을 개인의 도덕성, 곧 개인의 의지의 자유와 결단에서만 다룬다는 점, ② 도덕적 문제의 원인을 개인에게서만 찾는다는 점, ③ 개인의 도덕성을 사회적 영역에 연장하여 도덕적 사회적 문제의 해결을 추구한다는 점 등을 들 수 있겠다.

반면에 사회윤리만의 특징적 요소를 요약해 본다면, ① 예측할 수 있는 결과, 특히 사회적 결과를 현실적으로 문제 삼고 추구한다는 점, ② 도덕적 행위나 문제의 사회적 원인social cause을 문제 삼고 그 극복을 추구한다는 점, ③ 사회적 원인의 해결이나 제거를 사회적 정책이나 제도 또는 체제의 차원에서 추구한다는 점, ④ 제도적이고 구조적인 접근을 중심으로 하는 이른바 정치적 방법을 사용하여 윤리적 문제를 다룬다는 점, ⑤ 상황 및 콘텍스트와의 관련성에서 윤리적 문제를 다룬다는 점, ⑥ 사회적 규범과의 관련성에서 윤리적 문제를 다룬다는 점 등을 꼽을 수 있겠다. [15)]

따라서 임신중절의 문제에 대한 기독교 사회윤리학적 접근이란 문제를 환자나 의료인 개인의 도덕적 결단의 문제 또는 신앙고백의 문제로만 국한시키지 않고 사회적 측면까지도 고려하여 포괄적인 해법을 제안하려는 것으로 볼 수 있겠다. 가령 우리는 임신중절을 비롯한 여타의 도덕적 문제들은 근본적으로 사회와 정부의 제도 또는 체제system에 질문을 제기하며, 무엇보다도 다원화의 시대라 일컬어지는 오늘날, 현대의 민주주의사회는 피할 수 없는 가치관의 갈등을 어떻게 해소할 것인가의 문제라고 하였던 주장에 관심을 가질 필요가 있다. [16)] 바꾸어 말하자면, 임신중절의 문제에 숨겨져 있는 생명경시사상에 대한 윤리적 대안을 모색함에 있어서 개인의 도덕적 각성에만 호소하는 단계를 넘어서 사회적이고 제도적인 뒷받침을 통하여 그 적극적이고 통전적인 해법을 모색하여야 한다는 생각을 담고 있다고 하겠다.

가령, 남아선호사상이나 원치 않는 임신의 경우에 해당하는 문화적인 측면이나 임신중절을 요구하는 환자 개인 또는 불법임신중절을 시행하는 의료인의 개인적 부도덕성에 대한 논의에만 머무는 것이 아니라 적극적이고 포괄적인 의미에서 임신중절 문제해소를 위한 공동체적 책임의 문제를 다루는 것이라 할 수 있겠다. 따라서 이러한 논의는 결과적으로 임신중절이라는 주제를 통하여 하나님의 생명주권에 대한 가치를 새롭게 인식하고 그 가치를 고양하기 위한 제도적이고 구조적인 보완에 역점을 두는 새로운 대안을 모색하는 데 연결되고 있다.

포션N. Fortion이 주장한 의료윤리의 과제들과 기독교 사회윤리학적 접근을 접맥시켜 본다면, 다음과 같이 설명될 수 있을 것이다. 포션에 따르면 의료윤리학이 다루어야 할 문제들로서는 다음의 세 가지를 들 수 있다. 첫째는 생명을 다루는 모든 인간관계에서 발생되는 문제들이다. 의료요원상호간의 문제 및 의사와 환자 및 보호자와의 관계에서 발생되는 문제들이 여기에 포함된다. 둘째는 삶과 죽음의 정의에 관한 윤리적 문제들이다. 가령 뇌사의 문제를 포함하여 안락사의 허용 여부에 관한 부분까지를 망라하는 이 분야는 생명을 어떻게 이해할 것인가에 관한 도덕적 관점의 문제라 하겠다. 그리고 세 번째는 의료자원의 배분에 따른 윤리적 문제 혹은 의료정의의 문제라고 할 수 있다. 제한된 의료자원의 효과적인 분배 및 그 수혜자 선정의 기준 등에 관한 논의가 여기에 해당할 수 있겠다.[17]

이러한 요소들 각각은 매우 의미 있는 윤리적 논제들에 속한다. 기독교 사회윤리학적 접근은 이들 요소 각각에 매우 지대한 관심을 가

지면서도 특히 세 번째 항목, 즉 의료자원의 배분에 관한 문제 또는 의료정의의 문제를 더욱 현실감 있게 설명하는 데 유익한 통찰력을 제공해 줄 수 있을 것이다. 그것은 도덕철학에 있어서 롤즈J. Rawls, 노직R. Nozick, 그리고 고티에J. Gautier 등의 정의론에 관한 설명들뿐만 아니라 니버R. Niebuhr의 사회윤리적 착안의 핵심이 되었던 힘과 힘의 견제와 균형을 중심으로 하는 사회정의에 관한 접근을 망라하는 보다 폭넓은 정의론을 바탕으로 이 문제를 설명해 줄 가능성을 가지고 있기 때문이다.

이러한 의미에서 우리가 임신중절에 대한 기독교 사회윤리학적 접근을 규정한다면, 그것은 우선 하나님의 생명주권에 대한 겸허한 신앙고백을 바탕으로 그 사회적 실천을 위한 대안으로 제도와 구조의 문제를 심각하게 고려하되, 이제까지의 모자보건법이나 형법상의 임신중절에 관한 규정들을 정당화한다는 의미가 아닌 보다 적극적인 대안의 필요성에 대한 통찰력을 제시해 주는 데 있다고 하겠다. 이것은 임신중절을 둘러싼 생명경시풍조에 대한 단호한 거부인 동시에 그 발생의 조건들을 최소화시키는 공동체적 책임의 문제에로 연결된다고 하겠다.

먼슨의 주장처럼 임신중절에 관한 논쟁은 법정에서, 거리에서, 대중매체를 통해서, 그리고 강의실에서 계속될 것이 분명하다. 임신중절과 관련된 논제들은 사회적으로 매우 중요한 함축성을 지니고 있지만 그것은 매우 개인적인 것인 동시에 정서상의 문제이기도 하다. 이 문제의 해결은 폭력적 방법이나 과격한 시민운동을 통해 기대할 수는 없다.[18] 오히려 치밀한 논리적 설득, 합리적인 논증과 함께 도덕원리들에 호소하는 노력을 통해 추구되어야만 할 것이며[19] 동시에 사회윤리학적 마인드를 적용하여 보다 효과적인 해결의 제도적 대안을 마련하는 일이 병행되어야만 할 것이다.

　　우리의 논제는 임신중절 그 자체를 무조건 반대하는 대안 없는 반대의 입장을 천명하려는 것이 아니라 이른바 불법낙태로 불리는 뒷골목의 임신중절 및 의료자본주의적 사고방식에 관한 논변이기 때문이다. 이러한 의미에서 기독교는 생명존엄의 가치관을 실현하기 위해 개인적 실천과 공공정책public policy의 측면 두 가지 모두에 노력해야 하며 무엇보다도 임신중절의 문제를 고민하는 여성들의 흔들리기 쉬운 마음을 영적·정서적인 측면에서뿐만 아니라 재정적인 측면을 포함하는 구체적인 분야에서 도와주어야 할 과제를 지니고 있다고 하겠다.[20] 무엇보다도, 저출산을 우려하는 오늘의 맥락에서 긍정적 변화를 위해 종합적으로 고려되어야 할 이슈임에 틀림없다.

1) A. Huxley, *Brave New World*, 이성규·허정애 역, 『멋진 신세계』(범우사, 1989), pp. 31-46.

2) J. S. Feinberg & P. D. Feinberg, *Ethics for A Brave New World* (Wheaton, IL: Crossway Books Co., 1993), p. 8.

3) *Ibid.*, pp. 50-51.

4) Feinberg J. S., & Feinberg P. D., *Ibid.*, p. 57.

5) R. Munson, *Intervention and Reflection: Basic Issues in Medical Ethics* (Belmont: Wadsworth Publishing Company, 1996), p. 64.

6) 인격 개념을 임신중절에 적용한다는 것은 자칫 생명과 인격을 분리시키려는 시도라는 점에 유념할 필요가 있다고 생각한다. 그리고 이 문제에 관하여 필자는 뇌조직의 발달 등에 비록 상당한 시간과 과정이 필요한 것은 사실이지만, 수정란이 개나 고양이가 되지 않고 인간이 될 것이라는 점만큼은 분명하다고 반박하였던 파인버그의 주장이 매우 의미 있는 주장일 수 있다. J. S. Feinberg & P. D. Feinberg, *Ethics for A Brave New World* (Whea ton, IL: Crossway Books Co., 1993), pp. 57-60.

7) T. Beauchamp & L. Walters, *Contemporary Issues in Bioethics* (Belmont: Wadsworth Publishing Co., 1994), 4th ed., p. 271.

8) J. Fletcher, *Morals and Medicine* (Boston: Beacon Press, 1960), pp. 150, 152.

9) P. Ramsey P., "The Sanctity of Life" in *The Dublin Review* (1967), p. 241.

10) S. Hauerwas, *Vision and Virtue: Essays in Christian Ethical Reflection* (Univ. of Notre Dame Press, 1974), pp. 127-165.

11) T. Beauchamp & L. Walters, *Contemporary Issues in Bioethics* (Belmont: Wadsworth Publishing Co., 1994), 4th ed. 그리고 R. Munson, *Intervention and Reflection: Basic Issues in Medical Ethics* (Belmont: Wadsworth Publishing Company, 1996)은 임신중절의 시점에 관한 질문을 다룬 논문들을 일목요연하게 다루고 있다.

12) 이 부분은 구영모 편, 『생명의료윤리』에 게재된 P. Singer의 글(p. 99)에서 재인용하였음.

13) P. Ramsey, "The Morality of Abortion" in *Life or Death: Ethics and Options* (Seattle: Univ. of Washington Press, 1968), pp. 60-93.

14) 니버를 중심으로 하는 사회윤리학적 통찰을 가장 잘 소개하고 있는 국내문헌으로는 대표적으로 고범서, 『사회윤리학』(나남 커뮤니케이션, 1993)과 한국기독교사회윤리학회의 『기독교사회윤리』 창간호(1999)를 참고하기 바람.

15) 고범서, 『사회윤리학』(나남 커뮤니케이션, 1993), 33-53면.

16) E. Tivnan, *The Moral Imagination: Confronting the Ethical Issues of Our Day* (NY: A Touchstone Book, Simon & Schuster Co., 1995), p. 12.

17) Fotion N., 김일순 역, 『의료윤리』(현암사, 1993) 38면 이하를 참고할 것.

18) 가령 1973년의 유명한 로우 대 웨이드(Roe v. Wade) 판결에 자극을 받아 무고한 인간생명을 앗아가는 임신중절의 예방을 위하여 기독교를 중심으로 하는 생명옹호운동이 지속적으로 전개되었으며 그중에서 시민불복종의 형태로 나타난 운동들 가운데 수술구조대(Operation Rescue)는 과격한 시민운동으로 치달은 가장 대표적인 예라 하겠다.

19) R. Munson, *Intervention and Reflection: Basic Issues in Medical Ethics* (Belmont: Wadsworth Publishing Company, 1996), p. 53.

20) J. J. Davis, *Evangelical Ethics: Issues facing the Church Today* (Phillipsburg, New Jersey: 1993), p. 142.

8

'Organ Donation',
왜 쉽지 않은가?

교회와 교단들이 장기기증 운동을 통해 상당한 결실을 맺고 있다는 점은 크게 환영할 만한 일이다. 포스트모던 사회에 두드러진 '안티-기독교'의 시기에 그리스도의 사랑을 실천하여 교회의 참모습을 알리는 아름다운 일이기 때문이다. 물론, 일부에서 장기기증을 꺼려하는 목소리도 없지 않지만, 전반적으로 장기기증이 사랑의 실천이요 생명을 살리는 운동이라는 인식이 자리를 잡아가고 있다는 것 자체는 의미 있는 일이다. 이를 통해 기독교의 생명사랑, 생명존중의 정신이 인식되고 확산되기를 기대한다.

사실, 장기기증의 필요성은 우리주변에 질병으로 고통받는 환우들을 생각할 때 충분히 공감할 수 있는 대목이다. 게다가 장기매매의 불법이 여전히 기승을 부리고 있으며 심지어 중국원정길에 오른 장기이식에서 심각한 부작용 등으로 생명의 위협을 받기도 한다는 보도들은 장기기증이 활성화되어야 할 이유를 대변해준다. 이러한 의미에서,

생명존엄의 가치와 생명사랑의 실천을 위한 장기기증을 권유하는 것은 시의적절할 뿐 아니라 사랑의 실천을 위한 노력이라고 하겠다.

하지만 장기기증의 릴레이가 아름답고 선한 일에 속한다고 해서 덮어놓고 장기기증 그 자체를 절대시하는 것은 문제가 있어 보인다. 가령, 기증자 자신의 후유증으로 또 다른 고통을 야기하는 경우, 그리고 가족의 고통으로 다가오는 경우에 그들에 대한 돌봄의 문제가 충분히 고려되어야 한다. 또한 장기를 이식받는 환우의 시술비용의 부담 역시 사회적 차원에서 검토되고 뒷받침되어야 할 대목이다.

요컨대, 장기기증은 어느 한 면만 볼 것이 아니라 종합적인 안목으로 이해하고 접근해야 할 주제이다. 이는 장기기증을 문제시하자는 뜻이 아니다. 장기기증이 고통받는 이웃을 위한 사랑의 실천이라는 점에서 소중한 의미가 있지만, 그 서약과 실천의 모든 과정은 윤리적으로 정당화될 수 있는 조건을 따라 시행되어야 한다. 생명사랑과 생명존중이라는 선한 목적에 상응하는 충분하고도 적절한 접근을 통해서라야 그 본래적 취지가 더욱 올바로 구현될 것이기 때문이다.

뇌사자 장기기증의 윤리적 조건

개념상 장기이식과 장기기증은 일정한 구분이 있다. 장기이식 Organ Transplants은 신체의 일부 조직 또는 장기의 파손된 기능을 대체할 목적으로 본인의 조직이나 타인의 장기 등을 이식하는 시술이다. 가령 골

절치료를 위해 자신의 뼈나 혈관 및 힘줄을 이식하는 것을 자가이식이라고 한다. 그리고 타인의 것을 이식하는 경우를 동종이식이라고 하며 동물로부터의 이식을 이종이식이라고 한다. 이렇게 본다면, 장기이식은 가치판단에 해당하는 것이라기보다 일종의 의료기술상의 개념이다.

이와는 달리 장기기증Organ Donation은 일종의 윤리적 개념이다. 타인의 치료를 목적으로 자신의 장기 등을 자발적으로 제공한다는 의미에서 장기매매와 분명하게 구별된다. 장기기증의 활성화는 장기매매를 통한 생명가치의 포기를 근절할 대안이 될 것이다. 그리고 장기이식이 의료기술의 발전에 따라 그 범위가 확대될 수 있는 것이라면, 장기기증은 생명사랑을 위한 자발적 헌신을 통해 활성화될 수 있을 것이다.

우리의 현실은 장기기증의 활성화를 기다리는 형편이다. '목숨 건 중국행, 출처 없는 장기이식으로 사망피해 속출'이라는 기사는 우리를 안타깝게 한다.[1] 관련기관에서는 '장기기증의 날'을 제정하고 의료기관 중심의 장기구득기관OPO: Organ Procurement Organization의 운영계획을 발표했고,[2] 운전면허증에 기증희망 사실을 표시하는 등 기증자에 대한 지원을 모색하겠다고 한다. 뇌사자 가족의 장기기증 신청을 기다리는 수동적 상태에 머물지 않고 장기기증을 활성화하겠다는 의지의 표현인 셈이다. 이러한 모습들은 장기구득이 쉽지 않은 우리의 현실을 반증한다.

법률에 따르면, '장기 등 기증자'는 다른 사람의 장기 등의 회복을 위하여 대가없이 자신의 특정한 장기 등을 제공하는 자를 말한다.[3] 그리고 장기이식을 위한 기증자는 크게 두 부류로 나눌 수 있다. '살아있는 자'와 '뇌사자'이다.[4] 윤리적 관점에서 볼 때, 살아있는 자의 장기이식 즉 생체장기이식은 엄격한 조건을 따라 한정적으로 이루어져야 하고 장기의 매매는 철저하게 금지되어야 한다. 그리고 뇌사자 장기기증의 경우, 당사자의 자유에 입각한 분명한 의사를 확인하기 어렵다는 점에서 윤리적 성찰이 필요한 대목이다.

특히 '뇌사자'의 장기기증과 관련된 몇 가지 조항들을 세부적으로 살펴보고자 한다. 장기 등 이식에 관한 법률에 따르면, '뇌사자'란 뇌사판정기준 및 뇌사판정절차에 따라 뇌 전체의 기능이 되살아 날 수 없는 상태로 정지되었다고 판정된 자를 말한다. 뇌사의 판정은 전문의사 3인을 포함한 6인 이상 10인 이하의 위원으로 구성된 '뇌사판정위원회'를 통해 이루어진다.[5] 위원회는 전문의사인 위원 2인 이상을 포함한 재적위원 과반수의 출석과 출석위원 전원의 찬성으로 뇌사를 판정한다.[6]

물론, 뇌사자 장기이식에 관한 이러한 현행법의 규정이 그 자체로 완벽한 것도 아니고 윤리적 성찰을 면제받을 수 있는 것도 아니다. 다만, 현행법에서 뇌사를 합법화하고 뇌사자로부터 장기를 적출할 길을 열어두고 있다는 점에서 우리는 뇌사자 장기기증의 문제에 윤리적 성찰을 게을리 할 수 없다. 따지고 보면, 뇌사자 장기이식은 '뇌사'와 '장기이식'이라는 두 개념이 연관되어 있고 '장기기증'은 그 필수요건이다. 특히 뇌사를 죽음으로 인정해야 하는가를 둘러싼 논쟁은 여전히 윤리적 결단과 선택에서 중요한 몫을 차지하고 있다. 윤리학자들 사이에는 뇌사의 개념이 소개되던 때부터 뇌사 그 자체에 대한 상당한 윤리적 논쟁이 있어왔다. 그중에는 뇌사를 죽음으로 볼 것인가에 관한 논쟁에서 영혼의 존재 여부를 묻는 신학적 질문도 있었고, 죽음의 한 과정으로 이해되어야 한다는 주장도 있다.

특히 뇌사의 범위가 모호해지거나 느슨해질 경우, 장기의 적출뿐아니라 다양한 의도에서 생명의 존엄을 훼손하는 결과를 낳을 수 있다.

가장 위험한 것은 뇌사의 문제를 실용적 관점에서 접근하여 뇌사의 범위를 확대하려는 시도이다. 특히 장기이식을 위한 장기구득에 집착하여 윤리적 성찰도 없이 오판할 가능성이 있다. 게다가 식물인간이나 의식불명의 중환자까지 법률적인 사망자로 판정할 가능성도 경계해야 할 것이다.

▬ '추정동의'와 '생전유언'

장기이식이라는 '의료기술'은 장기기증의 '윤리'와 연관되어야 한다. 우리가 유의해야 할 것은 장기이식의 가능성을 현실화한 의료기술의 발전으로, '뇌사'와 '장기이식', 그리고 '장기기증'을 의심의 여지없이 자연스럽게 연계시키려는 경향이다. 게다가, 얼핏 보기에 장기기증은 '기증'donation이라는 단어가 지니고 있는 긍정적 이미지로 인해 그 자체로 윤리적 논쟁의 여지가 없는 것처럼 보이기도 한다. 그러나 장기기증이 정당화되기 위해서는 생명윤리를 통해 충분히 검증되고 그 윤리적 조건이 다루어져야 한다. 윤리적 정당성을 얻은 장기기증을 통해 생명 존중과 생명 나눔을 활성화시킬 수 있을 것이기 때문이다.

우리가 특히 관심을 가지는 것은 장기이식을 전제로 하는 뇌사자 장기기증의 과정에 대한 윤리적 정당화의 문제이다. 뇌사자 장기기증은 생명을 살리는 일이기 때문에 무조건적인 의무라고 잘라 말하는 것은 옳지 않다. 그것이 윤리적인 것이 되기 위해서는 올바른 의도와 목적, 그리고 정당한 절차를 통해 정당화되어야 한다. 무엇보다 '동의'同意는 장기기증을 정당화는 가장 중요한 개념이다. 이는 의료윤리학자들이 말하는 생명의료윤리 4대 원칙, 즉 자율성 존중의 원칙, 선행의 원칙, 악행금지의 원칙, 정의의 원칙 중에서 첫 번째에 해당한다. 특히 고지된 승낙_{또는 정보에 기초한 동의, informed consent}이라는 개념은 자율성 존중의 원칙을 분명하게 설명해 준다. 환자에게 충분한 정보를 제공하고 그의 자율성에 기초한 동의가 있는 한에서 의료행위는 정당성을 얻을 수 있다는 것이다.[7] 장기기증에 관해서도 예외일 수 없다.

문제는 뇌사자의 경우, 그 의사를 확인할 길이 쉽지 않다는 점이다. 여기에서 중요한 질문이 제기된다. '뇌사자의 장기적출에 관한 동의 여부를 어떻게 확인할 것인가?' 특히 장기를 제공하는 당사자의 명시해놓지 않은 경우가 문제이다. 뇌사자가 평소 자신의 장기적출에 대해 명시적인 동의서나 언급이 없었을 경우, 장기를 적출하는 것은 타당한가? 현실적으로, 외국의 경우들에 비해 우리나라에는 뇌사 상태에 빠진 사람이 평소에 명시적으로 장기적출에 대한 동의서를 남겨둔 경우가 드물다는 것이다. 이는 우리에게 중요한 윤리적 질문을 던진다. '과연 누가 어떻게 결정할 것인가?'

현행 법률은 장기를 적출하는 조건으로, 동의에 관하여 일정한 절차를 규정하고 있다. 장기 등의 기증에 관한 동의는 본인의 동의, 즉 본인이 서명한 문서에 의한 동의 또는 민법의 유언에 관한 규정에 의한 유언의 방식에 의한 동의를 요구한다.[8] 여기에 본인이 뇌사 또는 사망 전에 장기 등의 적출에 동의 또는 반대하였다는 사실이 확인되지 아니한 경우로서 그 가족 또는 유족이 장기 등의 적출에 동의한 경우라는 규정도 있다.[9]

문제는 생전유언_{living will}에 명시되지 않은 경우, '뇌사자가 생전에 장기적출에 대한 명시적 반대를 한 경우'를 제외하고는 필요한 장기를 적출할 수 있도록 길을 열어두고 있다는 점이다. 이것은 본인의 명시적

동의가 없었다 하더라도 유족들의 동의로 장기적출을 가능하게 하자는 취지에서 나왔을 것이다. 그러나 법률의 조항을 음미해 본다면, '누군가의 자유를 대리한다는 것 자체도 문제인데, 누군가의 동의를 이렇게 광범위하게 인정하는 것이 과연 타당한가?'를 묻게 될 정도이다.

이와 관련해 생각해 봐야 할 것은 이른바 추정동의推定同意, Presumed Consent라는 개념이다.[10] 이것은 장기기증자가 자신의 행위가 어떠한 것인지를 잘 알고 있는 상태에서 자유로운 동의를 해야 마땅하겠지만, 그렇지 않은 경우들을 대비한 접근법이다. 특히 유족에 의한 추정동의는 일종의 법률적 대안인 셈이다. 현실적으로 뇌사자 장기기증이 대부분 유족에 의한 추정동의가 필요한 경우들이라는 점에 비추어 본다면, 추정동의를 내리는 유족들에게 생명존엄의 인식과 책임의식이 절실한 대목이다. 추정동의와 관련하여 두 가지 정도 고려해야 것이 있다.

첫째, 뇌사자 장기기증은 생명존엄을 위한 결단으로 인식되어야 한다. 가령, 뇌사자를 바라볼 때, '시간이 흐를수록 장기기증도 못할 상태에 이를 것이 분명하므로 장기기증이라도 서둘러야 한다'는 식의 접근방법은 재고되어야 한다. 이는 일종의 생명에 관한 우열의식이 작용한 것이기 쉽다. 우리가 망각하지 말아야 할 것은 본질적으로 인간은 어떠한 경우에도 단지 유용한 장기를 지닌 신체로 간주되어서는 안 된다는 점이다.

우리는 여기에서 인간 생명을 하나님의 선물이요 위임이라는 측면에서 책임의 중요성과 함께 생명의 '신성성'Sanctity을 강조하였던 램지 P. Ramsey의 관점들을 상기할 필요가 있다.[11] 인간생명은 그 어떤 이유에서든 의학적 효율성에 매몰되거나 그것에 의해 위협받아서는 안 된다는 것이다. 또한 구스타프손J. Gustafson이 창조의 전 과정을 주관하시는 하나님의 섭리에 대한 경건piety에 입각하여 생명에 대한 청지기적 책임을 말했던 부분을 기억해야 한다.[12] 우리가 확신하기로, 생명은 하나님의 선물이요 위탁된 것이다. 비록 뇌사의 상태에 처한다고 하더라도 여전히 존엄한 존재라는 전제에서 접근해야 한다. 유용성 또는 효율의 관점에서 이식용 장기구득求得의 간소화와 극대화를 위한 수요공급의 문제에만 집착하게 된다면 이는 생명존엄의 관점에서 극히 경계해야 할 대목이다.

둘째, 추정동의를 내려야 하는 유족들의 고통과 슬픔까지 고려하여 매우 신중하고도 책임적인 접근이 필요하다. 그리고 뇌사자 장기기증에 따른 유족의 부담을 사회가 지탱해 주어야 할 것이다. 이를 위해 장기기증을 숭고한 사랑의 실천으로 격상시킬 조처들이 필요하다. 법률에 이와 관련된 부분들이 일부 반영되고 있다는 점은 매우 고무적이다. 법률에 따르면, 국가는 예산의 범위 안에서 장기 등 기증자 및 그 가족 또는 유족에게 장례비, 진료비 및 위로금을 지급할 수 있다.[13] 그리고 장기 등의 적출 및 이식에 소요되는 비용은 해당 장기를 이식받은 자가 부담한다고 되어 있다.[14] 그러나 이는 유족이 떠맡은 부담 중 경제적 측면만을 고려한 것으로서, 무엇보다도 유족의 영적이고 정신적인 고통을 충분히 지탱할 수 있어야 한다.

이러한 의미에서, 우리는 하우어워스의 권고를 응용할 필요가 있다. 그에 따르면, 의술에는 고통당하는 자들에게 꼭 필요한 처치법과 시술의 근원적 원천으로서의 교회가 필요하다. 의술만으로는 고통당하는 자들과 함께할 수 없으며, 하나님의 임재 없이는 불가능하다는 의미이다. 인간의 고통에 관한 대처에 있어서 의료만으로는 족하지 않으며, 병원이 진정한 의미에서 사랑의 집a house of hospitality이 되기 위해 고통받는 자와 함께하는 일에 익숙한 교회공동체를 파트너로 삼아야 한다는 것이다.[15] 이러한 돌봄care의 공동체로서 교회의 역할은 뇌사자 장기기증의 유족들에 대해서도 마찬가지일 것이다. 극단적 고통 속에 놓여있는 그들을 돌보는 일care에 신앙공동체만큼 적임자는 없기 때문이다.

한 걸음 더 나아가, 윤리학적 관점에서 가장 바람직한 것은 이러한 추정동의보다 생전유언의 활성화이다. '추정동의推定同意'에서 '생전유언生前遺言'에로 그 중심을 옮기는 노력이 시작되어야 한다. 이를 위해서는 장기기증에 대한 윤리의식이 일상화되어야 한다. 여기에서 말하는 윤리의식의 일상화란 장기기증을 덮어놓고 찬성하자는 뜻이 아니다. 뇌사와 장기기증에 관련된 윤리적 사고ethical thinking의 훈련이 필요하다. 뇌사라는 극단의 상황을 맞이했을 때를 가정하여 평소에 충분한 정보와 자유의지에 따라 결단하고 그 뜻을 표명해야 한다는 말이다. 또한 추정동의가 필요한 상황을 맞이한 유가족에게도 충분한 정보와 자유에 따른 결정의 기회를 보장해 주어야 한다.

이러한 맥락에서, 우리는 생명윤리의 첫 번째 원칙인 자율성에 대한 존중이 뇌사자 장기기증에서도 윤리적 기준으로 적용되어야 한다는 점을 상기할 필요가 있다. 유족에 의한 추정동의에 이르기 전에 자발적인 기증의사를 표현할 수 있는 건강한 상태에서 장기기증을 서약하는 것이 가장 의미 있는 일이라고 할 수 있다. 특히 생전유언living will은 인간의 자유의 표현이요 자발적 기증의 근거이다. 특히 생전유언을 통한 동의는 장기기증의 윤리적 정당화에 매우 중요하다. 장기기증에서 동의를 중요시하는 것은 장기의 매매를 강력하게 거부한다는 의미이며 동시에 장기기증을 숭고한 윤리적 행위이자 사랑의 실천으로 격상시키는 중요한 의미가 있기 때문이다.

　　장기기증은 어떠한 경우라도 기증자의 자유로운 의지가 존중되어야 하며, 가족의 동의도 존중되어야 한다. 만일, 뇌사자의 가족이 소속된 교회나 단체의 분위기 또는 주변사람들의 강력한 권유에 못 이겨 장기기증을 서약한다면, 그것을 윤리적으로 정당화하기는 어렵다. 뇌사라는 극단의 상황에서 당사자의 뜻은 확인할 수 없을지라도 유가족의 아픈 마음과 심리적 공황을 지탱할 어떤 조치도 없이 사회의 흐름과 관행에 따라 장기구득에만 집착하는 일은 옳지 않다.

　　또 한 가지 잊지 말아야 할 것은 내가 기증을 옳게 생각한다고 모두를 그렇게 하라고 강요할 수는 없다는 것이다. 자발적인 결정이 내려질 수 있도록 자료를 제공하고 계몽하는 것 까지는 의미가 있으나 자칫 캠페인을 넘어 강요하는 분위기를 만든다면 정당화될 수 없을 것이다. 염려스러운 것은 한국 교회가 그동안 지탄받아온 물량주의적 잔재를 벗어나지 못하고 '우리 교회에서는 100% 장기기증 서약이 이루어졌다'는 식의 성과위주의 사고방식을 장기기증운동에도 적용하지나 않을까 하는 점이다.

　　교회별 서약자의 비율이나 인원수가 중요한 것이 아니다. 윤리적으로 정당화될 수 있어야 한다. 충분한 설명에 기초한 자발적인 결정이 존중되어야 한다. 게다가 장기기증을 주저하거나 쉽게 결정을 내리지 못하는 성도들을 몰아세우는 일이 있어서는 안 될 것이다. 그 일은 아름답고 숭고한 일이기에 분위기에 휩쓸려 순간적으로 결정되기보다는 신중하고 자발적인 선택의 결과이어야 더욱 빛날 것이다. 어떠한 형태로든 장기기증을 요구하는 압력이 가해져서는 안 되며, 생명존중의 책임의식과 생명사랑의 실천의식에서 자율적 결정에 따라 이루어져야 한다.

교회에서의 장기기증 서약은 는 하나의 이벤트가 아니라 장기적인 목회계획에 따라 신중하고도 종합적으로 접근되어야 한다. 몇 번의 설교나 몇 주간의 주보광고, 그리고 교회에 걸린 현수막이나 포스터만으로는 충분하지 않다. 장기기증 서약의 취지에 대한 설명이 상당기간 전략적으로 추진되어야 한다. 그리고 참여자 퍼센트를 따지는 실적위주의 관점보다 의료인과 윤리학자 등 전문가를 통해 성도들의 장기기증을 위한 소양교육을 거쳐 윤리적 정당성을 얻을 수 있는 캠페인으로 격상시키는 것이 바람직하다. 또한 성도들 본인이 결단했다 하더라도 그 즉시 서약서를 작성하는 것보다 그 가족의 이해와 동의를 구할 수 있도록 상당한 준비기간을 두는 것도 필요하다. 실제로, 장기기증 서약자 중에 장기기증에 응하는 비율이 의외로 저조하다는 이야기는 장기기증 서약이 목회자의 종합적인 통찰과 장기적인 목회 플랜에 의해 구체적으로 준비되어야 함을 반증하는 것이라 하겠다.

한 가지 더 제안하자면, 아직 장기기증을 위한 마음의 준비가 필요한 성도들을 위해 헌혈이라는 대안을 병행해야 한다. 두말할 필요 없이 헌혈 역시 아름답고 숭고한 사랑의 실천이다. 물론, 헌혈 경험이 곧 장기기증 서약으로 이어지는 것은 아니겠지만, 헌혈도 신체의 일부를 기증하는 것이라는 점에서 장기기증 서약의 가능성을 높이는 과정인 동시에 생명사랑, 생명 나눔을 위한 실천의지를 제고하는 중요한 의미가 있기 때문이다.

분명, 생명을 살리는 가치 있고 소중한 일에 동참하는 것은 아름다운 일이다. 한국 교회가 장기기증에 남다른 관심을 가지고 적극 참여하고 있다는 것은 홍보의 목적을 넘어 본질적으로 생명존중과 생명사랑의 표현이 되어야 한다. 그것은 예수 그리스도께서 자신을 바쳐 모든 인류를 구속하신 위대한 사랑의 실천이요 우리 시대의 기독교가 기꺼이 떠맡아야 할 윤리적이고 선교적인 사명이다. 이러한 의미에서 장기기증을 통한 사랑의 실천이 안티시대의 한국 교회를 위한 면피용 이슈가 아닌 진정한 사랑의 실천으로 격상되어야 한다.

이를 위하여 윤리적 정당성을 확보하는 일과 생명문화의 변혁을 위한 노력은 지속적으로 추진되어야 한다. 만일, 장기기증 서약이 하나의 '업적'으로 간주된다면, 이는 또 하나의 자기의 Self-righteousness에 지나지 않을 것이며, 홍보용 이벤트로 전락하는 것인지도 모른다. 한국 교회가 참여해야 할 장기기증 서약은 뇌사자 장기기증을 포함하는 모든 경우에 생명존중의 문화를 만들어가는 진정한 시발점이 되어야만 할 것이다.

뇌사자 장기기증의 문화적 과제

장기기증에 관한 이야기들은 그 특성상 찬반을 가르는 학문적 논쟁보다는 문화의 문제가 핵심이 아닐까 싶다. 큰 틀에서 볼 때, 죽음의 문화를 넘어서는 생명문화의 구현과 연관되어야 한다. 두말할 필요도 없이, 장기구득으로 표현되는 정책 슬로건보다는 장기기증의 자발적 활성화가 적합한 방안이다. 그리고 이와 더불어 생명존중의 문화를 더 두텁게 해야 하는 과제가 있다. 장기기증의 활성화는 결국 생명사랑, 생명존중의 틀 안에서 접근되어야 하는 것이기 때문이다.

　　이러한 의미에서, 우리는 한국 교회가 처한 복합적인 생명문화의 한 단면에 유의할 필요가 있다. 특히 '꺼림'으로 표현된 문화에 대한 심층적 접근이 필요하다.[16] 뇌사의 인정도 꺼려하고 장기기증도 꺼림칙하게 생각하는 문화가 그것이다.[17] 어떤 조사에 따르면, 장기기증에 대한 반대이유로 장기이식에 대한 두려움이 31.0%, 부모에게 물려받은 소중한 몸이라서가 28.7%에 달한다고 한다.[18] 이와 관련하여, 혹자는 한국인이 뇌사자의 장기나 안구이식을 두고 서양 사람들과 다른 양상을 보이는 것은 유교적 신체관이 한국인의 무의식층에 자리 잡고 있다고 말하기도 한다.[19]

　　또한 생명윤리에 관한 접근을 문화권의 특징과 연관 지어 설명하려는 시도에도 관심을 가질 필요가 있다. 생명의료 문제의 해결을 위한 원리들을 각국의 문화적 배경과 관련하여 찾아보자는 것이다. 서양의 윤리적 사유가 지니고 있는 통찰도 중요하지만, 각 문화권의 특징들을 반영해야 한다는 주장이다. 이것은 문화상대주의를 옹호하자는 이야기가 아니라 구체적인 윤리 문제에 대한 이해에 있어서 민족적·문화적 배경을 충분히 고려해야 한다는 취지인 듯싶다.

　　이러한 맥락에서, 한국인의 생명문화가 오랫동안 아시아적 가치관의 중심에 있던 유교문화의 특성을 지니고 있음을 고려해야 할 필요가 있다.[20] 예를 들어, 서양에서는 자율성 존중의 원칙에 무게를 두지만 동양에서는 선행의 원칙이 더 우선되어서 환자에게 진실을 밝히지 않는 것이 환자를 위한 것으로 생각하는 경우도 있다. 그리고 가족중심적인 의식구조와 사후세계에 대한 믿음과 같은 요소들도 고려될 수 있을 것이다.

　　뇌사자 장기기증에 관한 추정동의를 내리는 과정에 신체훼손을 꺼려하는 것을 아시아적 가치관에 있어서 효의 덕목으로 표현하는 경우도 여기에 해당할 듯싶다. 그리고 뇌사에 대해서도 '소생 가능성'에 대한 믿음이 작용하거나 심장과 호흡의 정지를 죽음의 기준으로 보는 것 등은 바로 이러한 맥락에서 이해될 수 있다. 한국인이 자신의 신체에 대한 사후훼손을 꺼려하는 것 역시 유교문화의 영향일 가능성이 크다. 신체보전을 효의 덕목에서 이해하는 것도 그렇다. 그리고 유교에서 삶과 죽음을 육신과 영혼의 결합 및 이탈로 규정하고 영혼이 일정기간 동안 세상에 남아 있다가 소멸된다는 식의 사고방식이 신체훼손을 꺼려하는 또 다른 이유일 수 있겠다.

이러한 관점에서 본다면, 뇌사를 의학적 죽음으로 인정하지만, 이러한 의학적 죽음은 전통상례에서 죽음의 인정과 정면으로 배치된다. 심지어 『예기』禮記는 '3일이 지난 후에 염을 하는 것은 ^(죽은 사람이) 살아날 것을 기다리는 것'이라고 말할 정도이다.[21] 이것은 숨짐과 탈혼을 확인한 후에도 여전히 죽은 사람이 다시 살아날 수 있다는 미련을 못 버리는 데서 비롯된 것이다. 역설적으로 이러한 믿음과 기다림 속에서 육체를 구성하는 세포의 부패, 즉 세포사細胞死까지도 확인하겠다는 심사를 읽을 수 있다는 주장도 있다.[22]

이러한 주장들을 참고해 보면, '꺼림'으로 표현되는 한국적 생명문화가 교회 안에서 어떻게 투영되고 있는지에 대해서도 깊이 있는 조사와 연구가 필요하다. 특히 유교적 영향의 의의와 한계를 심층적으로 성찰하고 신학적 대안을 마련하는 작업이 착수되어야 하리라 본다. 게다가 우리의 성서해석에 있어서, 내세에 대한 신앙에 있어서 과연 아시아적 토양으로부터 완전히 자유로운 상태인지 복음적 개혁신학의 관점에서 검토해야 할 것이다.

그런가하면, 뇌사자 장기기증에 관련된 한국인의 의식을 보여주는 흥미로운 조사를 참고할 필요도 있다. 뇌사자 장기기증의 문제는 '본인 뇌사 시 장기기증 의사'와 '가족 뇌사 시 장기기증 의사'를 나눌 수 있다. 어느 통계연구에 따르면,[23] 장기기증에 영향을 미치는 요인의 경우 조사대상자 본인의 장기기증 의사에 영향을 미치는 변수로는 결혼 상태, 가족의 장기기증 의사, 사후 신체훼손에 대한 거부감, 장기이식술에 대한 인식 등으로 나타났다. 미혼인 경우가 사별, 이혼, 별거 중인 사람들에 비해, 가족이 뇌사 시 장기기증 의사가 있는 사람들이 그렇지 않은 사람들에 비해, 사후 신체훼손에 대한 거부감이 낮은 사람들이 그 반대의 경우에 비해, 장기이식술에 대한 인식이 높은 사람들이 낮은 사람들에 비해 본인의 장기를 기증할 의사가 더 높은 것으로 나타났다.

가족이 뇌사 상태일 경우, 가족의 장기기증 의사에 영향을 미치는 변수로는 가구소득, 뇌사에 대한 지식, 뇌사수용도, 장기이식술의 필요성, 본인의 장기이식 의사로 나타났다. 월 소득이 낮은 사람이 높은 사람에 비해, 장기이식술이 필요하다고 생각하는 사람들이 그렇지 않다는 사람들에 비해 장기기증 의사가 높게 나왔다. 특이한 것은 일반적 기대와는 다른 결과도 나왔다는 점이다. 뇌사에 대한 지식이 있는 사람들이 없는 사람들에 비해, 뇌사를 사망으로 수용하는 사람들이 그렇지 않은 사람들에 비해 장기기증 의사가 낮은 것으로 나타났다고 한다.

이러한 통계는 뇌사자 장기이식의 문제가 그리 단순한 것만은 아니라는 사실을 다시 한 번 상기시켜 준다. 장기기증이 활성화되기 위해서는 구호나 설득으로 끝날 것이 아니라 종합적이고 통전적인 관점이 요구된다는 점을 보여주는 대목이다. 요컨대, 뇌사자 장기이식은 매우 복합적이다. 무엇보다도 생명과 죽음에 관한 관점 및 신체에 관한 관념

등 생명에 관한 문화적 요소가 충분히 고려되어야 한다. 뿐만 아니라 뇌사자 장기기증을 둘러싼 경제적·사회적 요소 등에 관한 심층적인 이해와 통찰이 필요하다.

이러한 의미에서, 한국 교회는 뇌사자 장기기증의 문제를 비롯한 한생명문화의 변혁을 위한 노력에 본격적으로 관심을 가져야 할 시점에 있다. 일찍이 니버 H. R. Niebuhr가 문화연구의 전형이 된 문화의 변혁을 요구했던 것처럼, 생명문화의 변혁을 위한 한국 교회의 노력이 구체화되어야 한다.

만일 한국인의 생명의식과 문화가 복음적 가치에 합당하지 않다면 그것을 어떻게 복음적으로 변혁시킬 것인가에 관하여 심층적인 논의가 필요하다. 또한 목회현장에서 어떤 노력들을 경주해야 하는지를 가이드 할 수 있는 구체적인 실천방안도 제시되어야 한다.

예를 들어 유교적 신체관을 비롯한 한국인의 심성에 뿌리내린 생명에 관한 인식들을 복음의 관점에서 재조명하고 그 대안을 제시하기 위한 노력이 이어져야 한다. 그리고 가족의 뇌사라는 극단의 슬픔과 고통을 경험하는 사람들을 위한 심층적인 접근대책이 마련되어야 한다. 그들의 추정동의가 윤리적 정당성을 가진 뇌사자 장기기증으로 이어져 생명 나눔을 실천할 수 있도록 사려 깊은 접근이 요구된다.

이를 위해 교단 차원의 연구와 진흥책이 마련되는 것이 좋겠다. 교단이 앞장서서 한국인의 생명문화를 심층적으로 연구하게 하고 그것을 복음적 생명문화로 변혁시키기 위한 다각적인 노력으로 이어지게 해야 한다. 이를 통해 신학의 여러 분야에서 이에 관한 종합적이고 학제적인 논의들이 이루어져야 하고 목회현장의 목소리 또한 충분히 반영되는 과정들이 반복되고 지속되어 상당한 연구결과들이 축적되기를 기대한다. 나아가 목회자와 신앙인 모두에게 생명존엄에 대한 통찰이 정립되어야 한다. 이러한 의미에서, 장기기증 서약도 중요하지만 서약 그 자체보다 생명문화의 변혁이라는 큰 틀에서 접근한다는 올바른 안목을 가져야 하고 윤리적 정당성을 따른 장기기증에 관한 성찰이 필요하다.

따라서 장기기증에 대한 확신과 윤리적 정당화가 선행되어야 하며 생명 나눔을 위한 마음의 준비가 요청된다. 이는 '뇌사를 전제로 하는 장기기증 서약' 또는 '가족의 뇌사에 따른 장기기증의 추정동의'를 포함하여 삶과 죽음에 관한 통전적인 성찰과 연계되어야 할 것이다. 이러한 노력들을 배경으로 장기기증 서약이 추진된다면 이는 한국 교회가 생명존중과 생명사랑의 공동체임을 보여주는 중요한 통로가 될 것이며, 진정한 섬김의 실천을 위한 장場이 될 수 있을 것이다. 잊지 말아야 할 것은 장기기증을 윤리적으로 담보함에 어서 또 하나의 자기의自己義로 흐르지 않도록 주의해야 한다는 것이다. 장기기증을 통한 생명 나눔의 선교는 업적이나 홍보를 위한 자랑이 아니라 이미 받은 하나님의 사랑에 대한 응답이요 사랑의 실천이기 때문이다.

1)　『국민일보』 2006년 5월 16일자 보도 참고.

2)　『연합뉴스』 2005년 11월 4일자 보도 참고.

3)　「장기 등 이식에 관한 법률」(법률 제8008호, 2006.9.27 개정) 제3조 2항.

4)　동법, 제3조 4항.

5)　동법, 제14조.

6)　동법, 제16조.

7)　T. Beauchamp & J. F. Childress, *Principles of Biomedical Ethics* (Oxford Univ. Press, 1994), 4th ed., p. 38.

8)　동의에 관여하는 유족의 범위와 그 권한은 「장기 등 이식에 관한 법률」과 「민법」 등 소정의 절차를 따라 규정되어 있다.

9)　동법 제18조. *수술이 시작되기 전 까지는 언제든지 장기 등의 적출에 관한 동의의 의사표시를 철회할 수 있다는 규정도 있다.

10)　참고로, 생명윤리 분야에서 강경한 보수적 입장을 견지하는 가톨릭에서는 추정동의에 관한 논의 역시 상당부분 진전되어 있다. 이동익은 추정동의와 관련하여 반성의 원리(뇌사자가 생전에 명시적 동의를 하지 남기지 상태에서, 만일 당사자라면 이웃의 선(善)과 윤리적 상위가치의 실현을 위해 장기 적출을 동의했을 것이라고 추정하되, 그 반대 입장이 증명되지 않는 한 장기 적출은 윤리적으로 가능하다는 추정적인 결론을 내릴 수 있다는 것. 가령 생전에 사회봉사에 열심히 참여했던 사람일 경우 추정동의의 가능성이 높아진다고 할 수 있음), 개연론(蓋然論, Probabilsm, '의심스러운 문제에 있어서는 자유롭게 선택하라'(in dubio libertas)는 원칙을 활용하는 것으로서, 뇌사자 본인이 생전에 장기적출에 대한 반대를 하지 않았다는 사실을 고려하여 뇌사자 등 사망자의 유족들에게 어떤 선택이 하나님의 뜻에 더 적합한가를 선택할 가능성에 무게를 둔다는 것), 그리고 선택의 원리(가치선택의 질서를 따라 공동선, 행위적합성, 성사가능성, 긴박성 등의 고려요소를 포함하여 추정동의에 이를 수 있다는 것. 예를 들어 뇌사자가 다른 사람의 생명을 살리는 매우 고귀한 가치의 실현을 위해 자신을 아낌없이 희생할 것이라고 추정하는 경우) 등을 다룬 바 있다. 이 부분은 이동익, "뇌사자의 장기 적출에 대한 遺族 同意(추정 동의: Presumed Consent)의 倫理神學的 硏究"『가톨릭신학과 사상』 제23호(1998년 봄)을 참고하였음.

11)　P. Ramsey, *The Patient as Person: Explanation in Medical Ethics* (Yale Univ. Press, 1970), pp. 242-275, 램지는 그의 저서들을 통해 기독교적 생명윤리의 가이드가 될 원칙들을 다루고 있다. 예를 들어, *Fabricated Man: The Ethics of Genetic Control* (Yale Univ. Press, 1970), *Ethics at the Edges of Life: Medical and Legal Intersections* (Yale Univ. Press, 1978) 등을 참고할 수 있다.

12)　J. Gustafson, "God's Transcendence and the Value of Human Life" in *Christian Ethics and the Community* (Pilgrim Press, 1971), p. 140.

13)　앞의 법, 제27조 2항.

14) 동법, 제37조.

15) S. Hauerwas, "Salvation and Health: Why medicine needs the church", W. Boulton, T. Kennedy, & A. Verhey. ed., *From Christ to the world* (W. B. Eerdmans Pub. 1994), pp. 377-389.

16) 글을 쓰기 위해 자료를 수집하던 중 기독교장기기증 반대운동본부라는 것도 있음을 알게 되었다. 이 운동을 이끄는 사람은 자신의 장기기증 경험을 바탕으로 장기이식의 폐지를 주장하는 동시에 뇌사자의 소생을 위한 노력과 함께 장기이식피해자에 대한 보상 등을 주장하고 있다. 아마도 장기기증 후 후유증에 관한 이야기인 듯싶다.

17) 공자는 『孝經』 첫 구절에서 이렇게 교훈한다. "子曰 身體髮膚 受之父母 不敢毁傷 孝之始也, 立身行道 揚名於後世 以顯父母 孝之終也." 아마도 이 전통이 동양인의 사고방식에서 차지하는 영향력은 잠재의식 그 이상일지 모른다.

18) 『연합뉴스』 2005년 9월 14일자 보도 참고.

19) 이 부분은 이규태, 『한국인의 의식구조 4』(신원문화사, 2000)를 참고하였음.

20) 생명윤리에 관한 문화적 접근을 다루고 있는 자료들은 Ruiping Fan, *Confucian Bioethics* (Dordrecht: Kluwer Academic Pub. 1999), Kazumasa Hoshino. ed., *Japanese and Western Bioethics: Studies in Moral Diversity* (Dordrecht: Kluwer Academic Pub. 1997), Robert M. Vestch, *Cross-Cultural Perspectives in Medical Ethics* (Boston: Jones & Bartlett Pub. 2000) 등에서 볼 수 있음. 이러한 배경에서 한국인의 생명문화에 연구로서, 이상목, 「한국인의 문화적 관점과 장기이식의 윤리」, 『동아대학교 교수논문집』 2004; 「장기기증에 관한 한국인의 인식연구」, 『대한이식학회지』 제17권 2호(대한이식학회, 2003.12) 등을 참고하였음.

21) 『禮記』, 問喪. 三日以後 殮者 以侯其生也.

22) 이 부분은 이을상, 「죽음의 성찰: 한국인의 죽음관, 영혼관, 신체관」, 『철학논총』 제32집(새한철학회, 2003)을 참고하였음.

23) 이 부분은 김동진, 「장기기증에 대한 태도에 영향을 미치는 요인 연구」, 『보건사회연구』 제23권 2호(한국보건사회연구원, 2003)를 참고하였음.

'Euthanasia',
존엄사인가? 치료 중단인가?

안락사를 허용하자는 요구가 법제화 시도로 이어지고 있다. 안락사 개념의 세분화는 그 전략의 하나이다. 안락사 전체를 허용하자는 것이 아니라 조건부 허용이라는 인상을 심어줌으로써 안락사에 대한 인식을 바꾸려는 시도이다. 그리고 법과 현실 사이의 괴리를 해소하자는 요구가 추진력이 되고 있다. 보라매 병원 사건이 언론의 주목을 받았을 때, 그리고 식물인간 '시아보'의 영양공급 튜브를 제거했을 때, 안락사에 대한 관심은 고조되었다. 정치권에서도 안락사 법제화를 위한 움직임이 나타나고 있다. 학술모임들에서 경쟁적으로 안락사 문제를 다루는 것도 이와 무관하지 않다.

우리 사회에서 안락사 문제에 관한 논의가 처음 있는 일이 아니건만, 그동안 왜 본격적인 공론화가 이루어지지 못했는지 궁금할 정도이다. 혹자의 의견처럼, 우리 사회의 성숙도를 비추어 볼 때, 오남용의 가능성이 대두된다는 점에서 시기상조라고 할 수 있다. 다른 한편에서는 환자와 가족의 현실적인 어려움을 고려해야 한다는 주장이 힘을 얻고 있다. 과연 이 순간, 중환자실에 사랑하는 가족을 둔 사람들에게, 그리고 고통 받는 말기 환자 당사자에게 삶이란 무엇이며, 죽음이란 또한 무엇인가? 기독교는 과연 어떤 답을 주어야 하는가?

존엄적 안락사 논쟁의 본질

존엄적 안락사 개념의 윤리적 성찰

존엄적 안락사란 무엇인가? 그것은 인간의 존엄을 위한 최선의 길인가? 혹시 '존엄적'이라고 이름 붙여진 '안락사'는 그것이 존엄성을 위한 수단이라는 착각과 이미지를 심어 주는 것은 혹시 아닐까? 본래, 안락사euthanasia라는 말은 현대적 구분처럼 여럿이 아니었다. 인터넷과 서적을 통해 손쉽게 얻을 수 있는 정보들은 '편안한 죽음'이라는 그리스 어원과 사뭇 다른 방식으로 안락사를 설명하는 경향이 있다.

특별히 현대사회에서 안락사 개념은 죽음에 이르는 방식how the death is brought about에 관한 논쟁거리가 되고 있다.[1] 현대 의료기술의 발전 및 생명문화의 변화를 배경으로, 안락사 개념은 죽음의 방식과 권리, 그리고 인간존엄의 의미와 관련된 다양한 논의를 양산하고 있다. 무엇보다도 사회적 비용에 대한 고려와 환자 가족에 대한 배려를 명분으로 하는 법제화의 시도는 현대인의 생명문화 또는 가치관을 반영하는 복합개념으로 이해되어야 할 것이다.

현대적 의료기술의 발전은 안락사 개념의 세분화 또는 개념상 외연의 확장을 유도하고 있다. 안락사 개념의 한쪽 끝에는 그것이 '안락살해'로 이해되고 있다는 강력한 반론이 있고, 반대편 극단에 의사조력자살Physician Assisted Suicide의 권리도 인정해야 한다는 주장에 이르기까지 광범위한 스펙트럼을 형성하고 있다. 예를 들어, 안락사를 반대하는 입장에서는 안락사 개념이 질병의 고통을 없애려는 의료적 개입에 편승하여 환자의 고통을 종식시킨다는 명분으로 자행하는 '안락살해'로 변질되었다고 지적한다.[2] 다른 한 편에서는 '자비로운 행위' 내지 '인간존엄성을 지키기 위한 조치'라는 단서를 붙여 안락사를 합법화하려는 시도가 두드러지고 있다. 실제로 몇몇 국가들에서는 안락사를 합법화하고 이를 근거로 자비로움의 발로에서 나온 것이라는 신념을 심어주기도 한다.

현대적 의미의 안락사는 개념의 세분화 또는 추가규정의 요구에 직면하고 있다. 어떻게 보면, 안락사 개념을 다루는 것은 '개념의 규정'보다 '방식의 구분' 내지는 '세분화된 설명'이라 하는 것이 옳을 듯싶다. 이러한 배경에서 볼 때, 안락사는 환자 의지에 따라, 시술방식에 따라 각각 다른 의미로 나타난다. 환자 또는 그 가족의 의지를 따라 구분한다면, 자의적 안락사voluntary euthanasia, 비자의적 안락사nonvoluntary euthanasia, 반자의적인 안락사involuntary euthanasia로 구분할 수 있다. 반자의적 안락사를 대표적으로 나치에 의해 자행된 유태인 학살이 해당될 듯싶다. 비자의적 안락사는 환자의 의사를 확인할 수 없는 경우에 해당할 것 같다. 비교적 최근에는 자의적 안락사에 일정한 요건이 필요한 것으로 나타난다. 사전승락informed consent 또는 사망선택유언living will이 그것이다.

또한 안락사의 시술에 따른 의료적 방법에 따라, 적극적 안락사

active euthanasia와 소극적 안락사passive euthanasia로 구분된다. 이것을 의료적 수단의 사용 및 미사용의 차이라고 할 수 있다.[3] 예를 들어, 적극적 안락사는 약물의 투여 등 적극적인 시술을 통한 안락사를 말한다. 그리고 소극적 안락사는 '치료행위의 중단'에 더 가깝다. 그밖에 최근 미국에서 문제가 되었던 죽음의 의사Dr. Death, 케보키언Jack Kevorkian 사건은 의사조력자살이라는 또 다른 개념을 안락사의 종류에 추가한다. 이것을 적극적 안락사의 범주에 드는 것으로 볼 수 있다면, 환자와 의사가 함께 환자를 죽인다는 점에 차이가 있다.[4]

문제는 안락사 개념의 이러한 세분화과정에 그럴싸한 수식어가 등장한다는 점이다. 특히 적극적 안락사를 자비적 안락사Beneficient Euthanasia라고 부르는 경우와 함께 존엄적 안락사Euthanasia with Dignity라는 용어로 소극적 안락사를 지칭하는 경우가 그렇다. '자비적·존엄적'이라는 수식어에 그리 큰 언어상의 뉘앙스 차이가 없어 보인다. 굳이 따진다면 시술방법의 차이를 말하는 것 이상의 다른 점은 없어 보인다. 어쩌면 소극적 안락사는 환자의 고통과 가족의 부담 등을 명분으로 자행되는 치료 중단에 해당하는 행위가 될 수 있다는 점에서 신중한 성찰이 요청된다.

흥미로운 것은 안락사 개념의 양 극단 주장들 모두 동일하게 안락사라는 말을 사용하지만, 지칭하는 내용에는 큰 차이가 있다. 안락사라는 말 자체를 적극적 안락사에 국한하여 사용하고 이와는 구분하여 소극적 안락사라고 할 수 있는 것을 존엄사尊嚴死로 말하기도 한다. 그 의도는 존엄사를 정당화하고 합법화하려는 데 있을 것이다. 이와는 정반대로, 안락사를 좁은 의미로 규정하는 것이 안락사 반대로 나타나기도 한다. 가톨릭은 매우 제한적 의미에서 협의의 안락사 개념을 사용한다. 적극적인 의미에서이든 소극적인 의미에서이든 안락사를 결코 용

인할 수 없다는 강력한 주장을 담고 있기 때문이다.[5]

최근의 법제화 시도에서 문제가 되고 있는 개념은 주로 존엄적 안락사, 즉 소극적 안락사를 말한다. 존엄적 안락사 또는 소극적 안락사 논쟁의 핵심은 불합리한 연명치료 중단을 법률적으로 허용할 것인가 혹은 그렇지 않을 것인가의 문제이다. 입법을 추진하는 쪽에서 내세우는 근본적인 주장은 환자 및 그 가족의 치료 중단 요구가 있을 때, 그리고 의학적 기준에 따른 치료 중단이 필요하다고 판단되는 경우에 심의기구의 결정에 따라 연명치료를 중단할 수 있도록 허용하자는 것이다. 의학적으로 회생불가의 환자를 생명연장장치로 연명시키는 것은 환자 자신이나 가족에게 고통이며 사회적 부담도 크다는 것이 주된 이유이다. 한마디로, 회복가능성이 없는 환자에 대한 연명조치를 중지하여 인간으로서의 존엄을 유지하면서 죽음을 맞이하게 해야 한다는 것이다.

여기에 생명경시 풍조의 우려 및 남용의 가능성을 비롯한 여러 이유들을 고려한 찬반논쟁이 자리하고 있다. 그러나 우리가 간과하지 말아야 할 것은 찬성론이나 반대론 모두에게 부담이 있다는 점이다. 이러한 부담감을 털어 내기 위한 목적에서 소극적 안락사를 사회적 담론 또는 공론화하려는 것이라면, 좀 더 신중해야 한다. 소극적 안락사 또는 존엄적 안락사 찬성론에는 윤리적 부담이, 반대론에는 현실적 부담이 남는다. 부담이라는 말을 하는 것은 그 어느 쪽도 안락사 문제에 관한 논변에서 손쉬운 결론을 지향해서는 안 된다는 뜻이다.

존엄적 안락사를 찬성하는 쪽에서는 윤리적 부담감을 털어 버려서는 안 된다. 혹자는 지금이라도 여론조사를 하면 찬성하는 쪽이 우세할 것이라고 장담하면서 반대론자들을 구시대적인 사람들로 몰아가려는 이야기를 하는 경우가 있다. 이것 자체가 문제이다. 여론조사가 진실을 말하는 것인가에 대한 논의는 따로 미루어 둔다고 하더라도, 신중한 찬반논변을 이끌어도 부족할 판에 너무 쉬운 길을 택하려 하는 것은 아닐지 안타깝다.

이러한 윤리적 부담감을 전제하고 볼 때, 찬성론자들은 인간존엄의 문제를 앞세워 삶의 질quality of life과 죽을 권리rights to die를 주장할 수 있다. 현대 의료기술의 혜택으로 생명연장기구들에 의해 의식이 없는 상태에서 상당기간 생명을 유지할 수 있다는 것은 참으로 아이러니하다. 찬성론자들은 이러한 생물학적 생명연장이 과연 인격체로서의 존엄성을 부여할 수 있는 것인지 질문한다. 인간으로서 무의미한 생명연장은 의미가 없다는 생각은 환자의 자율권과 존엄하게 죽을 권리의 존중을 요구한다. 말기 환자의 생명을 연장시키는 것은 그의 삶을 생물학적 삶으로 격하시키고 인간으로서의 존엄성을 훼손하는 것이라 생각하기 때문이다.

앞서 말했던 윤리적 부담감이라는 것은 신중한 판단의 주문이다. 동시에 존엄적 안락사 찬성론자들은 현실적 이유에 대한 윤리적 정당화 과정이 매우 신중하고도 무거운 부담감을 가져야 한다는 뜻이다. 아마도 법과 현실 사이의 부조화가 환자 가족과 의료인을 범법자로 만들 수 있다는 점이 가장 현실적인 문제일 것이다. 이를 허용하자는 취지로 법제화를 추진하는 과정에서 존엄적 안락사의 공론화가 생략되어서는 안 된다. 더구나 끼워 맞추기를 위한 절차로 윤리적 정당화를 이야기해서는 안 된다. 더구나 시민사회를 말하는 사람들일수록 민주적 절차에 의한 신중한 접근이 요구된다는 점을 간과하지 말아야 한다.

기독교를 비롯한 안락사 반대론자들에게도 부담이 전혀 없는 것은 아니다. 특히 현실적 부담이라는 큰 짐이 남아있다. 안타까운 것은 대부분의 경우, 기독교의 안락사 반대론을 아무 부담감도 없는 사람들의 주장이나 시대에 뒤쳐진 집단의 소리로 몰아세우는 경향이 있다는 사실이다. 안락사 반대론이 말하는 요소들, 즉 인간의 생명은 어떤 경우에도 해칠 수 없다는 하나님의 생명주권론, 섣부른 남용의 우려가 있다는 생각에서 나온 미끄러운 경사길 논증 등은 경제적 부담이라는 현실을 몰라서 억지로 지어낸 논리들이 아니다. 찬성하는 사람이 있다면 반대하는 사람도 있게 마련이고, 전통적으로 안락사에 대한 반대론이 유지해온 타당한 이유가 있다는 점을 인정하는 것이 지극히 마땅하다.

이러한 의미에서 존엄적 안락사를 반대하는 사람에게도 윤리적 책임의식을 심각하게 물어야 한다. 특히 생명연장에 필요한 치료비용의 부담을 포함하여 사회적 제반비용의 보장이라는 과제가 남기 때문이다. 이는 윤리적 의협심만으로 설명할 수 없는 또 다른 차원, 즉 사회적 비용의 제도화라는 또 다른 사회적 합의를 요구하는 문제이다. 이러한 의미에서, 우리는 존엄적 안락사 문제가 누군가의 부담을 털어내기 위한 윤리적 정당화의 수단적 절차로 그치지 않고 생명존엄을 위한 논변으로 발전되어야 한다는 점을 말하고 싶은 것이다.

개념의 구분인가? 변화의 요구인가?

안락사라는 말이면 됐지 군이 여러 가지 세부적인 구분이 필요한 이유는 무엇인가? 안락사를 다룰 때, 여러 가지 수식어가 동원되고 있다는 것은 개념의 변화 또는 인식의 변화를 암시하는 것은 아닐까? 앞서 살펴본 것처럼, 안락사 개념은 간단하지도 않고 쉽지도 않다. 그 주된 원인은 세분화에 있는 것 같다. 여기에서 우리는 왜 안락사 개념이 세분화되어야 하는지 묻지 않을 수 없다. 적극적, 소극적, 자의적, 비자의적 등의 구분이 세분화될수록 안락사 개념의 이해에 혼란이 가중된다.

물론, 세분화의 원인으로 의료기술의 발전이 한몫을 하는 것은 분명하다. 어쩌면 앞으로 의료기술의 발전과 맞물려 더 세분화된 의견이 등장할지 모른다. 안락사의 단계 또는 과정을 세분화하거나 안락사의 시술방식을 세분화하는 등 또 다른 시도가 나타날 수 있다. 세분화 이외에 새로운 의료적 시도에 따른 새로운 개념이 추가될 가능성도 없지 않다. 안락사 유사개념을 추가된 의사조력자살의 경우처럼 새로운 시도는 지속될 것이기 때문이다.

그러나 의료기술의 발전만으로 설명하는 것은 안락사 개념을 이해하기에 부족하다. 안락사 개념의 외적 여건도 중요하지만, 개념의 세분화 또는 종류를 추가하는 배경과 의도에 관한 성찰이 필요하다. 혹시 상황에 대한 고려가 지나치게 작용하는 것은 아닐지 신중한 성찰이 필요하다. 개념의 세분화를 통해 현실 문제에 관한 실용적이고 계산적인 자기 합리화를 시도하려는 것일 수 있고, 어쩌면 실용적 관점을 앞세워 존엄적 안락사의 법제화를 전제해 놓고 그야말로 정해진 수순을 밟고 있는 것은 아닌지 물어야 한다.

나아가 안락사의 개념을 여러 가지로 세분화하고 구분하는 것이 결국은 찬성론을 정당화하는 발판을 만들고 반대론에 대해 시대와 문화의 변화를 수용하라는 요구라는 점에 주목할 필요가 있다. 실제로, 의료윤리를 다루는 사람들은 생명문화 또는 가치관의 변화에 주목할 것을 제안하고 있다. 예를 들어, 배틴^{M. Battin}은 안락사에 관한 이해에 문화적 변화^{cultural change}라는 요소를 반영해야 한다고 말한다. 여기에는

의료기술의 발전 및 질병 문제 등 다양한 요소들이 작용한다. 그리고
생명문화가 변화하는 방향은 질병과 의료기술의 상관관계 및 전쟁을
포함한 인류의 공동체험 등에 따라 진전될 수도 있고 복고적일 수도 있
을 것이다.

배틴이 제안하는 현대사회에서의 생명문화적 변화는 세 가지로
요약된다. 첫째, 역학적疫學的 전환epidemiological transition이다. 죽음에 대한
병리적 설명이 기생충에 의한 질병이나 감염에 의한 것으로 설명하던
방식에서 암이나 심장질환 등 퇴행성 질환에 의한 설명으로 전환되고
있는 것이 그 예다. 생명현상에 대한 의료적 설명방식에 변화가 감지되
고 안락사 문제에 있어서 새로운 논의가 본격화되고 있다는 점을 고려
할 필요가 있다는 것이다. 둘째, 죽음에 관한 종교적 태도의 변화이다.
죽음을 죄에 대한 처벌이라고 생각하는 사람이 적어지고, 자살을 심각
한 죄라고 하기보다 우울증 같은 정신병리적 요인으로 설명하는 경향
을 예로 들 수 있겠다. 셋째, 가장 중요한 것은 문화적 태도의 변화이
다. 특히 시민사회의 발전과정에 따라 나타난 개인의 권리에 대한 강조
가 죽음에도 적용될 수 있다는 생각이 두드러지고 있다.[6]

이러한 생명문화의 변화에서 눈여겨 볼 것은 죽음에 대한 관점의
변화이다. 죽음이란 더 이상 우리에게 발생하는 그 무엇이 아니라 우리
가 시행하는 그 무엇dying is no longer something that happens to you but something you do이
라는 생각이 나타나고 있다는 것이다.[7] 안락사 개념이 세분화되는 것
역시 일종의 문화의 변화 또는 의식변화를 반영한다. 그것은 삶과 죽음
이라는 근본적인 개념의 변화, 또는 생명문화 일반의 변화를 반영하는
것이기 때문이다. 의료기술의 발전은 중요한 요인의 하나이다. 그러나
생명에 대한 가치관의 문제가 더 중요하다. 이러한 변화의 기저에 '포

스트모던'과 '테크놀로지'라는 우리 시대의 핵심적인 흐름들이 자리하고 있는 것은 두말할 필요가 없다. 어느 것이 어떤 정도로 영향을 주고 어느 방향으로 변화를 이끌고 갈 것인가를 따지기에는 지면과 능력이 제한되어 있지만, 안락사를 둘러싼 생명문화가 변화하고 있다는 것만큼은 분명하다. 우리가 관심을 가져야 할 대목은 바로 이 부분이다.

생명문화의 변혁을 위하여

우리가 물어야 할 것은 기독교가 존엄적 안락사를 반대하는가 혹은 찬성할 수 없는 것인가 하는 문제가 아니다. 존엄적 안락사에 대한 반대는 기독교적 전통의 하나로 자리 잡아 왔기 때문이다. 이러한 맥락에서 보면, 존엄적 안락사 개념을 내세워 새로운 성찰을 요구하는 것은 결국 안락사에 대한 기존의 반대 입장을 변경하자는 제안일 수 있다. 생명문화의 변화에 발맞추어 변경할 수 있는 여지는 없는지, 그리고 그 해석의 가능성을 열어주는 근거를 개발해야 하는 것이 아닌지 묻는 작업이 될 가능성이 높다. 그러나 존엄적 안락사에 대한 찬반의 목소리를 찾아내기 시작하는 바로 그 순간, 개혁적 전통에 따른 신앙양심의 자유를 확고히 믿는 신학자들 사이에 분분한 의견들이 말 그대로 자유롭게 오갈 것이다.[8]

전통적으로, 기독교는 제5계명을 중심으로 자살을 포함하는 살인행위에 대한 금지가 성서적 근거를 가진다는 입장을 취하여 왔다. 문제는 포스트모던과 테크놀로지로 대변되는 현대사회에 있어서 그 해석의 변경가능성이다. 그 한쪽에는 기술의 진보와 사회의 변화에도 불구하고 하나님의 생명주권에 대한 고백은 불변한다는 주장이 있다. 특히 인간이 생명에 대한 조작을 감행하는 것 자체가 허용될 수 없다는 주장은 존엄적 안락사 논쟁에 대한 반대론의 중요한 근거일 것이다.

이를테면, 램지P. Ramsey는 과학기술시대에 인간이 생명에 대한 조작을 감행하는 것 자체를 극단적으로 부정한다. 그에 따르면, 인간은 하나님 노릇playing God을 하려고 들기 전에 먼저 인간이 되기를 배워야 한다. 인간이 되기를 배운 다음에는 하나님 노릇을 하려고 들지 않을 것이다.9) 이러한 배경에서 보면, 존엄적 안락사는 실용적 관심과 의료기술을 통해 알게 된 생명의 상태에 관한 정보를 명분 삼아 인간생명을 조작하는 하나님 노릇하기에 속하는 것일지 모른다.

그러나 최근 들어 기독교의 생명윤리에 관한 전통적 관념에 근본적인 질문을 제기하는 경우들이 생겨나고 있다. 아예 근본적으로 안락사를 반대하는 전통적인 신학적 견해가 논리적 오류라고 말하기도 한다. 예를 들어, 칠드레스J. Childless는 의사조력자살과 적극적 안락사에 대한 기독교의 전통적인 관점에 의문을 제기한다. 자살을 잘못이라고 믿는 견해에서 안락사 문제에 대한 답을 연역하는 것 자체가 문제라는 것이다.10) 그리고 이러한 문제제기가 자신만의 것이 아니라 현대의 신학자들 사이에서도 상당부분 찾아볼 수 있다고 말한다. 그 예로 구스타프손J. Gustafson이 생명이란 하나님의 선물이지만 때로 견디기 어려운 부담이 되는 경우라면 하나님을 원망하게 될지 모른다고 말했던 부분을 들어 안락사를 이웃사랑의 통로라고 해석할 여지를 주었다고 주장하기도 한다.11) 이러한 관점과 해석 자체가 과연 어느 정도나 적절한 것인지 좀 더 깊이 살펴볼 필요가 있는 것은 사실이다. 그 진의가 무엇인지를 주의 깊게 읽어내는 노력 또한 필요하다. 정작 중요한 것은, 기독교의 이름으로 제시하는 것이라면 그 어떤 해석이든 간에 생명존엄을 위한 기독교의 생명윤리를 훼손시키지 않는 것이어야 한다는 점이다.

또한 기독교 신앙인들 역시 현실적 부담감에서 예외일 수 없다는 주장도 있다. 예를 들어 기독교 윤리학자 길R. Gill에 따르면, 안락사에 관한 기독교적 논변은 전통적인 교회의 지침이나 신학자들의 관점에만 의존하는 것은 매우 제한적이며 평신도들의 관점을 소홀히 여기는 결과를 초래할 수 있다. 전통적인 신학이 대다수 평신도들이 의사조력자살과 안락사가 합법화되어야 한다는 주장을 지지하는 현실을 반영하지 못한다는 이야기이다.[12] 시대의 변화 내지는 생명문화의 변화에 대응하여 기독교 역시 변화해야 한다는 것이다. 안락사를 반대하는 전통적 담론을 내세워 현실을 무시하는 것은 옳지 않다는 주장으로 들릴 수 있는 대목이다. 이처럼, 존엄적 안락사에 대한 기독교적 성찰은 극과 극을 달릴 수 있다. 다양할 정도가 아니라 대립적일 수 있다.

우리가 진정으로 질문해야 할 것은 기독교가 어떤 근거에서 반대하고 어떤 이유에서 찬성하는가를 탐색하는 것이 아니다. 더 중요한 질문을 제기해야 한다. 안락사를 위시한 생명문화가 변화되면, 신학적 성찰도 변화되는 것이 마땅한가 하는 점이다. 우리가 살펴본 것처럼, 이미 전통적으로 성서의 관점이 자살을 포함하는 살인을 금지하고 있다는 사실을 알고 있으며, 존엄적 안락사를 새삼 신학적으로 성찰하자는 것은 결국 변화를 수용하자는 제안과 다를 바 없다. 게다가 존엄적 안락사를 성서적 이유에 의해 반대한다고 할 경우에, 시민사회가 요구하는 변화를 수용하지 못한다는 이유로 반대에 대한 반대의견이 빗발칠 것이 분명하다. 마치 배아복제 문제를 둘러싸고 진보와 보수라는 해묵은 편 가르기가 재현되었던 것처럼 또 한 번 기독교 신앙과 기독교 생명윤리가 여론의 도마에 올라가지 않을까 염려된다.

변화하는 여건에 능동적으로 대처할 필요는 분명히 있지만, 그렇다고 시대의 변화를 그대로 수용하는 것이 옳다고 단언할 수 없다. 무엇이 진정한 변화이며 바람직한 변화의 방향인가를 먼저 고민해야 할 것이다. 이러한 의미에서 필자는 이 문제를 둘러싼 신학적 입장들의 차이를 부각시키는 것보다 신앙인과 신학자들이 일반적으로 동의할 수 있는 부분들부터 확인해 나아가는 것이 옳다고 본다. 생명의 전 과정이 하나님의 섭리와 주권에 있다는 고백이 그것이다. 물론 이 신앙고백을 어떻게 해석하고 실천방안을 제시할 것인가 하는 점은 다른 해석을 가질수 있다. 그러나 진보와 보수를 가르는 것보다 동일한 신앙고백을 실천에 옮기기 위한 대안의 모색에 상호협력하게 하는 것이 바람직하다.

존엄적 안락사가 운위되고 있는 시대에 기독교는 생명에 대한 가치관 및 문화에 주목해야 한다. 그리고 문화의 변혁이라는 소중한 주제를 생명윤리 분야에서도 공유하는 노력이 필요하다. 문화변혁은 개신교 신학에서 중요한 관심사로 자리 잡아 왔으며, 최근에는 대중문화의 변혁을 위한 다각적인 노력이 경주되고 있다. 생명문화라는 말을 사용하는 것이 타당하다면, 현대사회에서 생명에 관한 가치관 및 의식변화에 발 빠르게 대응하는 것에 하나님의 생명주권에 기초한 생명문화를 지향하는 문화의 변혁을 말하는 것도 매우 중요한 의미가 있을 것이다. 이러한 의미에서 문화의 변혁을 위한 노력은 대중문화 분야에 국한되는 것이 아니라 생명문화의 변혁을 위한 기독교적 노력에도 적용되어야 할 것이다. [13]

여기에는 몇 가지 대안적 실천사항을 제안할 있다. 첫째, 삶과 죽음에 통전적 이해를 추구해야 한다. 존엄적 안락사를 찬성할 것인가 혹은 반대할 것인가에 대한 치열한 논쟁이나 기독교의 이름으로 상반되는 성명서를 발표하는 일은 막아서 막아지는 것이 아니다. 어느 쪽 입장이 옳은 것이며 하나님의 뜻에 부합하는 것인가 하는 질문 역시 쉬운 문제가 아니다. 그러나 협력할 수 있는 부분이 분명히 있다. 하나님의 생명주권에 대한 인식을 확산시키고 생명존엄의 참 뜻을 구현하려는 실천적 노력이 필요하다.

혹은 생명과 죽음에 대한 잘못된 문화가 올바른 가치관에 입각한 생명문화를 향하여 변혁될 수 있도록 다양한 계몽과 실천이 요구된다. 최근에 죽음에 대한 학술적 활동을 표방하는 단체도 생겨나고 있는 마당에 고령화시대를 위한 웰빙well-being뿐 아니라 웰 엔딩well-ending 또는 웰 다잉well-dying까지 고려하는 포괄적인 이론적 대안이 다양하게 제시될 수 있어야 하겠다. 특히 성서가 말하는 하나님의 생명주권에 입각하여 삶과 죽음에 대한 통전적이고 균형 잡힌 신앙적 시각을 제공하는 것도 큰 의미가 있을 것이다.

둘째, 안락사 문제의 생명존엄적 대안을 제시해야 한다. 안락사를 찬성 또는 반대하는 것 못지않게 생명존엄의 가치를 위한 실천적 방안을 모색해야 한다. 가령, 의료적 치료curing만으로 모든 것을 종료했다고 선언하기보다 공동체적 돌봄caring의 필요성을 주장한 하우어워스의 주장이 매우 중요한 의미를 지닌다.[14] 특히 교회공동체의 윤리적 실천을 중요시하는 하우어워스의 입장을 응용하자면, 교회는 의료적 치료 이외의 돌봄의 공동체로 그 역할을 다해야 한다는 제안이라 할 수 있겠다.

그 실천의 가능성 중 하나는 아마도 호스피스 대안에서 찾아볼 수 있을 것이다. 이는 단지 자원봉사 프로그램이기를 넘어 사회윤리학적 관심의 대상이 되어야 마땅하다. 일반적으로, 말기 환자terminal patient를 위한 대안으로 다루어지는 호스피스 프로그램은 자원봉사단체나 교회의 몫으로 남겨두기에는 소중한 의미와 경제적 부담이 공존하는 복합적인 의미를 지닌다. 본래 라틴어 'Hospes'에서 유래한 이 프로그램은 접대하는 사람host이라는 말과 손님guest이라는 말이 합성된 것으로서, 죽음의 방식에 관한 중요한 대안일 수 있다. 의사와 함께 삶의 총결산이라 할 수 있는 죽음의 시점에 와있는 말기 환자를 돌보고 죽음을 준비하게 하며 인간존엄이 존중되는 삶의 마감을 거드는 일을 뜻하는 것이기 때문이다.15) 문제는 이 프로그램이 사회적 비용부담을 위한 제도적 배려의 단계로 발전되지 못하고 있다는 점이다. 기독교가 생명의 파수꾼을 자처하고 생명존엄을 위해 일하려 한다면 이러한 부분에 대한 적극적인 기여가 요청된다.

기독교 사회윤리학이 관심을 가져야 할 부분이 바로 이 대목이다. 안락사 문제에 관한 공론화를 통해 그 허용을 위한 법제화가 시도되는 것은 크게 보아 안락사를 개인의 선택이나 부담으로 남겨두지 않겠다는 의미이다. 사회구조와 법령에 관련된 정책적 문제로 다루겠다는 뜻으로 볼 수 있다. 제도와 정책을 통해 윤리적 문제를 해결하거나 사회적 갈등을 해소하려는 시도 자체는 사회윤리 영역에 속하는 것이기 때문이다. 이러한 맥락에서, 안락사 문제를 공론화하는 과정이 어느 한 쪽의 입장을 일방적으로 정당화하려는 시도로 전락하지 말아야 함을 짚고 넘어가야 한다.

존엄적 안락사를 허용하는 것이 문제해결의 능사는 아닐 것이다.

존엄적 안락사라는 세분화된 개념을 기초로 법과 현실의 괴리 해소를
위해 안락사를 허용하자는 주장이 세력화되는 것 못지않게 그 대안으
로 거론될 수 있는 호스피스적 접근의 의료제도화에도 깊은 성찰과 관
심이 필요하다. 호스피스를 종교와 자선단체의 몫으로 넘길 것이 아니
라 의료제도의 일부분으로 과감하게 수용할 것을 제안한다.

　　존엄하게 죽을 권리의 인정 및 치료비용의 해소라고 하는 현실적
인 이유가 복합적으로 작용하여 소극적 안락사를 허용하자는 주장이
나온 것이라면, 생명존엄을 위한 노력의 카운터 파트너인 호스피스 역
시 상대적으로 중요한 몫으로 간주되어야 한다. 어떠한 죽음을 맞이할
것인가에 관한 논의에 존엄적 안락사만 있는 것은 아니기 때문이다. 호
스피스 프로그램을 그 상대개념으로 상정할 수 있다면, 호스피스의 현
실적 부담감 역시 중요하게 다루어져야 마땅하다. 호스피스에 요구되
는 경제적 부담 및 의료적 관심은 개인과 자선단체의 선의에 맡겨두기
에는 버거운 일이다. 문제는 존엄적 안락사의 허용에 관한 논변에 너무
많은 관심이 쏠려 있어서 호스피스 활동의 가치와 중요성을 소홀히 다
루는 경향이 팽배하고 있다는 사실이다. 견제와 균형이라는 점에서, 호
스피스에 대한 관심의 필요성과 그 제도화의 요구 역시 공론화되는 것
이 타당하다.

1) J. Childress, "Christian ethics, medicine and genetics" in Gill. R., ed., *The Cambridge Companion to Christian Ethics* (Cambridge Univ. Press, 2005. 5th ed.), p. 270.

2) 이와 관련하여 가톨릭의 입장을 담은 이동익, 「가톨릭 윤리신학의 안락사 이해와 불필요한 치료행위의 중단에 관한 고찰」, 『가톨릭신학과 사상』 제35호(2001.3)를 참고하도록 추천한다.

3) R. Chadwick. ed., *Encyclopedia of Applied Ethics* (Academic Press, 1998), pp. 175-187. "Euthanasia" 세분화된 안락사 개념을 도표로 정리하면 다음과 같다. 임종식, 『생명의 시작과 끝』(도서출판 로뎀나무, 1999), p. 306 참조.

구 분		환자의 의사(意思)		
		자의적 (voluntary)	非자의적 (involuntary)	反자의적 (nonvoluntary)
시술 방법	적극적(active)	적극적 · 자의적	적극적 · 비자의적	적극적 · 반자의적
	소극적(passive)	소극적 · 자의적	소극적 · 비자의적	소극적 · 반자의적

4) 미시건주의 케보키언은 자살기계(Mercitron이라 이름 붙여짐)를 고안하고 지역신문을 통해 희망자를 모집하여, 9년간 130여 명이 넘는 사람들의 자살을 도왔다고 한다. 1급 살인죄로 기소된 그는 환자에게 죽음이 허용될 수 있다면, 신속하고 고통 없이 죽게 해야 한다고 주장했지만, 그의 행적에는 환자에 대한 충분한 상담도 없었거나 불치병 환자가 아님에도 자살을 도와주었던 경우 등이 발견되고 있다.

5) 이동익, 「가톨릭 윤리신학의 안락사 이해와 불필요한 치료행위의 중단에 관한 고찰」, 『가톨릭신학과 사상』 제35호(2001.3), p. 270.

6) M. Battin, *Ending Life: Ethics and the Way we die* (Oxford Univ. Press, 2005), p. 325.

7) *op. cit.*

8) 필자는 우리 사회에서 생명윤리에 관한 기독교의 관점이 양분되어 나타나는 현상에 대해 안타까운 마음을 가지고 있음을 솔직히 말하고 싶다. 우리 사회를 떠들썩하게 했던 배아복제 문제에 관해서 기독교 안에서 그동안 어느 정도 해소된 것으로 보였던 신학적 보수와 진보의 견해차이가 재현되었던 현상을 기억해 보자. 배아복제를 반대하는 신학자들을 비지성적이고 비과학적인 부류로 몰아세우고 배아를 인간이라고 하려면 차라리 정자와 난자까지 인간이라고 하라는 비아냥이 기독교 안에서 일어났고 서로 다른 입장의 성명서를 발표했던 일은 윤리 문제에 대한 찬반을 넘어서는 안타까움을 자아낸다. '존엄적 안락사'의 문제도 다를 바 없을 것이라고 예상된다. 필자가 보기에, 우리에게 필요한 것은 누구의 성명서가 신학적으로 타당한 것인가 하는 논쟁 이전에 실천적인 관점에서 생명존엄을 위한 협력이다.

9) P. Ramsey, *Fabricated Man: The Ethics of Genetic Control* (Yale University Press, 1970), p. 138.

10) J. Childress, "Christian ethics, medicine and genetics" in R. Gill. ed., *The Cambridge Companion to Christian Ethics* (Cambridge Univ. Press, 2005. 5th ed.),

p. 270.

11) *Ibid.*, 재인용. 필자가 보기에 칠드레스의 구스타프손에 대한 해석이 과연 타당한 것인지 좀 더 세밀한 성찰이 필요한 것 같다.

12) *Ibid.*, p. 272.

13) 예를 들어, 미국 사회를 떠들썩하게 했던 시아보(T. Schiavo) 사건을 놓고 여론조사 결과는 생명문화 문제에 관한 이야깃거리일 수 있다. 흥미롭게도, 다른 사람에 관한 결정에는 보수적인 태도를 보이던 사람들이 정작 자신의 문제가 된다면 안락사를 택하겠다고 응답했다고 한다. 안락사에 대한 신념과 현실, 또는 개인의 선택 사이에 괴리가 있는 셈이다. 우리나라 기독교 신앙인들에게서도 생명문화와 관련된 흥미로운 현상이 나타난다. 예를 들어 부활절을 기념하여 장기기증운동을 전개한 경우, 실제 참여자의 수가 예상 외로 저조하게 나타난 경우가 있다. 그것은 부활신앙의 문제라기보다 생명문화의 문제라고 해야 한다. 장기기증과 시신기증의 숭고한 뜻은 이해하지만, 전통적으로 신체에 대해 가지는 우리 민족 고유의 관념에 비추어 볼 때, 쉽게 결정하기 어려웠을 것이다. 이는 생명윤리 문제해결의 과정에 생명문화가 차지하는 요소가 매우 중요하다는 점을 암시해 준다. 이러한 의미에서, 문화변혁의 관심이 생명문화에도 적용되어야 하며, 그 방향은 하나님의 생명주권과 생명의 존엄을 위한 것이 되어야 마땅하다.

14) S. Hauerwas, *Vision and Virtue: Essays in Christian Ethical Reflection* (Univ. of Notre Dame Press, 1974), pp. 166-186.

15) 호스피스 자원봉사 수기로 김미자, 『짧은 만남, 긴 이별, 영원한 만남』, 도서출판 새순(1996)을 소개한다. 호스피스의 개념은 이 책 17-70면을 참고하였다. 말기환자를 자존심과 위엄을 가지고 마지막 삶을 살도록 도우며 평안한 임종을 맞도록 보살핀다는 의미로 가톨릭 용어로 선종봉사(善終奉仕)라고 번역하기도 한다. 특히 중세교회시절 환자를 돌보는 치료소, 나그네가 쉬어가는 여인숙, 가난한 자를 돌보는 구호처 등 광범위한 자선적인 단체나 장소를 의미했지만, 현대에는 장소만 지칭하는 것이 아니라 가까운 시일 내에 사별하게 될 말기환자를 보살피는 프로그램, 또는 프로그램을 따라 봉사하는 병원이나 시술팀 및 그 일에 종사하는 개인을 지칭하는 말로 널리 쓰인다.

10

'Medical Responsibility', 그들만의 몫인가?

전문직profession은 그 개념에 이미 수준 높은 윤리와 자율적 책임의 필요성을 내포하고 있으며, 자율규제, 혹은 징계의 논의근거는 여기에서 유래한다. 'noblesse oblige'인 셈이다. 물론 전문직 윤리를 가정윤리와 시민윤리의 중간적 성격으로 규정한 뒤르켐E. Durkheim의 이론을 위시하여 전문직윤리의 특징과 구성요소에 대한 논의는 다양하게 진행될 수 있겠으나, 생명공학과 의료기술의 한 복판에서 더 이상 '그들만의 몫'일 수 없는 생명윤리의 과제에 대해 깊은 성찰이 필요한 시점이다.

전문직으로서의 의료와 생명과학

전문직 윤리에 대한 논의의 토대는 직업윤리에 관한 이론들이다. 직업윤리성립에 학문적 획을 그은 베버[M. Weber]의 설명에 의하면, 루터와 칼뱅이 제안한 소명[vocation]의 재조명, 즉 성직에 대한 소명과 삶에 있어서의 직업에의 소명이라는 이중적 소명의 구분은 직업윤리의 분수령이다. 이들 종교개혁자들에게 있어서 직업은 청지기정신[stewardship]으로 수행되는 소명이었으며, 그 정신은 기독교 직업윤리의 근간이 되고 있다.

그러나 직업소명 및 청지기정신이 중요한 것은 사실이지만, 다원화된 사회에서의 전문직 윤리의 특징과 과제에 대한 논의로 확장되기 위해서는 전문직의 기원 및 개념과 특징에 대한 고찰이 필요하다. 전문직[profession]은 전문화된 교육을 통하여 일정한 자격 또는 면허[license]를 획득함으로써 독점적으로 전문지식과 기술을 사용할 수 있는 직업이라 정의할 수 있다. 그 기원에 대해서는 다양한 의견이 있지만, 중세의 길드[guild]에서 출발했다고 보는 견해가 많다.[1] 장인조합인 길드는 도제[apprenticeship]의 훈련기준 및 직무수행을 자율적으로 통제함으로써 전문성을 유지하고자 하였던 것으로 보인다.

그러나 사회의 급격한 변동으로 인하여 전문직의 중요성이 부각되고 그 영역이 세분화되어 의료직을 비롯하여 엔지니어, 금융 및 회계 등으로 그 분야가 확산되어 왔다. 더구나 21세기 지식기반사회 또는 정보화 사회에 있어서 직업의 의의 및 그 종류와 기준 등은 과거의 것으로 설명할 수 없을 정도의 다양성이 나타난다.

대부분의 경우, 일반직업과의 차별성이라 할 수 있는 전문직에 대한 개념정의에는 공통적으로 다음과 같은 것들이 포함된다. ① 전문지식의 사용을 위한 고도의 지적훈련에 따른 자격요건, ② 공공에 대한 봉사 및 사회적 유용성 증대의 책임, ③ 업무수행상의 자율 및 그에 따른 책임 등이다.[2] 특히 주목하고 싶은 것은 전문직이 지니는 권위의 독점적 성격에서 유래하는 자율성과 책임의 문제이다. 일찍이 파슨즈[T. Parsons]가 전문직의 권위를 이른바 '기능성'[functional speciality]라고 부른 것은 전문직의 영역이 교육받은 특정 분야로 한정지어지기 때문이다. 우리의 관심은 그 이면의 메시지이다. 즉 전문직의 독점성에서 유래하는 자율성 책임의 문제이다.

이를 위해, 전문직의 윤리강령[code of professional ethics]을 생각할 필요가 있다. 윤리강령은 전문직의 의무와 책임을 정리하여 일련의 규칙의 형태로 만든 규정으로,[3] 자율성과 책임 및 자율규제 등을 담보하는 선언이며, 전문직 윤리의 특징과 과제를 반영한다.[4] 전문직이 비전문직에 비해 고유하고도 고차원에 해당하는 도덕기준을 반영한다는 것은 이러한 자율과 책임의 요소에 있다.[5] 물론, 윤리강령에 대한 평가는 엇갈릴 수 있다. 홍보용으로 생각하는 사람들이 있는 반면 영감을 받아 작성된 것으로 보는 사람들도 있다. 말하자면, 회의주의자들[sceptics]과 이상주의자들[idealist]의 관점이 대립하고 있는 셈이다.[6] 회의주의에는 윤리강령이 엄격해서 수용될 수 없을 것이라는 부류, 현실주의자[realist]의 관점에서 냉소적 회의를 표명하는 부류 등이 포함될 수 있다. 반면에 이상주의자들은 윤리강령의 필요성과 중요성을 강력히 옹호할 것이다.

전문직 형성의 역사를 회고해 볼 때, 전문직 단체가 윤리강령을 선언하는 것은 전문직의 전문직 됨을 입증하는 하나의 통과의례와 같았다. 예를 들어 미국 의학협회AMA가 1847년 설립된 첫해에 광범위한 사항들을 반영하는 윤리강령을 채택한 것을 비롯하여 대부분의 전문직 협회들은 그 설립 및 운영과정에서 윤리강령을 채택하는 공통점이 있다. 이것은 전문직 직위professional status의 획득을 원하는 직업군occupational groups이 윤리강령의 채택에 의미를 두고 있음을 보여준다.[7] 전문화된 직업집단이 집단의 이익을 초월하여 사회적 책임을 인식하고 회원에게 요구되는 사항을 규정하고 규율하는 권한을 사회로부터 위임받았음을 외부세계에 증명하는 것이기 때문이다.

대개의 경우, 전문직에게 요구되는 윤리강령은 네 가지 차원을 지니는 것으로 말할 수 있다. ① 전문직 단체가 정한 전문직윤리강령, ② 전문가 개인의 삶에서 형성되어 온 개인의 행동강령, ③ 전문직이 고용된 직장 및 기관이 부과하는 직장강령, ④ 지역과 문화에 따라 오랜 동안 형성된 종교적 도덕적 신념 등에서 유래하는 지역사회강령 등이 그것이다. 이 각각은 상충될 소지가 없는 것은 아니지만, 바람직한 것은 전체적으로 유기적인 조화를 이루는 것이라 하겠다.[8]

의료윤리 4대 원칙과 자율성

의료 문제의 윤리적 성찰에 있어서 놓치지 말아야 할 것은 뷰참T. L. Beauchamp과 칠드레스J. F. Childress가 제안한 의료윤리의 네 가지 원칙이다.[9] 자율성 존중, 악행금지, 선행, 그리고 정의의 원칙은 의료진을 위한 것에 국한되지 않고, 의료를 둘러싼 모두에게 인식되고 공유되어야 할 원칙이라 할 수 있다.

자율성 존중은 첫 번째 자리에 오는 원칙이다. 칸트의 도덕개념에 비추어 본다면 자율성 존중의 원칙은 빼놓을 수 없는 기본원리라 할 수 있겠다. 의료윤리에 있어서 이것은 고지된 승낙 또는 충분한 설명에 의거한 동의informed consent라고 옮겨지는 환자 당사자의 의견을 의미한다. 여기에는 대리인의 문제와 함께 사전유언advanced directive 또는 생전유언living will이 마련되어 있다면 좋을 것이다. 특히 안락사와 뇌사의 결정에 있어서 삶의 의지에 대한 확인이 불가능한 경우, 의료분쟁과 갈등이 야기될 수도 있을 것이다. 그런가하면 고비용의 의료시술에 대해서도 자율성 존중의 원칙이 심도 있게 고려될 필요가 있을 것이다.

악행금지의 원칙은 더 이상 설명할 필요도 없을 정도로 명확한 원칙으로서, 선행의 원칙과 짝을 이룬다. 특히 선행의 원칙은 사회윤리학자 롤즈J. Rawls에게서 제안된 온정적 간섭주의paternalism의 응용으로서, 의료인이 특히 응급환자의 치료에 적극적으로 개입해야 할 것인가의 문제에 대한 답으로 제시되고 있다. 물론 이 경우에 자칫 의료분쟁이 유발될 가능성도 있으며 온정적 간섭은 자율성원칙과 배치된다는 반론에 직면할 수도 있다. 이 원칙은 대개는 의사의 역할과 윤리적 자세와 관련된 것이라고 볼 수 있다.

그리고 정의의 원칙이다. 이것은 공정한 분배와 치료의 가능성에 대한 질문과 연관되어 있다. 문제가 되는 것은 사회정의에 대한 논변에 있어서 다양한 입장들이 개진되고 있으며, 그 어느 하나만을 취하여 기준으로 삼는 것은 많은 논란을 불러일으킬 수 있다는 점이다. 요컨대, 누구의 정의, 어떤 합리성을 취할 것인가의 문제가 여전히 남는다고 하겠다. 의료윤리에서는 주로 의료자원의 분배 및 의료제도상의 공정성 등에 관한 논변이 가능할 것이다. 구체적으로, 제한된 의료자원을 어떤 기준에 의해 분배할 것인가의 문제, 그리고 기증된 장기의 분배우선순위를 어떻게 정할 것인가의 문제 등등이 여기에 해당될 수 있을 것이다. 또한 최소한의 의료수혜의 권리the right to a decent minimum of health care는 어떻게 설명되어야 하는가 등의 문제와도 연관된 원칙이라 할 수 있겠다.

이러한 원칙들이 적용되지 않는다고 해서 직접적인 처벌이 주어진다고 단언할 수는 없다. 전문직 윤리는 자율적 조직(변협, 의협 등)에 의해 자율적으로 규제하는 방식을 취한다. 그것은 전문직의 특성과 그 역할 기대에 대한 사회의 인정에서 유래하는 것이라고 하겠다. 공신력公信力이라는 표현도 전문직의 이러한 자율성에 대한 사회적 인정이라 할 수 있다. 전문직은 이를 위한 윤리강령의 채택과 그 자발적 준수를 요구받고 있다. 윤리강령들은 단순히 나열된 규칙의 목록들이라고만 할 수는 없다. 그것들은 일정한 사람들에게 적용할 의도를 지닌 목록들이다. 말하자면, 윤리강령은 이를 채택하거나 적용하는 개인이나 기관 및 단체에서 행위의 지침이 되는 것이며, 전문직의 윤리적 목적의 달성을 위한 의지의 표현이라 하겠다. 다시 말해 윤리강령은 일종의 윤리적 목적을 유지하는 동시에 내부결속의 강화를 위한 것이므로 그 위반의 경우, 엄격한 제재의 필요성을 수반된다. 가령, 전문직 윤리강령 중에는 구성원의 정체성member-identification을 강화를 목적으로 하는 것도 있으며,[10] 그에 따른 명예규정 및 징계규정을 둘 수 있을 것이다.

윤리강령의 위반은 법률 및 행정절차와는 별개로 전문직 구성원들의 검증을 거치게 되고 필요시 징계를 시행하게 될 것이다. 여기에서

간과해서는 안 될 것이 있다. 윤리강령이라는 이름으로 징계규정, 형벌규정, 명예규정을 둘 수는 있겠지만, 그것을 강제할 수 있는 법률과 동일시되는 것은 아니다. 따라서 전문직 단체가 채택한 윤리강령을 위반하는 경우, 그것은 법적 책임을 운운할 수 있는 것 이전에 도덕적 맥락에서 이해되어야 한다.

징계의 문제는 매우 신중한 검토를 필요로 한다. 우선, 전문직의 자율규제 또는 징계를 책임의 문제와 연관 지어 생각해 볼 필요가 있다. 전문직에게 요구되는 책임은 의뢰인과의 관계에서, 전문직이 제공하는 직무서비스 및 그 결과와 관련하여 다양하게 부과된다. 전문직의 윤리적 책임에 대한 여러 가지 논의가 있겠지만, 하트H. L. A. Hart이 제안은 주목할 만하다.11) ① 역할책임role responsibi lity, ② 인과적 책임causal responsibility, ③ 배상책임liability responsibility, ④ 능력책임capacity responsibility이 그것이다. 이것을 응용하면, 전문직은 ① 그 고유한 역할을 수행하며, ② 어떤 결과에 원인이 되는 행위를 할 수 있으며, ③ 경제적 손해와 같은 손실에 대하여 배상책임을 져야 하며, ④ 행위의 결과를 알 수 있고 추정할 수 있으며 또한 그 결과를 예방할 수 있는 행위능력에 따른 책임이 있다고 하겠다. 여기에 사전예방의 책임과 함께 손해배상의 분담을 말하는 전문직의 집단책임collective responsibility도 중요한 요소로 고려될 필요가 있다.12)

그러나 우리가 주목하려는 책임의 문제는 이러한 범주 이외에 이른바 도덕적 책임moral responsibility이다. 이것은 전문직의 법률적 · 제도적 책임의 문제를 넘어서 전문직의 양심과 그 목적성 및 의도에 관련된 책임의식이다. 가령, 전문가 단체가 사회의 복지보다 자신들의 복지에 더욱 관심을 가지는 것으로 사회가 인식하게 되면, 보통의 상인 및 사업자 수준으로 자신들의 사회적 지위가 낮아질 수 있다. 이는 심각하고도 중대한 윤리적 질문을 낳게 될 것이다. 또는 전문직 협회의 구성원이 전문직의 품위를 손상시키는 행위를 한 경우, 전문직의 자율성을 따라 마땅히 그 책임을 물어야 할 것이다.

이러한 의미에서 자율규제 즉 징계는 의사윤리강령을 비롯한 지침들을 통하여 전문직의 윤리적 이상을 유지하기 위한 목적에서 제정될 필요가 있다. 그러나 윤리적 정화 및 결속의 유지를 명분으로 징계 또는 자율규제가 시행되어야 하겠지만, 결과적으로 억울한 경우가 생길 수도 있으며, 징계하는 자의 의도가 다분히 가미될 수 있는 것이기에 그 절차와 목적에 대한 윤리적 검토가 선행되어야 할 것이다.

자율을 넘어 생명에 대한 책임으로

징계의 문제를 윤리학적 관점에서 조명하는 일은 도덕의 본질과 근거에 대한 핵심적인 질문일지 모른다. 아리스토텔레스는 『니코마코스 윤리학』 제3권에서, 행위에는 칭찬 혹은 비난이 따르게 마련이라고 주장한다. 물론 자유로운 선택에 관한 논의는 희랍인들에게 별로 큰 관심을 끌지 못했고 중세의 아우구스티누스에게서 그 의의를 얻게 되지만, 적어도 아리스토텔레스에게서 책임귀속논의의 단초를 볼 수 있다. 그의 요점은 면책조건excusing condition에 해당되지 않는 행위들은 비난의 대상이 되어야 한다는 것이다. 즉 강제로 하게 되거나 혹은 무지로 인하여 하게 되는 행위들은 비자발적인 것이라 할 수 있다. 행위의 원인이 외부에 있기 때문이다.

　　아리스토텔레스적 연원으로부터 윤리학적 사유의 한 모퉁이에서는 자유의지와 책임에 대한 논의가 진행되어 왔고, 현대윤리학에서 책임의 문제는 윤리학 및 과학철학, 심리철학 등과 맞물려 복잡한 양상으로 전개되고 있다. 분명한 것은 누군가를 칭찬하고 비난하는 것이 정당화되는 것은 어떤 경우인가를 묻는 윤리학적 작업이 진행되어 왔다는 것이다. 여기에는 대체로 두 가지 관점이 두드러진다. 비난과 처벌이 과거지향적인 것인지 혹은 미래지향적인 것인지를 묻는 방식을 말한다.[13] 공리주의자들은 교정과 예방에 무게를 둔다. 예를 들어 밀J. S. Mill은 책임의 개념을 처벌과 동일시하는 경향이 있다. 또한 공리주의자들은 이러한 비난과 처벌의 정당화 근거로 교화 혹은 교정, 그리고 잠재적 악행자에 대한 억제책, 전반적으로 사회에 미치는 영향으로서는 안전보호를 말한다. 이것이 미래지향적 관점이다.

　　응분의 대가라는 생각을 제안하는 관점은 과거지향적인 것으로 분류된다. 이른바 응보주의적 이론retributive theory 또는 응분론에 따르면, 처벌이 정당화되는 것은 행위자가 처벌을 받을 만하기 때문이다. 그들은 도덕적 형평성을 내세우며 악행의 심각성과 처벌의 엄중성을 일치시키려 한다. 칸트의 이론이 여기에 속한다. 칸트적 사고방식으로 하자면, 처벌이 정당화되는 것은 마땅히 처벌받아야 할 사람에게서 나온 행위이기 때문이다. 여기에는 두 원칙이 있다. 첫째, 악행을 했다는 이유로 처벌되어야 하며, 둘째, 악행의 심각성에 비례해서 처벌되어야 한다는 것이다. 이것은 인간을 이성적 존재로 규정함에 있어서 인간이란 자신의 행위에 대해 책임질 수 있는 존재로 규정하는 맥락에서 이해되어야 한다. 이러한 공리주의 및 응보이론적 관점이 지니는 난점들의 절충은 보상이론restitution theory에서 시도하고 있으며, 피해자에 대한 보상의 필요성을 주장하는 것이 그 핵심이다.

모든 전문직은 윤리강령을 지닌다. 성직으로 인식되는 목회자에게도 마찬가지이다.[14) 특히 의료윤리에 있어서 윤리강령의 중요성은 히포크라테스 선서를 비롯하여, 오랜 역사를 가지고 있다. 와 함께 다양한 내용들로 나타나고 있다. 이제까지 살펴본 것처럼, 전문직 협회는 회원들의 행동에 관한 규정을 채택할 수 있고, 이 규정의 준수를 위해 징계절차 및 처벌규정을 둘 수 있다.[15) 그러나 또 하나의 권위주의적 상징이 되거나 다수의 횡포가 된다면 그것이야말로 부도덕한 행위이다.

분명, 누군가를 처벌하는 것은 고통이나 불편함을 가하는 행위이다. 따라서 처벌은 잘못된 행위에 대해서, 그리고 합법적인 권위를 따라 그 절차를 통하여 시행되어야 한다는 의미에서 보복과는 구별되어야 한다.[16) 처벌의 문제와 관련하여 우리는 다음과 같은 윤리학적 질문을 제기하지 않을 수 없다. 도대체 무엇 때문에, 그리고 어떤 권위에 의해 누군가에게 피해를 주어야 하는 것인가? 그것은 처벌받을 사람의 권리에 대한 침해가 아닌가? 처벌은 다른 사람의 권리를 침해하는 행위를 했다는 사실에 의해 정당화될 뿐이다.

징계가 능사는 아니다. 징계는 최소화되어야 한다. 이러한 의미에서, 윤리강령이 윤리를 강요하는 기능을 수행하는 것이 되어서는 안된다. 윤리강령이 징계를 위한 도구로 전락해 버린다면, 그것은 윤리강령을 비윤리적인 것이 되게 하는 부끄러운 일이다. 윤리강령은 자율적 도덕 주체autonomous moral agent로서의 이성적 존재인 인간의 자기 지향self-directed인 것이지 타율heteronomous 또는 타인 지향적other-directed인 것이 아니기 때문이다.[17] 더구나 누군가 윤리강령에 의해 억울하게 피해를 입는다면, 그것보다 더 비윤리적인 것은 없을 것이다. 더구나 행동강령이 사회적 요소 및 그 강령을 준수해야 할 개인의 연대성을 충분히 반영하지 못하는 것이라면, 그것은 비현실적이며 불공정한 것이 되고 말 것이다.[18]

징계가 이끌어 가는 사회는 닫힌 사회요 닫힌 도덕의 공동체가 되고 말 것이다. 베르그송H. Bergson이 말한 것처럼, 두려움에 의한 도덕 즉 닫힌 도덕으로 전락할 것이다. 바람직한 것은, 윤리강령이 도덕교육의 좋은 장이 될 수 있도록 열린 토론과 의견수렴의 과정을 거쳐 자율적 참여에 의하여 전문직의 독점적 권위에 따른 자율적 책임을 강화할 수 있는 방향으로 채택되고 준수되는 것이다. 전문직은 비전문직과 구분될 수 있으나, 윤리적 사유에서는 우월한 전문직의 지위가 있을 수 없다. 모든 사람이 도덕교사가 되어야 하고 또한 그렇게 할 수 있다.

1) J. Kizza, *Ethical and Social Issues in the Information Age* (NY: Springer, 1998), p. 33.

2) *Ibid.*

3) Fotion. N, 김일순 공저, 『의료윤리』(현암사, 1993), pp. 60-61.

4) 윤리강령의 성격 및 지위에 대한 논의에 헤어(R. M. Hare)의 관점이 참고할 만한 자료가 될 수 있겠다. 그에 따르면 윤리적 사유에는 비판적 차원(critical level)과 직관적 차원(intui tive level)이 구분된다. 직관적 차원에는 어린이 훈육과 같이 아직 비판능력을 갖추지 못한 단계에 적용되는 경우, 또는 비판적 사유를 할 시간적 여유가 없는 응급 및 비상시의 행위에 적용될 수 있는 윤리지침들이 해당된다. 따라서 윤리강령은 직관적 차원에 속하는 것으로서 이미 만들어진 규칙들의 모형(paradigm example of ready-made rules)이라 할 수 있겠다. *이 부분은 Fotion, N, Elfstrom. G, *Military Ethics* (Boston: Routledge & Kegan Paul, 1986), p. 67을 요약 정리한 것임.

5) L. May, *The Socially Responsible Self* (Chicago: Univ. of Chicago Press, 1996), p. 5.

6) N. Fotion, & G. Elfstrom, *Military Ethics* (Boston: Routledge & Kegan Paul, 1986), pp. 66-67.

7) H. C. Luegenbiehl, "윤리강령과 도덕교육" ed, D. E. Johnson, *Ethical Issues in Engineering*, 이태식 외 공역 『엔지니어 윤리학』(동명사, 1999), 277면.

8) J. Kizza, *Ethical and Social Issues in the Information Age* (NY: Springer, 1998), p. 35.

9) T. L. Beauchamp & J. F. Childress, *Principles of Biomedical Ethics 4th ed.* (New York, Oxford: Oxford Univ. Press, 1994), pp. 120-394.

10) *Ibid.*, p. 7.

11) H. H. Hart, *Punishment and Responsibility* (NY: Oxford Univ. Press, 1968), p. 212.

12) K. D. Alpern, "엔지니어의 도덕적 책임" ed, D. E. Johnson, *Ethical Issues in Engineering*, 이태식 외 공역, 『엔지니어 윤리학』(동명사, 1999), 200면.

13) 이 개념 자체로 가치평가를 수반하는 것은 아니다. 이 부분은 J. Hospers, 최용철 역, 『도덕행위론』(지성의 샘, 1994)에 비교적 평이하게 설명된 부분을 참고할 것을 추천함.

14) J. E. Trull & J. E. Carter, *Ministerial Ethics* (Broadman & Holman, 1993), pp. 182-256.

15) J. Ladd, "윤리강령의 탐구" ed, D. E. Johnson, *Ethical Issues in Engineering*, 이태식 외 공역, 『엔지니어 윤리학』(동명사, 1999), p. 269.

16) J. Hospers, 최용철 역. 『도덕행위론』(지성의 샘, 1994), 488면.

17) J. Ladd, "윤리강령의 탐구" ed, D. E. Johnson, *Ethical Issues in Engineering*, 이태식 외 공역, 『엔지니어 윤리학』(동명사, 1999), 266-267면.

18) L. May, *The Socially Responsible Self* (Chicago: Univ. of Chicago Press, 1996), p. 2.

11

'Medical Crisis', 의료파업은 정당한가?

개인의 행동이나 집단의 행동을 막론하고 그 행위가 비난과 칭찬의 대상이 된다는 사실에서 우리는 도덕의 소박한 단초를 확인한다. 문제는 어떠한 기준에서 행위를 평가하고 그 책임을 규명하며 정당화시킬 것인가에 있다.[1] 가령, 뷰참T. L. Beauchamp과 칠드레스J. F. Childress가 말하는 연역주의deductivism: the covering-precept model, 귀납주의Inductivism: the individual-case model, 그리고 정합성이론coherentism 등으로 요약되는 이른바 정당화의 세 가지 모델Three models of Justification이 좋은 안내자가 될 수 있을 것이다.[2] 이러한 설명법은 특별히 의료윤리에 철학적 기초를 제공해 준다는 점에서 매우 뜻깊은 제안이라 하겠다.

이와 유사한 맥락에서 윤리학사의 전통으로 자리 잡아온 의로운 전쟁론just war theory에 대한 재조명이 필요하다. 의로운 전쟁론 그 자체에 대한 찬반논의는 열려있다. 의로운 전쟁론을 옹호하는 입장에서는 그것이 도덕적으로 정당화될 수 없는 전쟁을 비난할 강력한 근거를 제공하는 것이라고도 할 수 있겠지만,[3] 근본적으로 전쟁이란 도덕적 권면으로는 제어될 수 없는 것이라는 주장을 비롯하여[4] 의로운 전쟁론에는 수많은 비판적 반론들이 수반되고 있다. 프리젠[D. Friesen]의 주장에서 볼 수 있는 것처럼 의로운 전쟁론 그 자체의 성격규명에 대한 보다 진척된 논의가 필요한 것이 사실이다. 프리젠은 의로운 전쟁론이 현실적으로 그 윤리적 조건으로 제시된 것들 중 어느 한두 가지만 맞아도 쉽게 거의 모든 전쟁을 정당화할 수 있는 경향을 지니고 있으며 더구나 그 기준 자체를 왜곡할 수 있는 가능성 또한 있기 때문에 결과적으로 거의 모든 시대의 거의 모든 전쟁을 정당화하는 구실을 마련해주는 것이라고 비판하기도 한다.[5]

의로운 전쟁론을 의료파업의 문제에 응용하려는 것은 그 둘 사이에 모종의 공통요소 내지는 논리적 연결점이 내재되어 있다는 점에 착안하였기 때문이다. 여기에서 말하는 공통요소란 전쟁과 집단행동이 보여주는 현상적인 측면에서의 공통점이 아니라 의미상의 공통점이라고 할 수 있다. 의료파업을 비롯한 여러 형태의 '집단행동'과 '전쟁행위'라는 두 가지 현상에 하나의 공통적 요소가 내재되어 있다. '힘'[Power]의 문제가 바로 그것이다. 그것도 개인의 힘에 관한 논의가 아니라 이른바 정치적 또는 사회적 의미의 힘이 문제시되고 있다.

가령, 클라우제비츠[Carl von Clausewitz]의 표현을 따라 전쟁이란 힘의 과시 또는 행사라고 볼 수 있다면,[6] 물론 경우에 따라 다를 수 있겠지만, 결과적으로는 전쟁이 통치자 개인의 힘을 표현하는 것이기를 넘어 국가와 민족이라는 집단의 이름으로 그 힘을 행사하고 과시하는 것이라는 점에 주목할 필요가 있다. 포터[R. B. Potter]에 따르면, 의로운 전쟁론의 핵심질문은 결국 힘의 문제이다. 즉 '양심적 판단이라는 전제에서 언제 어떤 상황에서 힘을 사용할 것인가?'의 질문과 '정당하게 힘을 사용할 수 있는 상황이라면 어떤 형태의 힘을 사용할 것인가?' 하는 질문이 의로운 전쟁론의 핵심이라는 주장에 관심을 가질 필요가 있겠다. [7]

전쟁이 집단행동적 성격과 힘의 과시라고 하는 특성을 지니는 것과 마찬가지로, 의료파업을 위시한 집단행동의 본질적 요소 또한 힘의 과시라는 특성을 지니고 있다는 점에 주목할 필요가 있다. 니버[R. Niebuhr] 식으로 표현하자면, 집단행동이란 힘의 조직화라고 규정할 수 있겠다. 이른바 대항력 또는 반대압력[counter-pressure]이라는 힘의 행사가 집단행동의 본질인 셈이다. 이것은 집단행동의 문제가 개인과 개인의 관계에서처럼 양보와 타협을 통한 도덕적 문제의 해결이 가능한 단계를 넘어서 사회의 구조 및 제도의 문제와 관련한 집단과 집단, 집단과 국가 간의 알력과 이익갈등의 영역에 속하는 것이며, 개인윤리적 접근이 아닌 사회윤리적 마인드로 보아야 할 문제임을 말해주는 것이기도 하다. [8]

'의료파업'은 의사 및 의료인 개인의 윤리적 오류 또는 미성숙에서 유발되는 것이라기보다는 의료정책 및 사회구조의 문제와 연관된 집단적 힘의 행사라고 하는 점에서 사회윤리적 성찰의 대상이 되지 않을 수 없다. 다시 말해 정의를 명분으로 하는 집단행동을 통한 힘의 균형 또는 과시에는 개인의 도덕성과는 차원을 달리하는 이른바 집단적 힘이라고 하는 요소가 전제되어 있다는 점에 유념해야만 할 것이다.

이러한 맥락에서 우리는 의로운 전쟁론을 단지 정당방어에 대한 논의쯤으로 과소평가하려는 소극적 관점을 극복할 필요가 있다. 다른 말로 하자면, 전쟁에 대한 논의로도 적절하지 못한 이론을 집단행동에 적용하는 것이 과연 의미 있는 일인가를 묻기보다는 보다 적극적인 재해석이 필요하다고 하겠다.

의료파업의 사회윤리학적 성찰

논의를 효과적으로 전개하기 위하여 ① 의로운 전쟁론의 윤리적 이상, ② 'jus ad bellum', ③ 'jus in bello'으로 단락을 나누어 살펴보고 특히 ②, ③의 항목에서 제안되는 원칙들을 따라 의료파업과 관련한 윤리적 문제의식을 대입하여 성찰할 것이다.

'just war theory'의 윤리적 이상

일반적으로 의로운 전쟁론을 구성하는 윤리학적 요소들에는 전쟁의 윤리적 정당성을 논하기 위한 기준들을 포함하는 것으로 여겨진다. 테일러T. Taylor는 전통적인 논의에 나타난 의로운 전쟁의 요건들을 네 가지로 요약하고 있다. 첫째, 전쟁이 합법적인 권위에 의해 선포되어야 한다는 것이고, 둘째, 정의를 위한 명분 또는 정당한 원인에 의한 전쟁이어야 한다는 것이며, 셋째, 전쟁이 올바른 의도성을 지니고 수행되어야 한다는 것이고, 넷째로, 올바른 전쟁수단을 사용하는 것이어야만 한다는 점이다.[9]

포션N. Fotion과 엘프스트롬G. Elfstrom은 이러한 윤리적 기준들에 대한 흥미있는 의견을 제안한다. 그들은 의로운 전쟁의 조건들 중 어느 하나라도 결여되어서는 안 되며, 비록 정당한 원인이 있다고 하더라도 나머지 사항이 충족되지 않는다면 그 전쟁은 정당화될 수 없는 것이라고 주장한다.[10] 국가가 전쟁을 수행할 만한 정당한 명분(원인)을 지니고 있다고 해도 단순히 영토를 얻어야 하겠다는 의도에서 전쟁을 수행한다면 그것은 정당화될 수 없다는 것이다. 즉 명분에 있어서의 정의뿐만 아니라 나머지 조건들도 충족되어야만 한다는 것이다. [11]

베인튼R. Bainton의 설명에 따르면, 의로운 전쟁론이 제안하는 이러한 전쟁규약들은 고대사회로부터 이어오는 그리스-로마적 전통과 히브리적 전통을 아우구스티누스가 종합하여 준 것이라고 할 수 있다. 그리고 그 중심개념은 전쟁의 목적과 동기에 있어서의 정의, 그리고 전쟁참여의 절차와 전쟁수행 중의 행위의 정의라고 할 수 있다. [12] 이것은 전쟁의 정당성jus ad bellum: fighting for just or unjust causes과 전쟁행위의 정당성jus in bello: fighting the war correctly이라는 전통적인 개념들로 표현될 수 있을 것이다. [13]

▬ 'jus ad bellum'에 비추어 본 의료파업

의로운 전쟁론에 비추어 볼 때, 우리는 먼저 의료파업의 명분에 대한 성찰을 진행시킬 수 있다. 비판적 의견을 가진 학자에 따르면, 전쟁의 도덕성이라는 문제에 직면하게 되면 전쟁이 얼마나 다양한 기준에 의해 평가될 수 있는지를 알게 된다. 그가 비판적 견지에서 요약해 놓은 것을 참고로 하자면, 그 첫째는 전쟁의 교전국들이 얼마나 전쟁규약을 준수하고 있는가를 기준으로 삼는 방식이 있으며, 둘째는 전쟁의 정당성이나 부당성은 종종 전쟁으로써 실현하고자 하는 명분cause이 무엇인가에 상당부분 의존하고 있다는 것을 알 수 있다. 그리고 셋째로 이들 기준과는 달리 전쟁은 정당방위의 원칙에 어떤 식으로든 호소함으로써 정당되고 만다는 사실에 관심을 가질 필요가 있다. [14]

이 부분에서 특히 우리의 관심을 끄는 것은 전쟁의 명분에 대한 그의 설명이다. 그는 이 말이 두 가지 문제를 포괄하고 있다고 본다. 그 하나는 전쟁의 결과와 관계되는 대의명분, 즉 미래적 예측에 따른 평가 기준으로서, 이것은 그 기본적 성격상 결과론적^{consequ ential}이다. 또 다른 것은 전쟁을 이른바 과거회고적 기준에 의해서 평가할 수도 있다. 즉 전쟁이란 이미 일어난 일에 대한 대응이라는 기준에 비추어 그 옳고 그름을 따지는 방법이다.[15]

이러한 의미에서 우리는 가장 먼저 의료파업의 문제에서 명분의 정당성 여부에 대한 간접적 평가자원들을 살펴볼 필요가 있다. 이것은 집단행동의 정당성이 확보되기 위한 첫 번째 조건으로 분배정의를 포함하는 사회정의에 대한 관심과 그 실현을 요구하는 제도적이고 구조적인 접근이 이루어지고 있는 것인가의 문제로 환언될 수 있겠다. 일찍이 기독교 사회윤리학의 발판을 마련해 주었던 니버^{R. Niebuhr}에게서 사회윤리적 접근방법의 특성들은 도덕적 행위나 문제의 사회적 원인^{social cause}을 문제 삼고 그것의 극복을 추구하되, 사회적 원인의 해결이나 제거를 사회적 정책이나 제도 또는 체제의 차원에서 추구한다는 것으로 요약할 수 있다.[16] 말하자면, 니버의 사회윤리학이 지니고 있는 특징은 사회적 문제들을 정책이나 제도 또는 구조에 대한 접근을 통해 그 정의로운 해결을 추구한다는 점, 그리고 사회정의의 실현을 위한 정책과 제도의 개선을 위한 힘의 역학적 관계를 통한 이른바 권력정책^{power politics}의 중요성을 강조한다는 점에 있다.[17]

이러한 니버의 접근법에서 집단행동의 도덕성에 관한 논의를 이끌어줄 수 있는 최소한의 두 가지 원칙적 방향성을 발견할 수 있다. 그 하나는 집단행동이 도덕성을 구비하는 것이기 위해서는 사회정의를 위한 명분이 충분하게 있어야 한다는 점, 그리고 다른 하나는 사회정의를 위한 노력이 개인의 양심에 호소하는 접근방식이 아닌 제도와 구조의 측면에서의 접근이어야 한다는 점이다. 분명히 의료파업은 일종의 힘의 행사이고 그것도 집단적 차원의 힘의 조직화 및 실력행사라고 볼 수 있다. 그렇다면, 과연 의료파업은 정의로운 의료제도를 위한 집단행동이었는가? 정의로운 의료제도란 무엇인가? 그리고 의료파업이 과연 정의로운 의료제도를 위한 명분을 충족시키고 있는가?[18] 말하자면, 의료파업의 문제에서 있어서 과연 'jus ad bellum'은 충분히 확보되었는가? 이 질문에 대한 답에서 충분한 대의명분大義名分이 축적되고 사회정의를 위한 목적의식이 분명하게 확보되어 있다면, 우리는 의료파업을 적어도 집단이기주의라고 매도할 수만은 없게 될 것이다. 그러나 그 반대의 경우라면, 그들의 집단행동은 도덕적 이상으로부터 멀리 떨어진 집단이익의 대변에 그치고 말 것이다.

■ 'jus in bello'에 비추어 본 의료파업

의로운 전쟁이론이 주장하고 있는 또 다른 기준, 즉 'jus in bello'에 대해 살펴볼 필요가 있다. 의로운 전쟁론에서는 전쟁수행 수단의 정의도 요구한다. 오해하지 말아야 할 부분이 있다. 그것은 'jus ad bellum'과 'jus in bello'가 그 각각 독립적인 정당화의 요구에 직면하여야 한다는 점이다. 전쟁수행상의 도덕성에 대한 설명은 특히 토마스 아퀴나스Thomas Aquinas에게서 그 전통적인 관점을 찾아볼 수 있다. 토마스 아퀴나스는 아우구스티누스의 의로운 전쟁론을 보다 세부적으로 발전시켜 그 각각의 설명을 세분화시켰다고 평가된다.

일반적으로 토마스 아퀴나스적 설명법에서 우리의 관심을 끄는 것은 특히 'jus in bello'에 관한 설명이다. 그는 손해를 가하기 위하여, 권력쟁탈을 위하여 또는 잔인한 복수를 위하여 행하는 전쟁은 금지되어야 한다고 강력히 주장한다.[19] 후대의 신학자들은 토마스 아퀴나스의 이러한 설명을 보다 세분화하여 그 기준들을 상세하게 확장시켜 해석하기도 하지만, 대략 두 가지 정도의 원칙을 정리할 수 있겠다.

그 하나는 분별성이다. 즉 전쟁 중의 행위들은 분별 있는 행위이어야 한다는 것으로서, 전쟁 중이라도 적의 권리를 보장해야 하고 이른바 비무장비전투요원에 대한 직접적인 공격의 금지 및 그들의 권리를 지켜주어야 한다는 것이다. 이러한 의미에서 전쟁 중에 나타날 수 있는 약탈 및 보복과 무차별적 폭력이 금지된다.

다른 하나는 비례성이다.[20] 즉 목적에 상응하여 그에 비례하는 만큼만 손해를 가해야 한다는 것이다. 이것은 전쟁의 손해가 전쟁의 이득을 능가해서는 안 된다는 규정이라고 할 수 있으며, 전쟁 중의 잔학행위 및 무분별한 공격성에 대한 일종의 도덕적 제동이라고 해야 할 것이다.[21]

이러한 분별성과 비례성이라는 두 가지 원칙은 명분과 이유가 분명하고 정당한 것이라 하더라도 그 힘의 행사에 있어서 도덕성이 확보되지 못한다면, 그 전쟁은 의로운 전쟁의 범주에 들 수 없다는 점을 암시하고 있다.

특히 'jus in bello'에 대한 설명을 집단행동에 응용하여 볼 때, 이른바 조직화된 힘으로 대변되는 집단행동을 만병통치약으로 권장할 수는 없다는 점에 유념할 필요가 있다. 니버는 그의 동생 리처드 니버와 만주사변 이후 일본에 대한 미국의 공격을 두고 격론을 벌인 바 있다. 리처드 니버는 미국의 의도 자체가 공평무사한 것이 아니었으며 국가의 이익을 위한 행위였다고 규정하고, 죄 없는 자가 먼저 치라고 하신 예수의 말씀을 따라 순수하지 못한 동기에서 또는 윤리적이지 못한 의도에서 그 어떤 인위적인 행위를 가하는 것은 차라리 아무것도 안하는 것만 못하다는 입장이었다.

이에 대해 라인홀드 니버는, 그렇다면 우리는 아무것도 하지 말아야 한다는 것인가?Must we do nothing?라고 묻는다. 라인홀드 니버는 순수한 의미에서의 윤리적인 사회를 만든다는 것은 하나의 환상적 희망illusory hope이라고 보았고, 순수한 사랑의 사회는 불가능하다는 입장을 피력하면서, 인류의 진보를 위한 대가란 불가피한 것이며 삶과 역사란 그 본질상 비극tragedy이라고 주장한다. 이러한 맥락에서 라인홀드 니버는 리처드 니버가 일종의 도덕적 완전주의를 표방하고 있다고 비난하면서, 필요하다면 일본의 패망을 위해 무력을 사용할 수 있다는 입장을 표명한 바 있다.[22]

하지만 이것이 집단행동만능주의 또는 집단행동의 무분별성을 찬동하는 근거가 되는 것은 아니다. 집단행동에는 사회정의를 위한 명분이 확보되어야 하고, 그 접근 방식에 있어서 정책 담당자나 관련된 사람들 개개인의 도덕성에 호소하는 것보다는 근본적으로 정의로운 제도의 마련이 요청된다. 이를 위해 조직화된 힘의 필요성이 인정되기는 하지만, 그러나 그것은 손쉬운 선택이 되어서는 안 될 것이다. 이러한 의미에서 라인홀드 니버의 관점이 이른바 비극적 선택the tragic choice이라는 개념과 연관 지어 해석되어야 한다.[23] 이른바 도덕적 양심 또는 지성적 분별력이 결여된 집단행동만능주의에 대해서는 찬성할 수 없다는 점을 강조하고자 하는 것이다. 이것은 마치 의로운 전쟁론에 들어 있는 최후의 수단the last resort의 개념과도 유사한 뉘앙스를 지닌다.

　　이제 의료파업의 문제를 살펴보자. 우리는 너무도 걱정스러웠던 순간들을 기억하고 있다. 연일 매스컴을 독차지하였던 의료대란에 관한 보도와 시민단체들의 강력한 반론, 그리고 매스컴의 편파 및 왜곡보도를 반론하는 의사들의 주장 등으로 얼룩지고 혼돈스러웠던 아픔들을 우리는 함께 겪었다. 그 와중에 대부분의 시민들은 의료정책을 담당하는 정부의 책임과 의료인들의 명분이나 논리가 무엇인가에 대한 관심보다는 우리 눈앞에 현상으로 나타난 의료대란과 그로 인한 의사―환자 사이의 신뢰와해 및 생명위기 현상을 바라보면서 심각한 우려를 표명하지 않을 수 없었던 것이 사실이다.

　　누구의 입장에서라도 최소한 동의할 수 있는 부분이 있다. 의료파업이 환자 및 그 가족에게 조금 더 기다리게 하거나 다소 심한 불편을 감수하도록 하는 수준이라면, 거기에는 인내와 관심이 수반될 수 있을 것이다. 하지만 의료파업으로 인해 환자의 생명이 위협받는 정도에 이르게 된다면, 그것은 도덕적 비난을 넘어 심각한 문제들이 야기될 수도 있다. 극도의 생명위기를 초래하는 단계에까지 집단적 힘이 확대되어서는 곤란하다는 것이다.[24]

　　여기에서 문제 삼고자 하는 것은 심각하게 일그러졌던 의료현장의 생명위기에 대해서는 물론이고 의료파업에서 나타난 그 집단적 의견표명의 수단에 이른바 도덕적 지도력 또는 고도의 지적 탁월성이 결여된 것은 아니었는지를 심각하게 성찰해야 한다는 점이다.

▬▬ 그들이 자리를 비웠을 때

비록 비극적이기는 하지만, 현실적으로 정의를 명분으로 하는 집단행동을 통한 힘의 균형이라는 것은 사회적 집단 사이의 관계에서이건 국가와 국가의 관계에서이건 힘에 대해서 힘으로 반대압력^{counter-pressure}을 가하는 것이기 때문에 대립과 긴장의 상태를 초래하게 마련이다. 하지만 그것이 직접적인 충돌과 실력행사에 들어가게 하는 것을 피하게 하는 것은 높은 도덕성이라는 점에 우리는 각별히 관심을 가질 필요가 있다.[25]

이것을 니버는 이른바 아가페적 사랑의 개념과 사회정의의 개념 사이의 변증법적 관계로 설명하고 있다. 즉 궁극적으로 사랑은 참된 사랑이 되기 위해서 정의를 만족시켜야만 하고, 정의는 영원한 파괴의 불의를 피하기 위하여, 그리고 무엇보다도 조직화된 힘이 집단이기주의^{collective egoism}에 흐르는 것을 방지하기 위하여 사랑과의 합일로 높여지지 않으면 안 된다는 것이다.[26] 이러한 의미에서 니버는 힘의 균형이 없이는 사회정의가 가능하지 않다고 역설하면서도, 동시에 사랑이 없으면 힘의 균형이 지탱될 수 없을 것이라고 한다.[27] 힘의 균형은 사랑이나 도덕성을 전제로 할 때 비로소 정의를 실현할 수 있다는 것이다.

니버가 말한 것처럼 사랑에 의해 지도되는 정의, 정의에 의해 근사치적으로 실현되는 사랑을 위하여 특별히 기독의사들의 분별력 있는 노력과 사랑에 의한 지도력이 절실히 요청되는 시점에 우리는 서있다. 우리가 기독의사들에게 그 희망을 두는 것은 특히 기독의사들이 그 의료직으로서의 전문직을 이해함에 있어서 생명을 돌보고 치유하도록 맡겨주신 생명의 청지기직이며, 의료행위를 통한 이웃사랑의 실천을 그 근본목적으로 삼아야 한다는 당위성을 근본으로 삼는 사람들로 간주하기 때문이다.

나아가 의사를 단지 전문직으로만 규정하는 것은 지나치게 현상에 집착하는 관점에 불과하다. 의료직은 그 사회적 지위나 경제적 대우에 있어서 의미 있는 직이라기보다는 그 자리가 지극히 존엄한 인간의 생명의 문제에 직결되어 있다는 점에서 그 본래적 의의를 찾아야만 할 것이다. 더구나 기독교적 관점에서 볼 때, 전문직으로서의 의사는 생명지기로서의 청지기직에 해당한다는 점에 각별히 유의할 필요가 있다.

직업을 청지기직으로 해석하는 기독교적 직업윤리에서는 모든 직업이 경제적 관점에서만 해석되는 것이 아니라 하나님과의 직접적 연관성에서 해석되고 있기 때문이다. 기독교윤리학이란 그리스도인의 소명calling과 그 응답response의 문제에 대한 탐구라고 전제하고, 그리스도인의 응답의 가장 적합한 형태를 이른바 청지기의식stewardship에서 찾아야 한다. 이것은 생명의료윤리를 비롯한 모든 기독교윤리학의 주제들은 반드시 이러한 인식의 기초 위에서 논의되어야 한다는 점을 보여주는 것이라 하겠다.[28]

이처럼 직업을 청지기적 관점에서 해석하는 것은 직업소명의 개념을 바르게 해석하는 단초가 된다고 하겠다. 일찍이 루터와 칼빈에게서 나타난 직업을 소명으로 보려는 관점은 수도원적 영성에 집착하여 종교적 소명만을 강조하였던 중세적 한계를 벗어나 세상에서의 직업을 소명으로 해석하되, 근본적으로 이웃사랑의 실천을 위한 기회이자 통로라고 해석하였던 전통과 연결되고 있다. 이것은 단지 직업윤리 이론상의 논제일 뿐만 아니라 기독의사들의 삶을 통하여 시행되어야 할 하나님에 대한 사랑과 이웃사랑의 책임적 과제를 명확하게 보여주는 대목이라 하지 않을 수 없다.

우리는 의료대란이라는 비극적 현실이 재현되지 않기를 간절히 기대하고 기도하면서 동시에 현실참여의 방식과 그 대안에 관한 심사숙고를 통하여 사랑에 의해 지도되는 정의로운 사회를 이룩하는 일에 최선을 다해야만 할 것이다.

무엇보다도 우리 시대의 기독의사들의 자기 성찰에 대한 각별한 관심을 촉구하고자 한다. 그것은 누구를 질책하기 위한 율법주의적 관심에서 나온 것이 아니라, 기독교적 의료윤리의 사명과 책임을 우리 사회의 진정한 성숙을 위한 윤리적 대안으로 자리매김하기 위한 관심의 표명이라고 할 수 있겠다. 말하자면, 기독의사들은 자신들을 하나님 앞에서Coram Deo의 생명지기로 재인식할 것과 그 청지기적 사명과 책임에 대한 엄격한 성찰을 요구받고 있다는 점을 항상 잊지 말아야 할 것이다.[29]

니버의 기도문에 나타난 고민은 이러한 문제의식을 대변해준다.

하나님 아버지, 내가 바꿀 수 없는 것들은
수용할 수 있는 평정심을 주시옵소서
내가 바꿀 수 있는 것들은
바꿀 수 있는 용기를 주시옵소서
그리고 그 차이를 알 수 있는 지혜를 내게 주소서…

1) 필자는 2000년 여름, 우리나라 의료윤리의 기초를 마련해 주었다고 평가되는 N. Fotion 교수의 도움으로 Emory University에서 Visiting Scholar로 생명의료윤리를 연구할 수 있는 기회를 가졌다. 특히 필자는 에모리의과대학의 어떤 의료인이 Fotion 교수에게 윤리적 자문을 구하며 토론을 진행하는 과정에서 깊은 인상을 받았다. 약물치료를 거부하는 환자에 대한 치료행위의 정당성에 관한 논의에서 Fotion 교수는 그의 저서 『군사윤리』(Military Ethics)에 제안된 just war theory를 응용하여 이 부분에 대한 논의가 진행될 수 있도록 관심을 가지고 배려하였고, 특히 jus ad bellum과 jus in bello의 규약을 응용하여 논의를 진행하는 부분이 매우 설득력이 있어 보였다. 필자가 의로운 전쟁론의 응용에 착안하게 된 것은, 의로운 전쟁론이 단지 전쟁만을 위한 논의로 고정된 것이 아니라는 점에서 비롯되었다. 즉 의로운 전쟁론의 윤리적 이상과 논지가 응용윤리의 분야에서 광범위하게 적용될 수 있으리라 생각했기 때문이다.

2) Beauchamp. T. L., Childress. J. F., *Principles of Biomedical Ethics 4th ed.*, (New York: Oxford Univ. Press, 1994), pp. 13-28.

3) Kennedy. T., "Can War Be Just?" in Boulton. W. G., Kennedy. T., Verhey. A., ed., *From Christ to the World* (Grand Rapids, Michigan: Wm. B. Eerdmans Publishing Co., 1994), p. 441.

4) Fotion. N., Elfstrom. G., *Military Ethics* (Boston: Routledge & Kegan Paul, 1986), p. 277.

5) Friesen. D., *Christian Peace Making and International Conflict: A realist pacifist perspective* (Scottdale, Pennsylvania: Herald Press, 1986), pp. 198-218.

6) Carl von Clausewitz, Vom Kriege, 김홍철 역, 『전쟁론』(삼성출판사, 1982), pp. 80-87.

7) Potter. R. B., *War and Moral Discourse* (John Knox Press, 1969), pp. 50-55.

8) 이 글이 전제하고 있는 개인윤리와 사회윤리의 구분에 대한 관점은 R. Niebuhr의 *Moral Man and Immoral Society* (New York: Meridian Books, 1956)를 참고한 것임.

9) Taylor, T., "Just and Unjust Wars", in M. M. Wakin ed., *War, Morality and Military Profession* (Boulder, CO: Westview Press, 1979), pp. 245-258.

10) 포션과 엘프스트롬은 『군사윤리』(Military Ethics)에서 전체를 4부로 나누어 제1부에서는 평화 시의 주제들, 가령 군 복무의 정당화 문제, 직업군인과 관련된 사항, 그리고 군사윤리의 강령 등등을 다루고 있다. 제2부에서는 즉각적인 전쟁수행과 관련된 주제들로서 전쟁의 정당한 원인, 제3자들의 역할에 대한 논의 등을 다루고, 제3부에서는 교전시의 문제들, 즉 적에 대한 대응, 전쟁무기의 문제, 시민과 군, 게릴라 전쟁 등등의 문제들을 다루고 있다. 그리고 제4부에서는 전쟁 이후의 문제들로서 종전에 관한 사항, 전쟁범죄의 문제, 무장해제와 관련된 사항 등을 빠짐없이 취급하고 있다. 전쟁의 윤리학적 논의에 관한 참고자료로 적극 추천하는 바이다.

11) Fotion, N., Elfstrom, G., *Ibid.*, p. 108.

12) Bainton, R. H., 채수일 역, 『전쟁, 평화, 기독교』(대한기독교출판사; 1981), p. 129.

13) Fotion, N., Elfstrom, G., *Ibid.*, p. 244.

14) Wasserstrom. R., "전쟁의 도덕성: 예비적 고찰". Rachels. J., ed., *Moral Problems*, 황경식 외 공역, 『사회윤리의 제 문제』(서광사, 1983), p. 368.

15) Wasserstrom, R., *Ibid.*, p. 370.

16) 고범서, 『사회윤리학』(나남커뮤니케이션스, 1993), pp. 33-60.

17) 고범서. 「윤리에서의 도덕적 방법과 정치적 방법」, 『기독교사회윤리』(한국기독교사회윤리학회, 1999), pp. 16-22.

18) 이와 관련하여 우리의 논의를 풍요롭게 하는 주장으로는 의료제도를 윤리적으로 조명해 보는 기준으로 정의의 여부, 의료의 질, 그리고 저렴성 또는 효율성을 들 수 있다고 했던 포션과 김일순 등의 제안이 참고될 수 있을 것이다. 그들이 제안하는 의료에 있어서의 분배정의의 기준으로는 대략 다음과 같은 것을 들 수 있겠다. ① 개인의 능력으로 의료보험료조차 낼 수 없는 사람을 도와주는 제도가 마련되어야 한다. ② 의료에 더 많은 돈을 사용하려는 사람을 막아서는 안 된다. ③ 완전히 폐쇄적이지도 않고 완전히 개방적이지도 않은 적절한 규제가 있어야 한다. ④ 완전한 평등은 아니라 해도 모두에게 최소한의 의료는 보장해 줄 수 있어야 한다. 물론 이것이 전부를 충족시키는 제안이 될 수는 없을 것이며 보다 구체적으로 한국적 맥락에서의 의료정의에 관한 논의가 충분히 진행되어야만 할 것이다. 더구나 의료에 있어서 정의로운 분배는 매우 중요하지만 이것만을 주장하다보면, 교육 및 사회복지를 비롯한 사회전반의 다른 영역과의 관계에서 또 다른 공정성에 대한 논의에 직면하게 될 수도 있다는 점 역시 간과해서는 안 될 것이다. 김일순, F. Fotion, 『의료윤리』 4쇄(현암사, 1999), pp. 211-212.

19) Entreves. A., ed. *Aquinas Selected Political Writings* (Oxford: Basil Blackwell, 1965), p. 33.

20) Entreves. A., ed. *Ibid.*, p. 34.

21) 물론 이러한 사항들이 'jus in bello'의 전체인 것은 아니다. 보다 구체적인 예를 들어 설명할 수 있다면, 포션과 엘프스트롬의 『군사윤리』에 나타난 사항들이 참고될 수 있을 것이다. 그는 전쟁수행 중의 행위에 관련된 윤리적 논제들(issues of fighting war)에 적(enemy)에 대한 처우에 관한 사항과 전쟁무기, 그리고 시민과 군인의 문제를 비롯하여 이른바 게릴라전(guerrilla warfare)까지도 포함될 수 있음을 보여준다. 포션의 주장에서 그 각각의 주제하에 분류된 문제들로서는 포로에 관한 사항, 금지된 무기(현대전의 생화학무기 및 핵무기의 문제 등), 공습지역의 설정에 관한 문제 등 다양한 부분이 논의될 수 있음을 확인하게 된다. Fotion. N., Elfstrom. G., *Ibid.*, pp. 135-226.

22) Niebuhr. R., "Must We Do Nothing?" in *The Christian Century*, 30 March 1932, Boulton. W. G., Kennedy. T., Verhey. A., ed., *From Christ to the World* (Grand Rapids, Michigan: Wm. B. Eerdmans Publishing Co., 1994), pp. 422-425에서 재인용.

23) Meyer. D., *The Protestant Search for Political Realism* (Middletown, Connecticut: Wesleyan Univ. Press, 1988), pp. 349-403.

24) 이와 관련하여 필자는 의료대란을 구분하는 단계적 접근이 필요하다고 본다. 가령, ① 단순한 불편이나 기다림의 단계, ② 중환자에 대한 긴급한 치료가 요청되는 단계, ③ 극도의 생명위기상황 등으로 구분하는 것도 한 방법이 될 수 있을 것이다. 우리는 적어도 ②와 ③의 상황은 쉽게 찬성

할 수 없을 것이다. 이에 관한 논의는 의료인들의 전문지식과 양심에 따른 판단을 기초로 할 때, 더욱 진지하게 진행될 수 있을 것이다.

25）고범서, 『사회윤리학』(나남커뮤니케이션스, 1993), p. 348.

26）Niebuhr. R., "Justice and Love" in The Nature of Religious Experience *고범서, 『사회윤리학』(나남커뮤니케이션스, 1993), p. 288에서 번역문을 재인용하였음.

27）Niebuhr. R., *Christianity and Power Politics* (New York: Charles Scribner's Sons, 1940), p. 27.

28）Rodin. R. S., *Stewards in the Kingdom: A theology of life in all its fullness* (Downers Grove, Illinois, InterVarsity Press, 2000), pp. 15-31.

29）이 글은 2000년 12월 성산생명의료윤리연구소가 성산 장기려 박사 제3주기를 맞아 '의료파업'을 주제로 주최한 논문발표회에서 발표된 글 중의 하나로서, 일부내용을 수정, 보완하였다. 서울의대 이왕재 박사를 비롯한 패널 여러분의 논찬에도 감사드린다. 분명히, 집단행동의 명분(목적)과 수단의 도덕성을 강조하다보면, 정의를 위한 열정을 반감시킬 우려가 있다. 더구나 필자가 정책 당국에 대한 논의를 생략한 것은 그들에게 면죄부를 주려는 것이 아니다. 사회통합능력이라는 점에서 정책 당국의 책임이 크다는 점은 두말할 나위도 없다. 이 글에서 집단행동의 도덕성을 제안하는 것은 사회정의를 위한 노력에 최소한의 방향성만은 설정되어야 한다는 의미이며, 특히 의료파업이 의료불편의 단계를 넘어 생명에 관한 위기상황으로까지 확산되어서는 안 된다는 점을 깊이 생각해 보아야만 할 것이다. 의료파업이 마무리된 지금, 기독의료인들의 윤리적 지도력에 대한 논의가 새롭게 이어지기를 기대해 본다(책에서는 '의료파업'을 넘어서 포괄적인 의미에서 '의료파업'이라는 용어를 사용해보았다).

bioethics

12

변증을 넘어서:
생명윤리와 교회

안타깝게도 우리 사회는 생명의 존엄을 강조하는 윤리적 반대의 견이나 문제제기를 싸잡아서 '보수적이고 무책임한 것'으로 매도하고 깎아내리는 경향이 있다. 가뜩이나 사회전체가 들떠서 박수를 쳐주고 있는데, 굳이 신학의 이름으로 찬성을 '선포'해 주어야만 신학적 사명을 완수하는 것일까? 게다가 반대를 말하는 사람 전체를 꽉 막힌 보수주의자들이라고 몰아세우고 깎아내리는 것은 과연 분별 있는 태도일까? 예를 들어, 보수신학자 중에도 배아복제에 대한 찬성의견이 있다고 하는데, 그렇다면 그를 과연 보수신학자라 해야 하는가 혹은 진보신학자라 해야 하는가? 도대체 보수는 무엇이고 진보는 과연 무엇인가?

우리 시대에 필요한 것은 신학적 편 가름이나 문제제기 자체를 몰상식한 것으로 몰아세우기가 아니다. 우리 시대는 교리논쟁의 시대도 아니고, 진보와 보수를 구분하는 일이 결정적인 긴박성을 가지는 시대도 아니다. 신학적 편 가르기가 시급한 것이 아니다. 또는 몇몇 교회

일부 성도들을 대상으로 졸속으로 설문을 돌려 기독교인의 과반수가 배아복제를 찬성한다고 성급한 결론을 내릴 수 있는 문제도 아니다. 우리가 놓치지 말아야 할 것은 이 중요한 문제들에 대해 교회가 침묵하거나 일방적인 사회 분위기에 편승하여 본연의 책임을 놓치는 우를 범해서는 안 된다는 점이다.

견제와 균형의 필요성

바람직한 시민사회를 위한 조건들 중에, 사회적 문제들에 대한 다양한 목소리의 공존과 존중, 그리고 책임 있는 대안의 모색은 생략될 수 없는 중요한 요소이다. 더욱이 시민의 권리를 생각해 볼 때, 사회적 이슈들에 대해 우려의 목소리를 내는 사람들 모두를 애국심 없는 사람으로 몰아세우거나 시대에 뒤떨어진 보수주의자 취급하는 것은 건전한 시민사회의 모습이라 할 수 없다. 말하자면, 시민사회에서 생명과학의 성과들에 박수칠 권리에 못지않게 그에 대한 윤리적 우려를 표현할 권리 또한 중요한 것임을 간과해서는 안 된다.

애국심이 배어있는 국가브랜드 자랑도 중요하지만, 생명윤리적 성찰의 필요성을 말하는 것 또한 소중한 권리이자 책임이다. 시민의 윤리와 함께하는 생명과학이야말로 건전한 시민사회를 위한 밑거름이 될 것이기 때문이다. 이와 관련하여 견제와 균형의 중요성은 삼권분립이라는 정치제도나 기구에 관한 것으로 그쳐서는 안 된다. 시민사회에 있어서 견제와 균형은 정치전문가들의 영역 이외에 다양한 분야에서 구현되어야 한다.

생명과학 역시 예외일 수 없다. 생명과학자들의 연구성과 발표에 대해 일방통행식 찬성만을 요구하는 것은 사회적 담론을 위한 것이라기보다 설득으로서의 홍보나 광고에 가깝다. 오히려 냉철하고 사려 깊은 시민적 성찰과 견제를 통해 '시민윤리와 함께하는 생명과학'으로 자리매김하도록 이끄는 것이 바람직한 시민사회를 위한 대안이 될 것이다.

이러한 관심과 아쉬움을 이야기로 풀어 나아가기 위해 우리는 잘 알려진 이론들을 통해 생명복제시대의 생명윤리 담론에 관해 생각해 볼 필요가 있다. 예를 들어 일찍이 사회정의에 관한 기독교윤리학적 논의에서 높이 평가되었던 니버R. Niebuhr의 주장을 생각해 보자. 익히 아는 바와 같이 그 핵심은 힘의 균형balance of powers에 있다. 니버가 말하는 힘의 균형을 다른 말로 하자면, 힘의 조직화 또는 조직화된 힘organized power, 또는 반대압력counter-pressure을 통해 견제와 균형을 이루어야 한다는 것으로 해석할 수 있겠다.

니버의 이러한 탁견은 우리의 주제에도 충분히 응용가능하다. 생명과학의 눈부신 성과들을 찬성하고 칭송하는 사람들만으로 시민사회가 구성된 것은 아니며, 건강한 사회에 있어야 할 다양한 목소리들이 무시되어서는 안 된다. 찬성하는 사람들의 목소리만이 전부가 아니라, 신중한 책임의 정신을 촉구하는 목소리 역시 동등하게 다루어져야 한다. 특히, 생명윤리에 관한 논의들은 과학자 집단의 몫으로 제한되어서는 안 된다. 그들만의 잔치가 되게 하는 일 또는 그들만의 비밀로 남겨 두는 것은 시민사회의 성숙을 저해할 수 있다.

연구의 중요도가 높은 연구업적일수록 시민에게 공개되고 시민의 참여를 통해 공론화되어야 한다. 이러한 의미에서 배아복제 배아줄기세포 연구를 비롯한 생명과학자들이 연구에 윤리적인 문제가 있다는 의견을 개진하는 것 자체를 반대를 위한 책략쯤으로 몰아세우거나 매도하는 것은 옳지 않다. 오히려 시민적 이해와 합의가 요청된다는 사실을 일깨우는 노력이 필요한 시점이다.

▬▬ 사회적 담론화 필요성

생명윤리는 시민사회의 건전한 발전을 위한 견제와 균형의 필요성을 기반으로 또 하나의 사회적 담론이 되어야 한다. 그 단초는 하버마스J. Habermas와 아펠Karl-Otto Apel에게 있다. 담론윤리라는 것이 그 핵심이다. 그들의 담론윤리는 세계적으로 수용되고 논의되며 비판되는 과정에서 폭넓은 주목을 받았다. 무엇보다도 의사소통의 기본원리와 규범의 문제를 다루고 있다는 점에서 의사소통윤리라고도 할 수 있다.[1]

하버마스가 말한 것처럼, 담론윤리에서는 칸트적 정언명법의 자리를 도덕적 논증의 절차가 차지한다.[2] 말하자면, 담론윤리란 합리적 논증을 위한 전제와 절차를 성찰하는 것이며 도덕의 정당화 문제를 다룬다. 그러나 이 짧은 지면을 빌어 방대하고 복잡한 담론윤리 전반을 소개할 수 없다.

아펠의 선험화용론으로부터 담론윤리의 전반적인 단계들을 요약하는 것 자체도 매우 조심스러운 부분이다. 더구나 담론윤리가 곧 우리의 주제인 생명윤리의 사회적 담론의 중요성과 필요성을 직접적으로 적시해 주는 것도 아니다. 다만, 우리에게 절실히 요청되는 생명윤리의 공론화 필요성을 보여주는 통찰 또는 단초가 될 수 있는 함의 implication는 충분한 듯싶다.

하버마스의 여러 개념들 중에서 특히 보편적 담론Diskurs이라는 독특한 개념은 공론 영역에 대한 관심을 반영하고 있다. 이 담론이라는 개념 자체를 규명하는 것만 가지고도 독립된 논제가 될 정도이지만, 우리의 관심은 그것보다 의사소통의 과정에 참여한 사람들의 동의를 얻을 수 있는 규범만이 타당성을 주장할 수 있다는 원리에 맞추고자 한다.[3]

예를 들어, 담론윤리를 위한 절차규칙에 관하여 하버마스가 제안한 일종의 정식들은 우리의 관심을 받기에 충분하다. '각기 언어능력과 행위능력을 가진 주체는 담론에 참가할 수 있다'. '각 주체는 모든 주장을 문제 삼을 수 있다'. '각 주체는 담론에서 모든 주장을 개진할 수 있다'. '각 주체는 자신의 입장, 희망, 그리고 욕구를 표현할 수 있다'. '어떠한 화자도 담론의 내부나 외부에서 지배되는 구속에 의해 해도 앞에서 설정된 자신의 권리가 저지되어서는 안 된다' 등의 규칙들이 그것이다.

말하자면, 담론참여자 모두에게 해석, 주장, 추천, 해명, 그리고 정당화에 대해 문제를 제기하거나 반박할 수 있는 기회가 동등하게 부여되어 있다. 참여자와 논제에 대한 제한이 없는 셈이다. 하버마스의 담론윤리가 도덕의 정당성에 관한 논의에서 영향력을 가지는 것은 그가 칸트적 전통에서 새로운 시도를 성공적으로 이루어 내었다는 점 이외에 아마도 바로 이러한 절차와 규칙에 관한 논의들이 롤즈J. Rawls를 비롯한 윤리학자들로부터 다양한 반향을 불러 일으켰고 그 자체로 세계적인 담론이 되었다는 점에서 찾을 수 있을 것이다.

이것을 우리의 이슈와 연관 지어 응용해 본다면, 생명윤리에 관한 담론의 필요성이 더욱 분명해진다. 배아복제를 비롯한 생명과학의 성과들이 줄지어 발표되는 것은 우리 시대의 조건인 테크놀로지의 상징성이다. 그러나 그 모든 것이 일방적으로 통보되는 것에 그쳐 버리고, 국가 드림팀에 대한 일방적 홍보와 설득만 남게 된다면, 그것은 말 그대로 홍보일 뿐, 시민사회의 성숙한 이해와 동의를 얻을 수 없을 것이다.

이러한 의미에서, 우리는 시민사회의 성숙에 필요한 사회윤리가 바로 세워져야 함을 역설하고픈 것이다. 특히 생명과학의 연구성과들이 그 발전의 과정에서 시민적 성찰의 기회를 빼앗아버리는 것이 되지 말아야 한다. 오히려 사회적 담론으로 발전되어 바람직한 생명윤리를 기반으로 하는 생명과학으로 성장해야 할 것이다.

전략적 접근의 필요성

생명복제의 시대에 생명윤리를 사회적 담론으로 삼는 것은 결과적으로 시민사회를 성숙시키는 긍정적 기능을 수행할 것이다. 그러나 정작 사회적 담론으로 생명윤리를 공론화할 때, 그것이 합리적인 입론으로 자리매김할 수 있도록 사려 깊은 전략이 수반되어야 한다. 여기에 담론의 절차와 방법에 관한 전략도 포함될 수 있겠지만, 논쟁의 이슈를 전략적으로 제안하는 것이 중요하다. 특정한 종교적 배경이나 특정 과학자 집단의 이견이 첨예하게 대립할 수 있는 주제들을 앞세우는 것은 자칫 사회적 담론으로서의 생명윤리를 단명하게 하는 요인이 될 수 있다. 말하자면, 보편타당하고 핵심적인 논제를 상정함으로써 사회적 담론의 저변을 확대해야 한다.

우리는 경험적으로 배아복제가 현실화되고 줄기세포 연구에 관한 찬반이 우후죽순 격으로 표명되고 그것들이 일방적으로 매도되고 폄하되는 과정에서, 합리적 용어로 포장되지 않은 기독교적 관점이 집중포화의 표적이 되었던 것을 상기할 수 있다.

예를 들어 '수정되는 순간부터 인간'이라는 명제는 복음적 신앙의 기초적 사실로 수용해왔던 신념이었다. 따라서 배아도 인간으로 보아야 하며, 배아복제의 과정에서 불가피하게 배아를 '죽이는' 일이 윤리적으로 심각한 문제가 된다는 주장이었다. 사실, 이것은 임신중절이라는 해묵은 이슈에서 선택옹호론pro-choice을 대항하는 전통적 생명옹호론pro-life의 이론적 근거이기도 했다.

그러나 우리는 배아줄기세포 연구와 관련된 국민적 흥분이 가라앉지 않았을 때, 이 신념만으로는 효과적인 윤리적 논변의 기초가 되지 못하다는 점을 경험했다. 그것을 근거로 배아줄기세포 연구를 반대하려면, 차라리 정자와 난자까지도 생명이라고 하라는 비아냥거림이 거세게 일어났다. 심지어 기독교의 생명윤리는 지극히 전근대적이며 보수적인 것으로 매도되었고, 결국 기독교는 난치병 치료를 반대하는 집단이자 애국심도 없는 집단으로 매도되는 지경에 이르기도 했다.[4]

더욱 안타까운 것은 정작 기독교 안에서 전통적 신념에 대한 상당한 균열이 나타났다는 점이다. 가령, 성개방의 사회에서 인공피임이나 온갖 명분을 붙인 임신중절 등을 허용할 수 있는 것처럼 말하면서 수정되는 순간부터 생명이라고 말하는 것은 시대착오적인 주장이 아닌가 반문하는 사람도 있었다. 아마도 이 부분에서 보수냐 진보냐에 관한 어설픈 논쟁이 불거져 나온 듯싶다. 또는 기독교가 굳이 가톨릭 교리를 따라서 흉내 내기에 급급할 필요가 없다는 주장도 제기되었다. 급

기야 어느 교계신문에서는 일부 교회의 일부 성도들을 대상으로 설문을 돌리고 기독교인 절반이상이 배아줄기세포 연구에 찬성하는 것으로 조사되었다는 성급한 기사를 발표하기도 했다.

이러한 모든 과정에서 중요한 역할을 할 수 있으리라 기대되었던 교회연합기관들까지 안타깝게도 제각기 다른 목소리들을 내면서 기독교의 생명윤리 담론은 보편적 입장을 확보하지 못했다. 그리고 지금 이 순간에도 형편은 크게 좋아질 것 없으며, 마치 백가쟁명을 연상케 하는 각개전투로 귀결되고 있다. 자칫 기독교는 이 문제에 대한 정해진 답이 없기 때문에 관심 영역에서 배제하자는 이야기가 나오지 않을지 염려스럽다.

이러한 의미에서, 우리는 생명윤리의 사회적 담론화에서 전략적 접근의 필요성을 말하지 않을 수 없다. 비록 우리가 지닌 생명존엄의 신념이 복음적인 것이라 해도, 그것을 직접적으로 말하는 것 이외의 우회적 방법이 필요하다. 여기에서 말하는 전략적 접근이란 사회적 담론으로서의 생명윤리 이야기에 보편적으로 수용 가능하고 담론참여자의 저변을 확대할 수 있는 논제를 상정하는 것이다.

이를테면, 생명의 시점에 관한 설명에서 14일설을 주장하는 사람들의 임의성을 합리적이고 효과적으로 지적하고 논파할 수 있는 논리의 개발, 난자확보에 수반되는 윤리적 문제들에 대한 분명한 해명의 요구, 종교의 이름을 군이 사용하지 않더라도 연대 가능한 생명윤리학자들과의 공동대응 등 가능한 모든 채널이 동원될 수 있을 것이다.

특히 주목하고 싶은 논제는 '대안'에 관한 부분이다. 배아줄기세포 연구가 과연 '최후의 수단'the last resort인지, 혹은 대안적 가능성은 충분히 고려한 것인지를 진지하게 질문해야 한다. 우리는 이 부분에서 성체줄기세포를 이용한 연구라는 현실적 대안이 상존하고 있다는 점에 주목해야 한다. 물론 성체줄기세포 연구가 나름대로 단점을 분명히 가지고 있겠지만, 대안이 있음에도 불구하고 배아줄기세포 연구만을 고집하는 것은 과연 타당한 것인지를 철저하게 성찰할 필요가 있다.

교회가 나서야 한다

생명윤리를 사회적 담론으로 확산시켜는 과정에서 교회의 역할은 아무리 강조해도 지나치지 않다. 교회는 시민사회의 일원으로서, 신중한 윤리적 성찰을 바탕으로 생명존엄에 관한 사회적 담론을 선도해야 할 책임이 있다. 그렇지 않아도 들떠있는 사회 분위기에 교회까지 가세하여 한껏 축제분위기를 만들거나 일방적 찬성에 휩쓸릴 필요가 있을까? 오히려 교회가 해야 할 몫을 찾아야 적극적으로 책임을 구현해야 한다. 교회공동체를 통한 사회적 담론화의 시도가 그것이다.

기독교는 생명의 신학적 지평과 그 구현의 대안에 관한 다양한 담론들을 선도해야 할 책임을 지닌다. 우리에게는 생명의 하나님을 통해 생명의 존엄을 이야기할 수 있는 충만한 근거들이 있다. 동시에 교회공동체의 다양한 전문인들과 협력하여 교회의 안과 밖에서 생명존엄의 사회적 담론을 이끌어 갈 능력이 구비되어 있다. 생명윤리를 사회적 담론화하려는 시도들의 시작은 미약할지 모르나 결과적으로는 건전한 시민사회를 위한 한 알의 밀알이 될 것으로 기대된다.

마치 각개전투를 하는 것처럼 개별 교회의 이름으로 찬성과 반대를 명쾌하게 표명하는 것은 바람직하지도 못할 뿐더러 덕을 세우는 일도 될 수 없다. 교회가 해야 할 일은 국가드림팀의 일방적 홍보에 찬사를 보내거나 축복하는 것이 아니다. 그렇다고 해서 앞뒤 가릴 것 없이 무조건 반대부터 하고 보아야 한다는 이야기도 아니다. 교회는 이 일들을 계기로 생명의 존엄을 위한 생각이 깊어질 수 있도록 이끌어 줄 책임이 있다. 이를 위해 크게 두 가지 관점에서 교회의 책임을 생각해 볼 수 있겠다. 그 하나는 교회 내적 과제이며, 다른 하나는 교회 외적 과제이다.[5]

대내적으로, 교회공동체의 복음적 생명윤리 확립과 문제의식의 공유가 필요하다. 한마디로, 생명윤리의 중요성과 그 이해의 필요성에 대해 교회 안에서 먼저 관심을 가져야 한다. 교회 안에서부터 생명윤리에 관한 활발한 관심과 이야기가 진행되어야 한다는 것이다. 이를 위하여 구체적으로 다음 두 가지 과제를 제안하고 싶다.

첫째, 복음에 입각한 생명윤리에 대한 관심이 제고되어야 한다. 지금은 찬사일변도의 사회 분위기에 편승하여 칭찬만 늘어놓을 때가 아니다. 그렇다고 해서 갈릴레오의 경우처럼 과거의 교회가 저지른 오류의 재발을 방지한답시고 침묵으로 일관해서도 안 된다. 오히려 과학이 유사종교적 기능을 수행하는 시대에 복음에 기초한 생명윤리를 심화시킬 선지자적 각성이 필요하다. 특히 목회자들의 관심과 각성이 요청된다. 하나님의 생명주권에 대하여, 그리고 생명의 존엄을 위하여 무엇을, 왜 윤리적으로 공론화해야 하는지를 진지하게 성찰해야 한다. 다시 말해 목회자들로부터 생명목회적 관심이 갱신될 필요성이 절실하다.

둘째, 복음적 생명윤리가 교회와 신앙인들에게 공유되어야 한다. 무엇보다도 신앙공동체의 구성원들에게 생명의 존엄에 관한 분명한 입장을 교육하고 생명적 관심을 확산시켜야 한다. 이를 위해 설교와 성경공부 및 특강은 배아복제의 윤리적 문제에 대한 인식의 공유와 확산에 유익한 통로가 될 것이다.

대외적으로, 전략적이고 효과적인 연대가 필요하다. 복음적 생명윤리는 전략적 연대를 통해 강화되어야 한다. 교회와 교단이 문제의식의 공유를 바탕으로 기독교시민운동과 적극 연대할 필요가 있다. 나아가 생명존엄의 가치를 공유하는 시민단체들과의 연대를 통해 생명존엄을 위한 법제화 등 생명운동 실천에 힘써야 한다. 여기에 한국 교회가 그동안의 바람직하지 못했던 부분을 갱신하는 자정노력이 병행될 수 있다면, 생명존엄을 향한 교회의 목소리가 더욱 힘을 얻고 교회 갱신에 큰 획을 그을 수 있을 것이다.

이러한 교회 내적·외적 노력들을 통해 우리가 목표로 삼는 것은 시민사회에서 생명윤리를 말하는 것이 지극히 정당하고 오히려 책임적인 것이라는 생각을 확산시키는 것이다. 국가 브랜드도 중요하고 국민소득 향상도 중요하지만, 그것이 윤리적 평가 자체를 면제시키는 결정적 사유가 될 수는 없기 때문이다. 오히려 생명윤리에 대한 평가 또는 판단은 몇 사람의 정책입안자들과 과학기술자들의 것으로 제한되어서는 안 되며, 많은 사람들에게 객관적이고 올바른 정보를 제공하며 가이드를 제시함으로써 그들을 통해 생명존엄이 방향성을 자각하도록 이끌어 주어야 한다.

누구보다도 교회가 앞장서야 한다. 사회적으로 생명존엄에 관한 윤리적 담론이 제한되고 억제되는 시기에 교회는 책임적이어야 한다.

생명과학의 성과들을 일종의 축복이라고 가르치거나 유명강사가 되어 버린 연구책임자를 초청하여 강연시간을 만들어 교회의 특이한 이벤트의 하나로 만들려는 생각들은 결코 바람직한 일이라 할 수 없다. 반면에, 과학적 상식이나 사실에 대한 객관적 이해를 배제하는 일, 또는 합리적인 논의의 토대를 마련하지 못한 채 제2의 바벨탑이요 심판을 자초하는 일이라고 독설을 퍼붓는 일 또한 자제되어야 한다.

지금 우리에게 필요한 것은 교회의 책임적 자세이다. 찬성과 반대를 성급하게 줄 긋는 것보다 충분한 성찰의 기회를 제공하고 사려 깊은 판단에 이를 수 있도록 이끌어야 한다. 지금처럼 생명윤리를 말하는 것 자체가 부담스러운 일이 되는 분위기가 더 이상 지속되어서는 안 된다. 적어도 교회에서부터 생명의 존엄에 관한 윤리적 토론이 자유롭게 이루어지고 복음적 지침을 설정하기 위한 논의들이 활발하게 이루어질 수 있어야 한다. 그리고 사회담론으로 그 지평이 확장되어야 한다. 생명존엄을 위한 윤리적 담론을 억제하고 제한하는 사회적 분위기 그 자체가 문제인 셈이다. 이것을 극복하는 일에 교회가 책임감을 가지고 앞장서야 할 때이다.

1) 이 부분은 이재성, 「아펠과 하버마스의 담론윤리의 의미」, 『철학논총』 제30집 제4권(새한철학회, 2002)을 참고하였음.

2) J. Habermas, *Erlauterungen zur Diskursethik*. 이진우 역, 『담론윤리의 해명』(문예출판사 1997), 17-21면.

3) 이 부분은 박종균, 「신학적 의사소통행위이론의 토대에 관한 연구」, 『기독교사회윤리』 제9집 (한국기독교사회윤리학회, 2005.6), 183-214면을 참고하였음.

4) 이러한 반응들에 대해 굳이 신경을 쓸 필요는 없을지 모르나, 인터넷에 올라온 댓글들은 무차별 적으로 이러한 내용들을 여과 없이 담고 있었던 것이 사실이다. 더구나 평소의 기독교에 대한 나 쁜 감정까지 오버 랩 되면서 결과적으로 생명윤리에 관한 담론이라기보다 종교에 대한 혐오감의 표시로 나타나는 경향이 있었음을 부정할 수 없다.

5) 문시영, 「생명윤리와 지혜로운 전략 절실」, 『빛과 소금』, 2005.7월호, 102-103면.

13

교회의 관점에서
다시 읽어야 할 생명윤리

몇 년 전, 법원의 '존엄사 판결'은 그 자체로 우리나라 최초의 기록인 동시에 사회적 관심을 불러일으키기에 충분했다. 90%에 육박하는 찬성여론은 더 이상의 논의조차 필요 없다 싶을 정도로 존엄사를 당연시하는 분위기이다. 어찌 보면, 앞으로의 판결이나 입법과정은 더 이상 주목받지 못할 수 있다. 과연 그런 것일까? 지방법원, 고등법원으로 이어지는 판결을 근거삼아 국회가 입법하고 관련부처가 법으로 정하면 끝나는 문제일까?

특히, 하나님의 생명주권을 굳게 믿는 신앙인으로서 놓치지 말아야 할 것은 없을까? 입법과정을 비롯한 사회적 논의에 반영시켜야 할 기독교적 관점은 무엇일까? 기독교는 과연 이 시대의 오피니언 리더로서 생명윤리에 관한 아젠다를 충분히 이해하고 주도하고 있는가? 이 질문들은 우리의 관심을 판결 그 자체에 묶어둘 것이 아니라 생명윤리에 관한 성찰로 나아갈 것을 요청한다. 존엄사 판결이 항소심에서 종결

되든 혹은 상고심까지 이르든지 간에 그 자체에 머물러서는 안 된다. '판결'에서 '생명윤리'로, 그것도 기독교적 생명윤리로 관심이 전환되어야 할 시점이라 하겠다.

언제라도 다시 제기될 논쟁

과연 존엄사는 안락사의 일종인가? 혹은 별개의 것인가? 극단적으로 오리건 주^州의 존엄사법이 말하는 존엄사는 의사조력자살^{PAS}에 해당한다. 유럽 국가들에서도 존엄사를 의사조력자살의 개념과 연관 짓는 경향이 나타난다. 만일 우리 현실에서 존엄사를 말할 때, 오리건 용법을 적용하려 한다면, 이는 결코 찬성할 수 없다. 그것은 명백한 생명유린이요 하나님의 생명주권에 대한 도전이다. 논리상, 자살과 다름이 없기 때문이다. 이는 '존엄'의 이름을 남발하는 것이요 과잉표현일 뿐이다.

우리를 혼란스럽게 하는 대부분의 경우는 '소극적 안락사' 혹은 '존엄적 안락사'라는 용어가 사용되는 경우이다. 그동안 존엄사를 소극적 안락사와 같은 의미로 보았던 것이 사실이다. 하지만 최근에는 존엄사와 안락사를 구분해야 한다는 입장이 두드러진다. 존엄사를 말기 환자에 대한 연명치료 중단으로 보자는 것이다. 솔직히, 혼란스럽다. 언론이라고 다르지 않다. 존엄사를 소극적 안락사로 설명하기도 하고 혼용하는 경우도 있다. 심지어 전혀 연관이 없는 뇌사 개념까지 동원하는 경우도 있었다. 시간이 흐를수록 존엄사는 안락사와 다르다고 말하는 흐름이 감지된다. 이를테면, 안락사가 적극적으로 환자의 목숨을 끊는 것이라면 존엄사는 기계장치를 제거함으로써 자연스럽게 사망하도록 하는 것이라고 말이다.

그리고 안락사를 다의적 개념이라고 말하기 시작했다. 어느 일간지는 이렇게 말한다. '약물 등을 투여해 죽음에 이르게 하는 적극적 안락사와 달리 환자에게 필요한 의학적 조치를 하지 않거나 인위적인 생명연장 장치를 제거함으로써 자연적으로 죽도록 하는 것을 소극적 안락사라 부른다. 비슷한 개념으로 존엄사가 있다. 회복가능성 없는 말기 환자나 식물인간 상태의 환자에게 연명조치에 불과한 의료행위를 중지해 인간으로서 존엄을 유지하면서 자연적으로 죽음을 맞도록 하는 것이다. 전문가들 사이에선 두 개념이 동일시되기도 한다.'[1]

이러한 혼란, 즉 존엄사와 안락사의 개념적 연관성을 부추긴 것은 의료계이다. 의사협회^(이하, '의협')는 그동안 소극적 안락사의 합법화를 요구해 왔다. 의협이 발표한 보도자료에도 그 흔적이 역력하다. 발표문은 '치료가 불가능한 환자의 안락사를 인정한 첫 판결'이라는 표현을 사용했다. 이러한 개념인식을 토대로, '회생 가능성이 없는 환자에 대해서 소극적인 안락사를 허용한 것은 국가사회적으로 필요하다'는 환영의 입장을 밝힌 것이다.[2]

실제로, 의협의 지침 제18조는 "의학적으로 의미 없는 의료행위의 중단 등"이라는 소제목 아래 이렇게 말한다. "의사는 의료행위가 의학적으로 무익, 무용하다고 판단된 회생가능성이 없는 환자에 대하여, 환자 또는 그 보호자가 적극적이고 확실한 의사표시에 의하여 환자의 생명 유지치료 등 의료행위의 중단 또는 퇴원을 요구하는 경우에 의사는 의학적·사회통념적으로 수용될 수 있다고 판단되면 그들에게 충분한 설명을 하고 법령이 정하는 절차와 방법에 따라 그 의료행위를 보류, 철회, 중단할 수 있다."[3] 2002년 대한의학회가 제안한 '의사윤리지침'은 이것을 구체화하고자 했으나 여러 사정으로 큰 진전은 없었다. 소극적 안락사와 구분해야 한다는 목소리가 나온 것은 최근의 일이다.

안락사에 대한 국민감정을 염두에 둔 탓인지 혹은 가톨릭의 관점을 십분 활용한 것인지 몰라도, 의료인들 사이에 존엄사를 안락사와는 별개의 것이라고 말하는 경향이 두드러지고 있다.

그렇다면, 기독교는 어떤 입장을 취하고 있는가? 아쉬운 대목이다. 기독교 매스컴조차 일반적으로 말하는 것을 반복하고 있을 뿐이다. 예를 들어, 유력한 기독교 일간지는 이렇게 보도했다. '존엄사는 말 그대로 품위 있는 죽음을 뜻한다. 의학적인 치료를 다했음에도 불구하고 돌이킬 수 없는 죽음이 임박했을 때 의학적으로 무의미한 연명치료를 중단함으로써 자연스럽게 죽음을 받아들이는 것으로 정의된다. 소극적 안락사는 사망이 임박한 환자에 대해 생명유지에 필요한 처치를 하지 않거나 생명연장장치를 제거하는 것을 의미하는데 존엄사와 혼용되기도 한다.'[4]

기독교의 독창적인 관점을 소개하지 못한 이유가 이해되지 않는 것은 아니다. 기독교의 입장이라는 것이 하나로 모아져있지 않기 때문일 것이다. 하지만 아쉬움이 남는 것은 어쩐 일일까. 교회의 입장을 대변하는 이야기가 보도되리라 기대하는 것은 무리일까. 교회 안에서, 진지한 성찰이 필요한 이유가 여기 있다.

존엄사라는 용어부터 토론해 보아야 한다. 소극적 안락사인가? 혹은 치료 중단인가? 안락사 개념이 단순하지 않은 것처럼, '치료 중단'

이라는 것도 다의적이다.[5] 안락사가 환자의 의사와 시술방법에 따라 구분된 것과 유사하게, 치료 중단은 특성과 대상에 따라 구분된다. 행위의 특성에 따라 치료 중단은 세부적으로 나뉜다. '심폐소생술을 하지 않음', '인공호흡기를 뗌', '수액이나 영양을 공급하지 않음', '투약을 중단함', '수혈을 중단함', '투석을 중단함' 등등 행위의 특성에 따라 치료 중단의 종류가 구분된다.

또한 치료대상에 따라 구분되어야 한다. '신생아 중환자의 치료 중단', '연명환자 치료 중단' 등 그 대상에 따라 구분되어야 한다. '치료'의 개념 또한 더 깊은 성찰이 필요하다. 과거에는 건강의 회복을 뜻했지만, 의료기술이 발달한 현대사회에서는 그 개념 자체가 복잡하다. 치료의 범위가 넓어져 '병의 악화 속도를 늦추는 것'이나 '죽지 않게 함'을 포함한다. 이러한 치료의 과정은 육체적으로, 정신적으로 고통을 수반한다. 어떤 경우에는 치료를 계속하는 것이 바람직한가를 물어야 하는 상황도 생겨난다. 존엄사 문제가 논의된 배경이 여기 있다. 주로 '무의미한 연명치료의 중단'에 해당한다. 의료인들에 따르면, 연명치료가 환자를 오히려 고통스럽게 하는 경우 가 많다고 한다.

그렇다면, 과연 치료 중단을 소극적 안락사로 볼 것인가 혹은 별개로 보아 '존엄사'라는 이름을 붙여야 하는가? 이른바 존엄사를 '소극적 안락사'로 볼 것인가 혹은 '무의미한 연명치료의 중단'으로 볼 것인가에 대한 성찰과 토론은 꼭 필요하다. 대부분, 존엄사라는 말을 거부감 없이 사용하는 것과 달리 존엄사 개념을 사용해서는 안 된다는 주장도 있다. 무의미한 생명연장이라는 논리로 생명의 가치를 상대화하거나 생명과 삶의 질을 비교하려는 것은 비판을 받아야 한다는 것이다. 존엄사를 둘러싼 핵심은 소극적 안락사의 허용 여부 문제라고 보기 때

문이다. 다만, 성급하게 허용 여부의 결론에만 매달리는 태도는 경계해
야 하며 합리적인 토론과 절차에 대해 성찰해야 한다는 관점인 셈이다.

　　더구나 재판에 맡겨 둘 일이 아니라는 점에서, 소극적 안락사 허
용 여부에 대한 논의가 사회적 공론과정을 거쳐 국회에서 매듭을 지어
야 한다는 주장이다.[6] 참고할 만한 대목인 듯싶다.

쟁점과 기독교적 이유들

　　우리가 아는 것처럼, 한국 교회는 '하나님의 생명주권'은 말하면
서도 구체적인 가이드는 형편없이 빈약하다. 다양한 목소리가 너무 많
을 뿐이다. "소극적이든 적극적이든 어떤 형태의 것이라도 안락사 자
체를 반대한다"는 주장에서 "존엄사를 수용해야 한다"는 입장까지 너
무 다양하다. 신앙인과 목회자, 그리고 교단에 따라 각개전투를 벌이는
듯싶을 정도로 '너무' 자유롭고 다양하다. 아니, 안타깝다고 하는 것이
옳을 듯싶다. 이것은 또한 한국 교회가 존엄사 문제를 간단히 보아서는
안 되는 이유이기도 하다.

　　기독교 안에도 존엄사에 대한 찬반은 엇갈린다. 복음주의를 자
처하는 경우, 대부분 존엄사에 신중한 입장에 속한다. 물론 복음주의자
들 중에도 존엄사 찬성론이 없지는 않다. 심지어 소극적 안락사 허용을
찬성하는 경우도 있다.

　　찬성론의 기본적인 관점은 환자의 의사를 존중해야 한다는 점이

다. 물론, 이 부분에서 우리의 현실은 생전유언을 비롯한 법률적 절차에 대한 규정이 전무하다고 볼 수 있기에 앞으로의 논의에서 사회적 합의가 필요하다. 대부분은 '추정동의'로 갈음하는 경향이 있다. 하지만 추정동의가 과연 타당한 것인지, 어느 정도나 합법화할 수 있는 것인지, 어떤 근거에 의해 입증할 수 있을지 등 생각해 볼 문제가 남는다.

또한 환자와 그 가족의 여러 고통을 무시해서는 안 된다는 것도 중요한 이유가 된다. 존엄사를 연명치료와 같은 의미라고 본다면, 결국 연명치료가 환자에게 육체적 고통만 더할 것이라고 생각할 가능성이 있다. 이 경우에는 연명치료의 중단이 환자의 고통을 덜어주는 행위라고 평가될 것이다. 또한 치료비를 포함한 경제적 고통 및 가족으로서 육체적 고통에 신음하는 환자에 대한 정서적 연민까지 고려해야 한다는 주장이 가능해진다.

어떻게 보면, 존엄사 찬성론이 제시하는 이유들은 특별히 기독교적인 것이라고 적시할 만한 것은 없어 보인다. 일반적인 찬성론과 별 차이가 없어 보인다는 뜻이다. 그렇다고 찬성론 자체를 가볍게 본다는 뜻은 아니다. 찬성론자들의 의견 중에 향후 사회적 논의에서 충분히 반영되어야 할 요소들이 적지 않다. 더구나 미국 상당수 주州에서 채택하고 있는 자연사법에 견주어 볼 때, 자연사를 하나님의 뜻이라고 말하는 대목 등 몇 가지 부분에서 기독교적 요소를 찾을 수 있을 것이다.

이와 달리 존엄사에 대한 신중론 혹은 기독교의 반대론에서는 다음 몇 가지 이유들이 제시할 수 있다. 첫째, 존엄사는 안락사에 해당한다는 생각이다. 반대론의 이유로 가장 먼저 떠오르는 것은 하나님의 생명주권에 입각한 생명존엄의 정신이다. 가령, 제5계명을 중심으로 자살을 포함하는 살인행위에 대한 금지가 성서적 근거를 가진다는 것이다. 혹은 램지P. Ramsey가 말한 것처럼, 생명의 조작 자체가 '하나님 노릇'playing God7) 하려는 불경이라는 점을 응용하여 안락사가 기독교 신앙에 위배된다고 말하기도 한다.

둘째, 실용적 접근에 대한 우려이다. 생명의 문제를 경제적 이유 등 실용적 이유에 의해 결정해서는 안 된다는 것이다. 반대론에는 경제적 요인이 큰 부담이기는 하다. 치료비용의 부담을 포함하여 사회적 비용에 관한 합의가 요구되는 대목이다. 따지고 보면, 찬성론이나 반대론 모두 부담스럽기는 마찬가지이다. 찬성론에는 윤리적 부담이, 반대론에는 현실적 부담이 있다. 특히, 찬성하는 쪽에서는 윤리적 부담감을 털어 내려 해서는 안 된다. 여론조사를 하면 찬성 쪽이 우세할 것이라고 장담하는 것은 윤리적 진실과 옳음을 생략하는 것이기 쉽다.

셋째, 남용의 우려가 크다는 생각이다. 미끄러운 경사길 논증을 생각해 보자. 경사진 미끄러운 길에는 아예 발을 들여놓지 말아야 한다. 한 발이라도 들여놓으면, 관성에 의해 몸 전체가 미끄러질 수밖에 없기 때문이다. 마찬가지로, 소극적 안락사를 존엄의 이름으로 허용하는 순간 모든 종류의 안락사를 허용하자는 목소리가 터져 나올 것은 분명하다.

또 하나의 문제는 가역성에 관한 것이다. 최악의 상황인 뇌사는 비가역성을 전제로 한다. 연명치료의 중단을 인공호흡기 제거로 생각하기 쉽지만, 오히려 인공호흡기에 의존하는 식물인간은 많지 않다. 자발적 호흡이 가능하고 의식이 불명인 상태의 중환자를 대상으로 존엄사를 말하는 것은 결국 소극적 안락사일 수 있다. 우리나라의 경우, 뇌사에 대해 엄격한 기준을 적용하여 장기이식을 전제로 하는 경우에만 뇌사판정위원회를 통해 뇌사를 허용하고 있다. 하물며 자발호흡이 가능한 식물인간에게는 더욱 엄격한 기준을 적용해야 마땅하지 않겠는가. 존엄의 이름이 남용될 여지를 차단해야 한다는 뜻이다.

하지만 존엄사와 소극적 안락사를 구분해야 한다고 말한다면, 문제는 달라질 수 있다. 안타깝게도, 기독교는 이 문제에 대해 별 생각이 없었다. 당연히 소극적 안락사의 하나로 생각해왔다. 교회가 이번 판결을 둘러싸고 그다지 호감을 표시하지 않았던 이유도 여기 있다. 존엄사가 소극적 안락사와는 전혀 다른 것이라는 주장을 마주했을 때, 교회는 당혹스러웠을 것이다. 이 부분에서는 기독교 안의 의견이 분분하다.

그 사이에 가톨릭은 분명한 입장을 밝히면서 이야기를 주도했다. 소극적 안락사와 존엄사는 다르다는 것이다. 가톨릭교회에서는 무의미한 연명장치를 거부하는 것은 가능하지만 영양공급을 중단한다든지, 기본적인 간호를 중단하는 것은 존엄사가 아니라 안락사에 해당된다고 본다고 한다. 동시에 존엄사라는 말은 모든 식물인간에게 적용되는 것이 아니고 더 이상 회복이 불가능하고 죽음이 임박한 환자에게 과도한 치료나 예외적인 수단으로 생명을 연장시키는 무의미한 연명치료의 중단을 결정한 것이라는 단서까지 달았다. 그리고 "이런 판단이 남용될 여지가 많기 때문에 더 논의를 해서 윤리적·사회적으로 문제 없는 기준을 마련해야 한다"는 훈수까지 두었다.[8]

기독교적 대안은?

싫든 좋든, 우리는 존엄사 논쟁에 휩쓸리고 있다. 찬성 혹은 반대 어느 쪽에 속하든지, 중요한 것은 단칼에 정리하려는 성급함이 아니라 사회적 합의를 거쳐야 한다는 점이다. 찬성과 반대를 구분하여 편 가름을 하기보다 합리적인 토론이 필요하다는 뜻이다. 특히 대안에 초점을 맞추어야 한다.

이미 법원은 판결을 통해 말했고 국민의 여론조사는 다수의 찬성으로 나타나있다. 지금 우리에게 필요한 것은 판결에 대한 시비가 아니라 대안의 모색이다. 이를 위해 기독교적 관점에서 생각해 볼 문제를 제안하고 싶다. 바라기는 이러한 논의들이 기독교 안에서 활성화되어 존엄사에 관한 사회적 합의과정에 충분한 영향력으로 나타날 수 있으면 좋겠다.

첫째, 기독교는 오피니언 리더의 책임을 다해야 한다. 스택하우스Max L. Stackhouse가 말할 것처럼, 공공의 문제에 대한 관심을 포기할 수는 없다.[9] 시민사회의 이슈들에 관해 교회는 충분한 자기 입장을 표명할 뿐 아니라 바람직한 방향을 잡을 수 있도록 최선을 다해 참여하는 것이 마땅하다. 오피니언 리더로서의 교회를 말하는 이유가 여기 있다.

과연, 존엄사와 소극적 안락사의 관계를 '같다'고 하거나 '다르다'고 하는 것은 누가 어떻게 결정해야 하는가? 일례로, 하급심 판결이후 법률적 절차가 진행되는 와중에 주무부서에서는 여론조사 후 대책을 내놓겠다고 했고, 이와 관련된 용역이 이미 진행 중이라고도 했다. 그리고 고등법원의 판결에 대해서는 너무나 당연하다는 듯 사회적 관심이 그리 크지 않았다. 더구나 관련 기관에서 이미 내놓은 자료들을 참고하면 굳이 또 다른 여론조사가 필요한 것이었는지 의구심이 들 정도이다. 우리나라 사람 열의 아홉이 존엄사를 찬성하고 있으며, 그 수치가 과거에 비해 상승세를 보인다는 조사결과는 이미 있었다.[10] 묻고 싶다. 여론조사, 그것은 항상 옳은가? 충분한 정보에 입각한well informed 여론조사가 아니라면, 문제가 있다.

존엄사 문제는 여론조사만으로 결정해서는 안 된다. 시민사회의 민주적 절차를 따라 사회적 공론화를 거쳐야 마땅하다. 이 과정에서 어느 한 쪽을 매도하거나 몰아세우지 않아야 한다. 다수의 의견이라고 밀어붙여서도 안 된다. 충분한 토론과 찬반논변이 진행되어야 옳다. 시민사회의 여러 영역들로부터 충분한 의견이 수렴되어야 하고, 종교적 견해, 특히 기독교의 관점이 반드시 포함되어야 한다. 이를 위해 교회가 준비해야 할 부분이 분명히 있다. 교회 안에서부터 충분한 성찰과 소통이 있어야 한다. 그리고 설득력 있는 대안을 마련하여 공론 영역에서 영향력을 발휘해야 할 것이다.

둘째, 생명존엄의 실천적 대안을 제시해야 한다. 존엄사 판결을 둘러싸고 환자의 자율권 존중을 위한 여러 절차와 법적 장치들이 소개되고 있다. 예를 들어, 생전유언living will, 사전지시서advanced directives를 포함한 자연사법에 관한 논의 등 여러 주제들에 관해 기독교의 관점들이 종합적으로 정리되고 교회 안에서 소통되어야 한다. 아울러 호스피스를 포함한 적극적 대안이 교회를 통해 보다 폭넓게 수용되고 구현되어야 한다. 한 사람의 신앙인으로, 그리고 생명공동체로서의 교회가 할 수 있는 일이 무엇인지 구체적이고 본격적으로 고민해야 할 시점이기 때문이다.

말기 환자의 연명치료, 그것도 식물인간 상태에 빠진 경우. 이것이 우리 의 문제이다. 중환자실의 말기 환자에게 의식이 있다면 호스피스를 권할 수 있을 것이다. 그것이 기독교적 생명윤리의 대안으로 생각되기 때문이다. 하지만 의식을 잃어 자기 의사를 표현할 수 없는 연명치료 환자의 경우, 문제는 간단하지 않다. 물론, 의료진이 최선을 다했고 충분한 정보를 제공했으며 진솔한 상담의 기회가 보장되었다는 전제가 충족되어야 한다. 이 경우, 가족들은 여러 요소들로 인해 그 심경이 복잡해질 수 있다.

예를 들면, 끝까지 최선을 다해야 한다는 아시아적 가치관, 하나님의 생명주권에 관한 신앙적 근거, 그리고 치료비를 포함한 경제적 이유 등이 복합적이고 상충적으로 작용할 것이다. 이러한 현실의 요소들을 충분히 고려하여 하나님의 생명주권을 존중할 수 있는 대안이 절실한 시점이다.

생명존엄, 교회의 윤리이어야

여러 가지 이유로, 다양한 방식으로, 중환자실 복도에는 이 순간에도 초조하게 서성이는 가족들이 있다. 혹시라도 그들 중에 '존엄사'Death withdignity라는 단어를 두고 고민하는 말기 환자 연명치료의 경우가 있다면, 신앙인으로서 당신은 그들을 위해 어떻게 중보기도하고 위로할 것인가? 어떻게 조언하고 기도할 것인가? 그런 일이 있지 않기를 바라지만,

당신이 만일 그 가족의 한 사람이면 어떤 생각을 하게 될까? 우리 자신이 중환자실 침상의 주인공이라면 어떻게 하는 것이 하나님의 뜻일까?

어쩌면, 존엄사에 관한 이야기는 어려운 학술적 접근보다 중환자실 풍경으로부터 시작하는 것이 현실적일지 모른다. 전문용어를 사용하는 의료진의 문제가 아니라, 법률용어로 가득한 변론과 판결의 문제가 아니라, 우리 가족의 문제로 인식된다면 좀 더 솔직하고 현실적인 답을 찾을 수 있지 않을까. 과연 우리에게는 생을 마감할 권리가 있는가? 우리가 믿기로, '주께서 오라하실 때까지' 최선을 다해 살아야 마땅하다. 하지만 그 순간은 언제이며 어떻게 수용되어야 하는가?

솔직히, '존엄사'라는 말이 옳은 것인가, '말기 환자의 연명치료 중단'이 옳은가부터 다루어야 한다고 보는 입장에서 우리의 이야기가 우울한 결정과 선택의 문제로 흐르지 않기를 바란다. 교회가 생명을 살리기 위해 무엇을 해야 할지, 어떻게 기도하고 어떻게 도와야 할지 생각하는 교회의 윤리에 초점을 맞추어야 할 시점이기 때문이다.

존엄사 허용을 판결한 1심 재판부가 언론과 가진 인터뷰에 이런 대목이 있다. '가톨릭과 불교의 의견은 청취했으나 기독교 쪽은 교파가 많아서 어떻게 의사를 확인해야 할지 몰라 의견을 듣지 못했다'고 했다.[11] 그만큼 한국 교회에 다양성과 자유가 있다는 뜻도 되겠지만 생명윤리에 관해서 한목소리를 내지 못하는 현실을 비꼬는 것만 같아서 아쉬움이 크다.

한 가지 묻고 싶다. 존엄사가 존엄한 죽음이라는 뜻이라면, 그 반대말은 '추악한 죽음'인가? 자연사야말로 가장 존엄한 죽음이다. 주께서 오라 하시는 날까지 선한 삶을 살고 주의 부르심을 받은 것이기에 가장 존엄하다. 존엄이라는 말을 남용해서는 안 된다. 특히 존엄사라는 말을 소극적 안락사 혹은 치료 중단에 적용하는 것은 어패가 있다. 군이 사용하려면, '연명치료 중단' 쯤으로 바꾸어야 하지 않을까.

둘째, 생명존엄을 위한 대안을 찾아야 한다. 안락사에 대한 토론은 자칫 생명의 신성함the sanctity of life에 대한 신념을 흔들어 놓고 인간존엄에 관한 문화적 거북함과 혼동을 조장하는 데로 흐르기 쉽다. 이 점에 유념하면서, 교회는 개념과 문화의 혼란에 휩쓸리기보다 적극적인 대안을 찾는 것이 생명존엄을 위해 효과적이고 책임적인 자세가 될 것이다. 호스피스, 자연사 개념, 사전지시와 관련된 사회적 논의 등에 적극적인 관심이 필요하다.

호스피스를 생각해 보자. 말기 환자를 위한 호스피스의 활성화 자체가 그리 간단한 일이 아니지만, 존엄사를 말하는 시점에서는 더욱 간단하지 않다. 문제는 결정의 순간이 돌발적이라는 데 있다. 호스피스의 경우, 임종 3~6개월 전 호스피스로 옮겨가는 서구와 달리 우리는 불과 2~3주를 남겨두고 입원하는 경우가 대부분이다. 가족들이 동원할 수 있는 모든 치료를 다하는 게 도리라고 생각하기 때문이다. [12] 정작 호스피스를 결정해야 할 순간을 놓치기 쉽다는 뜻이다.

자연사법은 어떤가? 최근, 존엄사 문제와 관련하여 미국의 대부분 주州가 채택하고 있는 자연사법Natural Death Act에 관심을 가져야 한다는 목소리가 높아지고 있다. 미국에는 『집에서의 죽음』Dying at home이라는 책이 있을 정도로, 집에서 죽는 옛 전통으로 돌아가자는 운동도 있다고 한다. 말기 환자의 요청에 의해 퇴원을 시키는 경우 등이 해당될 듯싶다. 우리의 경우, 의료인의 현실적 판단에 맡겨져 있을 뿐 구체적인 제도가 없다는 점도 문제라 하겠다.

그리고 사전지시에 관한 생각들이 정리되어야 한다. 불의의 경우를 대비하여 자신의 뜻을 미리 서약하고 표현해 놓는 제도로서, 'Advanced Directives'의 번역어이다. 예를 들어, 생전유언^{living will}, 심폐소생술 거부^{DNR: Do Not Resuscitate} 서약 등이 여기에 속한다. 우리의 경우, 생전유언이 합법화되어 있지 않다. DNR의 경우, 의료현장에서 시행되는 경우도 있다는 자료들이 인터넷에 검색되기도 하지만, 이 역시 법률적·제도적 장치가 마련되어야 하는 형편이다.

여기에서, 연명치료의 중단을 결정하는 것과 치료 안 받기를 결정하는 것은 다르다. 가령, 환자가 사전지시를 통해 연명치료의 경우가 되면 치료 중단으로 죽음에 이르게 해 달라고 표현하는 것과 연명치료를 받기보다 호스피스를 선택하는 것은 분명 다르다. 더구나 결정이라는 말도 유의할 대목이 있다. 생명에 관한 결정은 하나님께 속한 것이요, 우리는 그 결정을 존중하고 수용할 책임과 의무가 있다. 다만 우리에게 연명치료를 계속할 것인가 혹은 호스피스를 받을 것인가를 선택할 결정의 기회가 있을 뿐이다. 사전지시 혹은 사전의사결정이라는 것은 이러한 범위 안에서만 의미가 있다. 그것도 변경 가능한 것이어야 한다. 언제라도 철회 및 변경할 수 있는 권리가 보장되어야 한다는 뜻이다.

문제는 세 가지 대안 모두 존엄사의 시점에 충분히 앞서 있다는 점이다. 환자가 의식을 잃고 연명치료의 단계로 접어들게 되면, 존엄사라는 사회적 논란의 한 복판에 휩쓸리기 쉽다. 이것이 바로 존엄사 문제의 특수성이다. 법원의 판례가 세워지기를 바라는 것이나 입법을 통한 제도적 장치를 마련해달라는 것은 이러한 특수성에 대한 합법적 용인을 요구하는 것이라 할 수 있다. 사전지시에 관한 논의가 필요한 이유 역시 여기 있다.

아울러 제안하고 싶은 것은 '병원의료윤리위원회'와 같은 결정기관의 활성화이다. 장기이식을 위한 뇌사의 판정에 '뇌사판정위원회'가 법제화되어 있듯, 존엄사 혹은 연명치료에 관해서도 '연명치료 중단 판정위원회'가 설치되어야 한다. 이는 허용을 전제로 하는 제안이 아니라 분명한 기준에 의한 규제의 필요성을 말하는 것이다. 남용을 방지하고 엄격히 규제하자는 뜻이다. 이를 위해 종교인과 의료진, 윤리학자와 사회복지사 등의 종합적인 토론이 가능해야 한다. 그리고 의료진의 판단에만 맡길 것이 아니라 환자의 가족들에 대한 충분한 정보제공의 의무 등의 제도화가 필요하다. 연명치료의 비용에 대해서도 사회적 합의를 통해 제도적으로 뒷받침되어야 할 것이다.

부활이요 생명이니…

지금 이 순간, 중환자실의 안타까운 상황들은 죽음에 대한 여러 생각들을 교차하게 한다. 존엄사를 말하기 시작한 것 자체가 그렇다. 우리도 모르는 사이, 생명에 대한 희망이 희석되거나 존엄사에 대한 거부감이 희석되거나 친숙해지고 있는 것은 아닐까? 가만히 보면, 죽음과 삶은 그리 멀지 않다. 우리말만 보아도 그렇다. '죽인다' 또는 '죽겠다'는 표현이 꽤 많다. '분위기 죽인다', '힘들어 죽겠네', '아파 죽겠네', 심지어 '좋아 죽겠네'까지 있다. '죽겠다'는 부정적negative 표현이 '살겠다'는 긍정적positive 표현보다 자연스러운 이유는 무엇일까. '늙으면 죽어야 한다'는 말이나 '내가 너무 오래 살았다'는 말이 과연 무엇을 담고 있을까? 정말 죽고 싶어서라기보다 생명과 삶에 대한 강한 욕구의 반어적 표현일 듯싶다. 존엄사라는 말 자체가 어둡고 우울하지만, 죽음을 향한 부정적 이야기로 흘러서는 안 된다.

영화 〈밀리언 달러 베이비〉는 안락사에 대한 고뇌와 갈등을 다루는 것 같지만 결과적으로 안락사를 미화하고 있다. 이 영화는 지금 이 순간, 사랑하는 가족을 중환자실에 두고 회생의 기적을 기다리는 사람들에게 심각한 질문을 던진다. 삶과 죽음에 관한 결정은 누가 어떤 기준에 의해 내려야 하는가? 무엇이 인간의 존엄을 위한 조건이며 결정인가? 반면, 〈쉰들러 리스트〉라는 영화 역시 우리에게 많은 것을 시사해 준다. 의료 문제를 다룬 영화는 아니지만, 넓은 의미에서 '생명을 살려내는 일'에 대한 깊은 인상을 주었다.

존엄사를 둘러싼 사회적 논의가 교회에 생명의 존엄을 위한 길을 묻는 시대, 교회의 이야기는 달라야 한다. 존엄사를 다루는 과정에서 하나님의 생명주권에 관한 신앙의 고백은 변경될 수 없다. 생명을 살리는 노력은 포기할 수 없다. 교회는 예수 이야기로 살아야 한다. 부활이요 생명이신 예수 그리스도의 말씀을 실천함으로써 시민사회의 대안 세력이 되어야 마땅하다.

> 예수께서 이르시되 나는 부활이요 생명이니
> 나를 믿는 자는 죽어도 살겠고 (요 11:25)

1)　『서울신문』 2008년 2월 20일자, 「안락사 문제 바로 볼 때다」.

2)　대한의사협회, 보도자료(2008.11.28), www.kma.org에서 인용.

3)　의사윤리지침, 제18조, 2001, 대한의사협회, http://www.kma.org.

4)　『국민일보』 2008년 11월 28일자, 「존엄사와 안락사, 무엇이 다른가」.

5)　유호종, 「연명치료 중단의 정당성 근거와 조건」, 『의료·윤리·교육』 제8호(한국의료윤리교육학회, 2002), 2면.

6)　『동아일보』 2008년 12월 4일자, 「동아광장, 존엄사 핵심은 '소극적 안락사'」.

7)　P. Ramsey, *Fabricated Man: The Ethics of Genetic Control* (Yale University Press, 1970), p. 138.

8)　『중앙일보』 2008년 12월 1일자, 「가톨릭계 "소극적 안락사와 존엄사는 다르다"」.

9)　새세대 교회윤리연구소 편, 『공공신학이란 무엇인가?』(북코리아, 2007) Max L. Stackhouse의 강연문(9-28면)을 참고할 것.

10)　국립암센터가 코리아리서치에 의뢰해 성인남녀 1,000명을 대상으로 실시한 여론조사에서 응답자의 87%가 찬성했고 10%가 반대했다. 찬성비율은 지난 2004년 조사보다 5% 이상 높아진 수치다. 『동아일보』 2008년 10월 29일자, 「"국민 10명중 9명 '존엄사' 찬성"」.

11)　『조선일보』 2008년 11월 29일자, 「안락사 전체 아닌 생명유지 장치에 관한 판결」.

12)　『동아일보』 2008년 12월 18일자, 「외국선 6개월 前 평온하게 떠날 준비」.

14

교회와 생명윤리:
공동체적 돌봄을 향하여

배아복제에 관한 찬반논란으로 정점에 달했던 '생명윤리'에 대한 관심은 연구윤리 문제로 전환되는 듯싶었으나 '존엄사' 혹은 '연명치료 중단'에 관한 사회적 관심 및 자살의 사회 이슈화 등 여러 요인에 의해 현재진행형 관심사로 다시 떠올랐다. 아마도 생명이 존속하고 의생명과학이 지속되는 한, '생명윤리'는 생략될 수 없는 관심사일 것이다. 문제는 생명윤리에 대한 관심과 사회적 논란이 찬성과 반대 중 하나를 선택하도록 요구하는 형태로 흘러가기 쉽다는 점이다. 생명에 대한 깊은 성찰과 윤리적 대안의 모색으로 이어져야 한다는 점에서, '생명윤리'는 일회성 관심사이어서도 안 되며, 이분법적 찬반선택에 묶어둘 대상도 아니다.

성품과 덕의 문제로서의 생명윤리

　　생명윤리가 바르게 구현되기 위해서는 성품 혹은 덕의 문제와 맞물릴 필요가 있다. 생명의 존엄은 인간다움의 본질과 가치에 관한 바른 이해와 인식에 직결된 것이기 때문이다. 더구나, '존엄'dignity의 가치는 생명의 윤리적 가치를 말하는 기초인 동시에 인간의 윤리적 책임을 보여주는 핵심이라는 점에서, 생명윤리와 성품 혹은 덕의 윤리는 서로 통하는 측면이 있다.

　　사실, 생명윤리는 사회적 이슈들에 대한 찬반양론을 가르는 홍밋거리로 전락해서는 안 된다. 이슈에 관한 찬반양론 사이를 오가는 또 하나의 토론을 위한 토론으로 흘러서는 안 된다. 생명으로서의 인간, 생명을 다루는 인간의 책임을 포함하는 인성의 문제, 즉 '사람 됨됨이' 혹은 성품 및 덕의 문제를 다루는 것이어야 마땅하다. 이러한 뜻에서, 생명윤리에는 크게 두 측면이 있다.

　　하나는 직접적으로 생명윤리를 다루는 연구자의 윤리이다. 생명윤리와 관련이 있는 학과들, 예를 들어 의료계열 및 생명공학 등 생명윤리가 요구되는 연구자들이 속해 있는 대학의 경우가 여기에 해당한다. 모든 연구자가 대학인일 필요는 없지만 대부분의 연구자들이 대학에 소속되거나 관련되어 있다는 점에서, 생명윤리는 연구자들의 엄격한 윤리의식과 생명존엄을 위한 인성교육으로 자리매김 되어야 한다.

　　따지고 보면, 우리나라 생명윤리 역사의 불행했던 한 사건에서 촉발된 '연구윤리'에 대한 관심이 연구자의 윤리의식과 그 시스템에 대한 성찰이라는 점에서, 연구자의 인성 혹은 성품의 문제로부터 출발하는 것은 지극히 당연하다. 연구자의 도덕성을 바로 세우고 생명존엄과 윤리적 책임의식을 실천할 수 있는 인성교육으로부터 시작해야 한다는 뜻이다.

다른 하나는 생명윤리에 대한 일반적 인식의 문제이다. 생명윤리에 관련된 사회적 이슈들에 찬반의견을 제시하는 한 사람의 교양인이라는 점에서, 생명윤리의 바른 방향성을 지켜내기 위한 시민적 감시자가 될 수 있는 한 사람의 시민이라는 점에서, 일반시민의 바른 인식이 필요하다.

이러한 두 요소는 하나의 공통된 지향점을 지닌다. 성품, 덕, 혹은 '사람 됨됨이'의 문제이다. 연구자의 윤리가 생명을 다루는 사람들의 '사람됨'에 관한 윤리적 성찰이어야 한다는 점에서, 사회의 구성원의 관심여하에 따라 생명윤리의 방향이 달라질 수 있다는 점에서, '사람됨'에 대한 관심은 지극히 중요한 주제이다.

윤리학에서, 사람 됨됨이에 대한 평가는 중요한 의의가 있다. 한번의 도덕적 실수로 한 사람의 인생 자체가 부정적인 것으로 평가된다면, '도매금'으로 매도되는 경우일 듯싶다. 물론, '하나를 보면 열을 알 수 있다.' 그러나 아리스토텔레스가 말한 것처럼, '한 마리 제비가 날아왔다고 해서 봄이 된 것은 아니다.' 이 말을 역으로 응용해보자. 한 번의 실수로 그의 인생과 가치관 전체를 문제투성이로 몰아갈 수는 없지 않겠는가. '죄는 미워해도 사람은 미워하지 말라'는 말 역시 비슷한 경우 아닐까 싶다. 반사회적인 범죄행위를 눈감아주자는 것이 아니라, 사람 됨됨이가 중요하다는 뜻이다.

공동체적 지평에서 본 생명윤리

한 사람의 됨됨이를 말하는 것은 간단하지 않다. 법률시스템이나 사회정책에 의해 결정되는 요소가 있겠지만, 그것이 전부는 아니다. 그가 자라난 배경, 가정의 분위기, 특히 그가 어떤 공동체를 배경으로 삼고 있는가 하는 점은 매우 중요하다. 성품이라는 것 자체가 공동체적 관점을 기초로 하기 때문이다.

덕의 윤리와 공동체의 문제를 다룬 현대 영미철학자로서 맥킨타이어Alasdair MacIntyre를 들 수 있다면, 하우어워스Stanley Hauerwas는 현대 기독교윤리학에서 덕과 공동체에 대한 관점들을 탁월하게 풀어낸 윤리학자라 할 수 있겠다. 이들은 윤리의 근본 문제를 '행위'doing의 문제에서 '존재'being의 문제에로 전환시켰다. 윤리란 구체적인 행위에 대한 율법시스템이 아니라는 것이다. 행위자의 공동체적 배경과 그 이야기로부터 형성된 성품character을 중요하게 보아야 한다는 뜻이다.[1]

이러한 경향은 '덕의 윤리'virtue ethics 일반에서 두드러진다.[2] 롱LeRoy Long Jr.에 따르면 덕에 대한 관심은 오랜 관심사였으며 현대윤리학에서 활발하게 재조명되고 있다.[3] 덕의 윤리는 정해진 규범과 행위지침을 준수할 것인가의 문제What ought I to do?가 아니라 어떠한 존재가 될 것인가의 문제What ought I to be?에 관심을 가진다.[4] 이 부분을 의료윤리와 연관 지으면, 어떤 형태의 제안이 가능할까? 아마도 의료윤리에 있어서 성품 혹은 덕, 그리고 공동체의 중요성을 강조해주는 새로운 통찰로 이어질 듯싶다.

가령, 하우어워스는 인간이 어떠한 정황에서 무엇을 선택하고 어

떠한 결과를 얻었는가의 문제보다는 행위자가 지닌 윤리적 비전^{vision}이
중요하다고 생각하여 내면의 체험과 신념에 관심을 가져야 함을 강조
한다.[5] 그의 이러한 통찰은 현대윤리학의 여러 분야에 걸쳐있다. 특히
덕의 윤리를 회복해야 한다고 강조하는 맥킨타이어를 비롯한 영미철
학자들과 연관된 자유주의-공동체주의 논쟁과도 맞물려 있다. 혹은
'의무의 윤리'ethic of duty와 '덕의 윤리'ethic of virtue 사이의 논쟁이라도 할 수
있는 이 주제는 현대사회의 윤리적 주제들과 관련하여 '덕스러움'에 관
한 관심을 촉발시키기에 충분했다.

　　우리의 문제의식과 연관 지어 볼 때, '사람 됨됨이'에 대한 이야기는
'덕의 윤리'에 속한다. 더욱이 덕의 윤리가 행위자 개인의 문제에 국한되
는 것이 아니라, 공동체를 중요시하는 공동체주의와 맞닿아 있다는 점은
유의할 만한 대목이다. 이를테면, '덕스러운 의생명과학자', '덕스러운 시
민'을 말하는 경우, 그것은 계몽주의적 기획에 기초하기보다 공동체를 염
두에 둔 것이라 할 수 있다. 실제로, 고대 그리스 이래로 의료인은 덕스러
울 것을 요구받아 왔다. 이러한 전통은 자신에게 의료적 처치를 시행하는
사람을 신뢰하게 하고 의학사에 있어서 영웅적 모범을 보인 인물들의 이
야기를 통해 전수되어 왔다. 용기, 충성심, 성실, 동정심, 그리고 선의 등
은 모든 의료인에게 요구되는 덕목들로 자리 잡아온 셈이다.[6]

　　이러한 덕의 윤리는 행위자 개인의 몫이라 할 수 없다. 공동체적
배경에 대한 이해는 덕의 윤리를 이해함에 있어서 필수요소이다. 예를
들어, 하우어워스의 기독교윤리학에서 중요한 의미를 지닌 '교회공동
체'를 생각해 보자.[7] 그는 의술^{medicine}과 교회공동체의 연관성이 필요
하다고 보고 의료 문제 관한 신앙공동체의 중요성을 역설한다.[8] 그에
따르면, 질병으로 인한 고통을 의료적 치료^{cure}의 대상이라고 한정지을

것이 아니라 교회공동체를 통한 돌봄care의 대상으로 보아야 한다.

하우어워스가 보기에, 이제까지의 기독교 생명윤리가 놓치고 있는 중요한 요소에 주목해야 한다. 대부분의 경우, 생명윤리와 관련된 논란 혹은 찬반논변에서 기독교가 어느 편에 서느냐를 다루는 방향으로 흐르기 쉽다. 하우어워스의 용어로 표현하자면, 이제까지의 기독교 생명윤리는 논쟁quandary 자체에 집착해 왔다.9) 그 결과, 진정으로 '기독교적인' 생명윤리의 본질을 드러내지 못했다는 것이 하우어워스의 문제의식인 셈이다.

그의 관점을 보여주는 예를 생각해 보자. 하우어워스가 보기에, 임신중절의 문제에서 대부분의 기독교 윤리학자들이 대립적인 논쟁들 즉 찬성론과 반대론 사이의 논쟁에 집착하고 있다. 이는 문제의 기독교적 해결에 도움이 되지 않는다. 오히려 이 문제는 철학적·이론적 찬반 논변의 문제가 아닌 신앙과 공동체의 문제로 성찰해야 한다.10) 특히 예수 내러티브를 지닌 교회공동체가 어떤 관점에서 대안을 줄 것인가에 관심을 가져야 한다는 것이 하우어워스의 제안이다.

이러한 뜻에서, 생각해야 할 것이 있다. 하우어워스의 질문, 의료윤리가 과연 기독교적인 것이 될 수 있는가?Can medical ethics be christian?하는 물음은 공동체적 배경에 대한 관심을 촉구한다. 하우어워스는 의료윤리가 기독교적인 것이 되려면, 찬반논변보다 질병으로 고통당하는 자들과 함께하는 공동체의 모습이 중요하다고 본다.

예를 들어 욥이 고통 중에 있을 때, 그의 세 친구가 칠일 동안 침묵으로 욥의 고통에 함께한 것은 의미심장한 상징성을 가진다.11) 그들이 함께 있다는 것만으로 고통에 대한 적절한 대응의 사례가 된다는 것이다. 말하자면, 하우어워스는 교회공동체가 질병으로 고통받는 자를 위한 공동체적 돌봄을 통해 하나님의 임재를 보여주어야 함을 강조한 것이다.

사실, 역사적으로 종교와 의술은 긴밀한 연관성을 지니고 있었다. 고대사회에서는 질병을 신의 진노에 의한 것으로 보았고, 시편 38편을 비롯한 성서의 기록들은 질병을 죄와 연관이 있다고 말한다. 그리고 질병의 치유는 종교와 밀접히 연관되어 있다. 특히 하나님을 향한 기도는 질병치유의 주요수단이었다. 심지어 출애굽기의 기록들은 질병치유가 제사장의 직무와 연관되어 있음을 보여주기도 한다. 이러한 전통은 초대교회에도 수용되었다. 질병은 일종의 신앙성숙의 기회로 평가되기도 한다.

어찌 보면, 육신의 질병은 의술의 대상이고 영혼은 신앙의 문제이므로 의술과 종교는 구분되어야 한다는 식의 이분법은 무의미하다. 하우어워스에 따르면, 통전적 인간관a holistic vision of man을 가져야 한다. 의술은 구원의 한 부분one aspect of salvation에 해당하는 것이며, 교회공동체와 신학은 전인적 인간관의 함양을 통해 의료적 돌봄에 기여한다고 할 수 있다.[12]

교회, 돌봄의 생명윤리 공동체이어야

하우어워스에 따르면, 의료윤리가 기독교적인 것이 되려면 임신중절을 포함하는 의료윤리 문제의 개별 이슈들에 대한 찬반논변보다 질병으로 고통당하는 자들과 함께하는 '공동체'의 모습이 중요하다. 이러한 뜻에서, 하우어워스는 의술에 교회공동체적 관심이 필요한 이유를 세 가지로 역설한다.

첫째, 의술에는 질병으로 고통당하는 자들에게 꼭 필요한 처치법과 시술의 원천으로 교회가 필요하다. 의술만으로는 고통당하는 자들과 함께할 수 없으며, 하나님의 임재 없이는 불가능하다. 둘째, 의료행위와 기도가 병행되어야 한다. 기도는 의료기술이 성공하든 실패하든 간에 하나님의 임재를 구하는 통로이기 때문이다. 셋째, 병원이 환자를 고통 받는 자라는 이유로 세상에서 격리시키는 곳이라면 교회는 고통 받는 자들과 함께하는 공동체라는 점에서 의미를 찾아야 한다. 어찌 보면 의술은 고통 받는 자들을 병원에 수용함으로써 그들을 더욱 고립시키는 결과를 낳을지 모른다. 말하자면, 병원이 진정한 의미에서 사랑의 집a house of hospitality이 되기 위해서는 고통 받는 자와 함께하는 일에 훈련받은 교회공동체를 파트너로 삼아야 한다는 것이다.

이를 위해, 우리는 교회를 '예수 이야기'Jesus Narrative대로 살아내는 공동체라고 규정했던 하우어워스에 귀 기울여야 한다. 그는 교회를 예수 이야기대로 훈련받고 성숙하는 윤리공동체로 본다. 하우어워스에게서, 우리는 기독교 생명윤리가 지향해야 할 가치를 엿볼 수 있다. 그는 의술medicine과 교회공동체church의 연관성이 필요하다고 본다. 의료문제 관한 신앙공동체의 중요성에 관해 역설한 셈이다. [13] 그가 질병으로 인한 고통은 의료적 치료cure의 대상이라고 한정지을 것이 아니라 교회공동체를 통한 돌봄care의 대상으로 보아야 한다고 주장한 것은 의료문제가 건강의 영역에만 국한된 것이 아니라 구원의 문제와 연관된 것임을 암시해준다.

하우어워스는 의료적 치료^{curing}만으로 모든 것을 종료했다고 선언하기보다 공동체적 돌봄^{caring}이 필요하다고 말한다.[14] 교회가 돌봄의 공동체로 그 역할을 다해야 한다는 제안인 셈이다. 앞서 살펴본 것처럼, 하우어워스에게서 의료 문제는 찬반논쟁의 문제라기보다 공동체와 신앙적 내러티브의 문제로 보아야 함을 강조한다. 특히 교회가 돌봄의 여러 유형을 발전시켜야 한다는 점을 강조한다.[15] 이러한 뜻에서, 하우어워스는 교회가 지녀야 할 공동체적 관심을 요약적으로 말해준다.

> 자녀를 돌볼 최선의 정치적이고 도덕적인 전략을 제시하는 일이 기독교의 임무라고 착각해서는 안 된다. 혹은 자녀를 돌보는 전략수립을 위해 기독교 고유의 확신을 잠시 숨겨두려 해서도 안 된다. 그렇게 되면, 낙태에 대한 기독교의 관점은 아무 특징도 없는 것으로 전락하고 만다. 이는 결국 우리의 책무 즉 생명존엄을 고양시키고 정의로운 사회를 만드는데 필요한 진리의 존재가 되고 그 진리를 보여주는 책임을 망각하는 것과 다름없다. 특별히, 그리스도인이 좀 더 지혜로워졌으면 한다. 낙태반대론을 제시할 때, 그 안에 내재된 기독교의 관점 즉 출산의 환영이라는 요점을 분명하게 보여줄 수 있으면 좋겠다. 우리의 에너지를 태아가 '인격체'인가 아닌가에 집중하기보다 자녀가 왜 소망인가를 보여줄 수 있어야 한다는 뜻이다. 그 소망에 태아의 지위에 관한 질문 이상의 의미가 포함된다는 점을 말하는 것도 중요하지만, 우리가 하나님의 주권을 인정해야 하는 중요한 이유는 그것이야말로 비범하고도 흥미진진한 모험이기 때문이다.[16]

물론, 하우어워스의 윤리가 기독교를 배경으로 한다는 점에서 시민적 보편성 문제가 제기될 수는 있겠다. 하지만 의생명과학자 및 연구자의 윤리로서, 그리고 일반 교양인의 윤리로서, 사람 됨됨이가 중요하

다는 점을 보여주었다는 것만으로도 그 의의는 충분하다. 현대 시민사
회가 추종하는 윤리적 자유주의와 개인주의 및 계약관계를 중심으로
설명하는 방식에도 의미가 충분히 있지만, 덕의 윤리와 공동체주의자
들이 말하는 '행위자'와 공동체적 관심의 문제가 생명윤리에 있어서 새
롭고도 필수적인 화두가 될 만한 자격 또한 충분해 보인다.

　　한 가지, 구스타프손을 비롯한 기독교 윤리학자들 사이에서 하우
어워스의 관점 자체를 일종의 소종파적 경향을 지닌 것이라고 지적해
주었던 점에 대해서는 좀 더 깊은 성찰이 필요한 대목일 듯싶다. 물론,
하우어워스 자신은 이러한 비판 자체가 타당하지 않은 것이라고 생각
하면서, 교회의 교회다움에 대한 관점을 결코 양보하지 않는다. 사실,
이 점은 하우어워스의 윤리가 지닌 특징이자 매력이기도 하다.

　　무엇보다도, 예수 내러티브의 공동체인 교회가 어떤 성품을 함양
하고 어떤 덕을 성숙시킬 것인가의 문제는 생명의료 영역에서도 무척
이나 중요한 의의를 지닌다고 하겠다. 교회가 실천해야 할 사명이 영적
치유와 전인적 돌봄에 있음을 일깨워주는 동시에, 의료인으로 소명을
받은 기독의료인들에게 자본주의적 상업의 장으로 변질되고 있는 의
료시장 안에서 진정한 소명의식을 어떻게 구현해야 하는지 성찰하게
한다는 점에서 더욱 그렇다.

1) 문시영, 『복음대로 사는 윤리』(북코리아, 2009), 36-41면.

2) 이 글은 한국생명윤리학회의 초청을 받아 2009 춘계학술대회에서 지정주제로 발표한 글이었다. 학제 간 성격이 두드러진 학회에서 지정주제로 발표한 글이었기 때문에 덕의 윤리에 관한 구체적인 논의, 가령 왜 덕의 윤리이어야 하는지, 덕의 윤리가 지닌 한계는 무엇인지 등등에 관한 철학적 논의를 세부적으로 다루지 않았다. 더구나 필자는 현대 기독교 윤리학자 스탠리 하우어워스를 중심으로 덕과 교회공동체의 중요성에 대한 통찰을 인용하고 있다는 점에서 덕의 윤리 그 자체에 관한 철학적 혹은 신학적 세부논의를 기대하시는 분들에게는 이 점 충분한 양해를 구한다.

3) Long, E. LeRoy. Jr., *A Survey of Recent Christian Ethics* (Oxford Univ. Press, 1982), pp. 101-111.

4) *Ibid.*, p. 103.

5) S. Hauerwas, *Vision and Virtue: Essays in Christian Ethical Reflection* (Notre Dame: University of Notre Dame Press, 1974), p. 2.

6) R. Munson, 정유석 외 공역, 『의료 문제의 윤리적 성찰』(단국대 출판부, 2001), 77-80면.

7) 문시영, 「본질의 변증이 필요한 기독교 생명윤리」, 『대학과 선교』 12집(한국대학선교학회, 2007), 247-268면.

8) S. Hauerwas, "Salvation and Health: Why medicine needs the church", Boulton W., Kennedy T., & Verhey A. ed., *From Christ to the world* (W. B. Eerdmans Pub, 1994), pp. 377-389.

9) Stanley Hauerwas, *Suffering Presence: Theological Reflection in Medicine, the Mentally Handicapped, and the Church* (Notre Dame: University of Notre Dame Press, 1986), pp. 61-83.

10) Stanley Hauerwas, 문시영 역, 『교회됨』(북코리아, 2010), 370-429면.

11) 욥 2:11-13.

12) *Ibid.*, p. 381.

13) Hauerwas S. "Salvation and Health: Why medicine needs the church", Boulton W., Kennedy T., & Verhey A. ed., *From Christ to the world* (W. B. Eerdmans Pub. 1994), pp. 377-389.

14) S. Hauerwas, *Vision and Virtue: Essays in Christian Ethical Reflection* (Univ. of Notre Dame Press, 1974), pp. 166-186.

15) Stanley Hauerwas, 문시영 역, 『교회됨』(북코리아, 2010), 428면.

16) Stanley Hauerwas, 문시영 역, 『교회됨』(북코리아, 2010), 429면.

Battin. M., *Ending Life: Ethics and the Way we die* (Oxford Univ. Press, 2005).

Beauchamp. T. L. & Childress. J. F., *Principles of Biomedical Ethics* 4th ed. (Oxford: Oxford Univ. Press, 1994).

Cahill. L., "Can theology have a role in public bioethical discourse?" in Boulton W., Kennedy T., & Verhey A. ed., *From Christ to the world* (W. B. Eerdmans Pub. 1994).

Callahan. D., "Religion and the secularization of bioethics" in Boulton W., Kennedy T., & Verhey A. ed., *From Christ to the world* (W. B. Eerdmans Pub. 1994).

Chadwick. R, ed., *Encyclopedia of Applied Ethics* (Academic Press, 1998), pp. 175-187. "Euthanasia".

Childress, J., "Christian ethics, medicine and genetics" in Gill. R., ed., *The Cambridge Companion to Christian Ethics* (Cambridge Univ. Press, 2005. 5th ed.).

Davis. T. J., *Evangelical Ethics; Issues facing the church today* (New Jersey: P&R Pub, 1993).

Ellul, J., 양명수 역, 『호모 테크니쿠스』(한국신학연구소, 1995).

Fortion, N., 김일순 공저, 『새롭게 알아야 할 의료윤리』(현암사, 1999).

Feinberg J. S., & Feinberg, P. D., *Ethics for a Brave New World* (Wheaton, Good News Pub, 1993).

Gustafson J., "God's Transcendence and the Value of Human Life" in *Christian Ethics and the Community* (Pilgrim Press, 1971).

Huber. W., "Towards an Ethics of Responsibility" in *The Journal of Religion* (1993).

Habermas, J., 이진우 역, 『담론윤리의 해명』(문예출판사, 1997).

Hauerwas, S., *Vision and Virtue: Essays in Christian Ethical Reflection* (Univ. of Notre Dame Press, 1974).

______, *Against Nations* (Minneapolis: Winston, 1985)

______, "Salvation and Health: Why medicine needs the church" Boulton W., Kennedy T., & Verhey A. ed., *From Christ to the world* (W. B. Eerdmans Pub. 1994).

______, 문시영 역, 『교회됨』(북코리아, 2010).

Johnson D. E, Ethical Issues in Engineering, 이태식 외 공역, 『엔지니어 윤리학』 (동명사, 1999).

Jonas. H., "Technology and Responsibility: Reflections on the New Tasks of Ethics" in *Philosophical Essays, from Ancient Creed to Technological Man* (The Univ. of Chicago Press, 1974).

Jonas. H., 이진우 역, 『책임의 원칙: 기술시대의 책임윤리』(서광사, 1994).

Long. E. L. Jr., *A Survey of Recent Christian Ethics* (Oxford Univ. Press, 1982).

May. L, *The Socially Responsible Self* (Chicago: Univ. of Chicago Press, 1996).

McQuilkin. R., *Biblical Ethics* (Wheaton: Tyndale House Pub, 1995).

Niebuhr. H. R., *The Responsible Self* (NY: Harper & Row Publishers. 1963).

Niebuhr, R., *Moral Man and Immoral Society* (NY; Charles Scribner's Sons, 1940).

______, *The Nature and Destiny of Man*, Vol. II: *Human Destiny* (New York: Charles Scribner's Sons, 1943).

Ramsey, P., *Fabricated Man: The Ethics of Genetic Control* (New Haven: Yale University Press, 1970).

______, "The Sanctity of Life" in T*he Dublin Review* (1967).

______, *The Patient as Person: Explanation in Medical Ethics* (Yale Univ. Press, 1970).

______, *Ethics at the Edges of Life: Medical and Legal Intersections* (Yale Univ. Press, 1978).

______, *Basic Christian Ethics* (John Knox Press, 1993 reprinted).

Rodin. R. S., *Stewards in the Kingdom: A theology of life in all its fullness* (Downers Grove, Illinois, InterVarsity Press, 2000).

Schweiker. W., 문시영 역, 『포스트모던시대의 기독교윤리』(살림, 2003).

______, 문시영 역, 『책임윤리란 무엇인가?』(대한기독교서회, 2000).

Smith, D. "Religion and the roots of the bioethics revival" in Verhey A. ed., *Religion and medical ethics* (W. B. Eerdmans Pub. 1996).

Trull. J. E, Carter. J. E, *Ministerial Ethics* (Broadman & Holman, 1993).

Verhey. A., *Religion and Medical Ethics: Looking Back, Looking Forward* (Grand
    Rapids: Wm. B. Eerdmans Publishing Co., 1996).

고범서, 『사회윤리학』(나남커뮤니케이션스, 1993).

문시영, 『생명복제에서 생명윤리로』(대한기독교서회, 2001).

조용훈, 『기독교환경윤리의 실천과제』(대한기독교서회, 1997).